AF392073

LES
PROCEZ CIVIL
ET
CRIMINEL,

Contenans la methodique liaison du Droict & de la Practique Iudiciaire, Ciuile & Criminelle.

Reueus, corrigez & augmentez par l'Autheur, en cette derniere Edition, auec les augmentations contenuës en la page sixiesme.

Plus l'Eslection, ou de la Iurisdiction des Esleus, sous vn bref Discours des Finances & Officiers d'icelles.

Par Claude le Brun de la Rochette, Iurisconsulte Beaujolois.

M. DC. XXXXXVII.

A MONSIEVR

DV SAVSEY,

SIEVR DE VARENNES,
CONSEILLER DV ROY, LIEV-
tenant particulier en la Seneſchauſſee, & Siege Preſidial de Lyon , & Conſeiller en la Souueraine Cour
du Parlement de Dombes.

MONSIEVR,

Si ie n'auois l'honneur de vous
appartenir d'alliance , ie rougirois
de honte de vous preſenter choſe
ſi peu ſortable au merite de vos vertus , veu que l'on peut verifier par
l'irreprochable depoſition de tous ceux qui ont le bien
de voſtre familiere hantiſe, que

> *Vous donner des eſcrits, c'eſt proprement porter*
> *Des eaux dans l'Ocean , des feux à Iupiter,*
> *Des fleſches à l'Amour , des Palmes à la gloire:*

Attendant que c'eſt choſe auſſi rare que la veuë du
Phenix , de voir vn homme au deſſous l'aage de vingt
ans auoir ſi heureuſement ſuccé les plus fecondes mam-
melles des Muſes Grecques & Latines , rapportant en

partage de vos laborieuſes veillées , tout ce que leur
antiquité à de plus remarquable. Et apres à l'imitation d'Hercule , d'Anacharſis , de Platon , & du Laër-
tien Vlyſſe , vous auez viſité , auant la fin de voſtre
an vingt-troiſieſme , les peuples de l'Europe , nos voi-
ſins , rapportant outre le naïf langage du Caſtillan , du
Toſcan , & des autres Regions: La Prudence , la Pieté,
la ronde candeur & integrité , qui ſe remarquent en
toutes ces Nations : Marchandiſes ſi precieuſes , qu'il
n'y a Diamans en l'Ethiopie , ny Emeraudes en Scy-
thie , ny Topaſes en l'Arabie , ny Rubis & Eſcarboucles
en Lybie , qui puiſſent eſgaler leur valeur. Mais ie ne
veux point porter des parfums de l'Inde Orientale , de
l'or au Peru , ny des Perles au Sin Perſique. Ce n'eſt
pas icy l'Eloge qui dira voſtre vie , veu que vous com-
mencez encor la courſe de voſtre carriere qui ne ſe par-
fera iamais , que ce grand , incomparable & Auguſte Senat Royal , n'aye veu les eſclattants rayons de vos perfections , en vn grade plus eminent que celuy , auquel
vous vous rendez tous les iours admirable. Ce que ie con-
templeray (Dieu aydant) des hautes galleries du Louure
Celeſte , auec vn pareil contentement que celuy que ie receuray toute ma vie , quand vous me iugerez capable de
l'execution de vos commandemens , afin que iuſques à la
derniere extremité d'icelle , en toutes les occurences où
l'occaſion m'en fait naiſtre les moyens , ie vous puiſſe teſ-
moigner par les effects , combien ie ſuis,

MONSIEVR,

Voſtre tres-humble ſeruiteur,

L E B R V N.

DeVille-franche ce 1. *Ianuier* 1618.

IN CIVILIVM, ET PVBLICORVM

IVDICIORVM LIBROS CLAVDII LE
Brun, reperulani, nobilis Iurifconfulti
Bellojulienfis.

EPIGRAMMA.

ANTE fatis dictum ciuilia iura tueri,
Ante cuique fuum fat iufta lance librare;
Hic opus et labor eft, fari queis noxia pœnis,
In caput authoris reflectere crimina fas eft.
Pofteritas manibus lætis virumque laborem
Vtilitate grauem, Mufis & Apolline, fume.
Non prior ille locum credit, non ifte priori:
Ambo fuis explent numeris tibi nobile munus,
Æternos cuius fruÉtus dum prouida carpis,
BRVNÆI æternum facies authoris honorem,
Æternumque fatis veftrum praftibis vtrique.

GODEFREDVS CHASSINVS,

Confiliarius Regius Affeffor Ptæfecti
vigilum Bellojulienfis.

AD DISERTISSIMVM VIRVM
CLAVDIVM LE BRVN RVPETVLANVM,
Iuris vtriufque Doctorem celeberrimum.

Vid, BRVNÆE, paras ? quid hoc libello,
Deftringis gladios, cruces minaris ?
Flammarumque ftaucm erigis, piráfque ?
Jllos ad miferas legas triremes,
Iftos exilio, fagáque mulctas :
Illos verbere dicis enecandos,
Nudandos cute iudicas & iftos,
Qui totus fueras benignus olim,
A quo tempore factus es malignus ?

RESP.

Híc, MICOL, mihi crede, dimicandum eft,
Vt faluem validè bonos, probófque :
Et perdam miferè improbos, malófque :
Nam fi Juftitiæ locus negetur,
Illius feritas loco fedebit.

STEPHANVS MICOL,
Charilocenfis.

A MONSIEVR

DE CHAPPONAY,

SEIGNEVR DE L'ISLE MEAN,

Beau-Regard, & la Chartonniere, Conseiller du Roy,
& Lieutenant General en la Seneschaussée & Siege
Presidial de Lyon.

MONSIEVR,

Cét excellent Musicien Timothée, tant celebré
par l'antiquité Grecque, accommodoit de telle
sorte le chant de ses airs, aux suiets y contenus,
qu'il tiroit par les fredons de sa voix bien maniée
ses écoutans hors d'eux-mesmes (tesmoin la saillie, que fit le Grand
Alexandre en vn festin, où il l'ouyt entonner vn chant militaire,
aux tirades duquel rauy, il sauta hors la table, & demâda ses armes
comme prest d'aller au combat) Il m'en print ainsi l'année derniere,
au rencontre que ie fis en la maison du sieur du Fauresz, Gentil-
homme Dauphinois, de monsieur Guillet, (l'vn des celebres Iurisconsultes de vostre Barreau (parce que la seruiable affection que ie
luy vis professer en vostre endroit, me recitant l'Eloge de partie de
vos rares perfectiôs, me coucha d'vn pareil desir que le sien, de vous
rendre seruice. Ce n'est pas que ie susse ignorant de l'antique Noblesse de vostre maison: car les moins versez en la cognoissance des illustres familles de ce Royaume sçauent assez que Barthelemy &
Iean de Chapponay, Escuyers, qui auoient esté instituez en la disci-
pline militaire sous Louys le Gros, florissoient és années 1134. &
suiuantes, sous le regne de Louys le Ieune, auec lequel ils firent le
voyage de la terre Saincte, & suyuirent par tout genereusement ses
victorieux estendars. Iean estant decedé sans enfans, florit sous le
mesme regne Pierre, fils de Barthelemy de Chapponay, pere de
Humbert de Chapponay, seigneur de Porsenat, qui fut l'vn des de-

deputez de la Noblesse de Dauphiné , lors que Humbert Dauphin de Viennois remit son pays à Philippe Auguste , Dieu donné. Bernard de Chapponay son fils , Sieur de Ponsenat, & de Fezin, viuoit sous le regne de Philippe le Bel, & Anthoine de Chapponay fils de Bernard, fut l'vn des prisonniers prins par le seruice du Roy, comme l'atteste Paradin en son histoire de Lyon, où il fait mention de Jean Chapponay surnommé le Vaillant, fils d'Anthoine, qui eust de tres-honorables charges sous Messire Humbert de Grolee, Seneschal de Lyon , contre le Prince d'Orange & autres ennemis de la Couronne. Il delaissa Philibert de Chapponay heritier de ses vertus & de sa valeureuse generosité , qui eust pour compagne Dame Françoise de Villars (de la mesme famille , de laquelle est issuë ce portraict racourcy de toutes rares perfections vostre chere compagne) qui luy laissa pour fils vnique Jean de Chapponay , la piste duquel vous auez suiuie : parce qu'il ioignit les illustres vertus de ces ancestres , à la parfaicte cognoissance des belles lettres, & fut Visbaillif de Viennois, & seul President en la Chambre des Comptes de Dauphiné , ce grand personnage, au témoignage de Franciscus Marcus en ses decisions 694. 732. 733 & 734. De Geoffray de Chapponay son fils aisné, Seigneur de Bens , est tiree la branche des Nobles de Chapponay, qui sont restez à Grenoble (de la sommité de laquelle,) la Parque inhumainement & prématurement a rauy puis trois ans ce rare fleuron d'esloquence, valeur & pieté, Laurent de Chapponay, Seigneur de Bresson, gendre de ce miracle de nostre aage, Monsieur le President d'Expilly , les immortelles vertus duquel peuuent porter l'heureuse memoire des genereux faicts de ses deuanciers iusques à la plus esloignée posterité (lesquels il eust surpassez, s'il eust plus long-temps vescu.) Et de Nicolas de Chapponay Sieur de Fezin son puisné , vostre ayeul, il eut Iean de Chapponay vostre oncle , pere de Messire François de Chapponay , Seigneur de Fezin & de Bellegarde , Cheualier de l'Ordre du Roy , vostre cousin: & Messire Nicolas de Chapponay,

Seigneur

EPISTRE.

Seigneur de l'Isle Mean, Beauregard, la Chartonniere, Vernoüillet & le Chefne en Brie , Gentil-homme ordinaire de la Chambre du Roy, Escuyer de sa grande Escurie , vostre illustre geniteur , des rares vertus duquel vous auez aussi bien herité que de ses Seigneuries. Cette entresuite, descendans de vostre maison (Monsieur) m'estoit plainement cognuë , & les grands aduantages que les Monasteres d'Enay, des Iacobins, & de la Deserte en ont receu. Mais pour n'auoir iamais eu l'honneur de vous approcher ; Cette force releuée d'entendement qui est en vous , ces rares conceptions qui surpassent l'ordinaire des plus admirables esprits , cette erudition iudicieuse ; cette eloquence inimitable, & cette douce grauité qu'vn chacun admire en vostre face , ne me furent cogneuës que par la diserte bouche du Sieur Guillet, qui me donnerent de l'estonnement non tel toutesfois que l'admiration en laquelle ie me vis du tout rau, lors que vous abordant ie recogneus tant de douceurs en vos deportemens, & tant d'affectionnée sincerité enuers les lettres & ceux qui en font profession , qui me fit recognoistre , que meritoirement le gouuernail de la Iustice Viénoise vous auoit esté mis entre les mains en l'aage, auquel vous estes, qui ne peut produire sinon

Pensier canuti in giouanil etade
(Gratie ch'a pochi il Ciel largo destina)

Et fis veu des lors (suyuant l'ancienne coustume des Perses, qui ne contractoyent iamais aucune nouuelle amitié sans la doter de quelque present) de vous offrir ces rudes traicts de ma plume, bien que ie sçache que l'offrande n'est en rien correspondante à vos merites, qui sont tels que les plus belles ames de ce gouuernement s'estiment estre de la profession, sinon en tant qu'elles sont cogneuës de vous & honnorées de vostre desirable bien vueillance : entre lesquelles ie vous supplie receuoir celuy qui faict gloire de se dire iusques au tombeau.

MONSIEVR,

Vostre tres-humble seruiteur,

LE BRVN.

A Ville-franche ce premier iour d'Aoust, 1617.

ē

VOVS auez (debonnaires Lecteurs) en cette derniere Edition ces deux liures augmentez en toutes leurs parties, des Arreſts nouuellement rapportez par Meſſieurs Robert, Peleus, le Caron, Maynard, Loüet, Chenu, Corbin, des Deciſions Neapolitaines, & de Guy Pape : Des fleurs des plaidoyers de ces lumieres de noſtre aage M. M. Seruin & le Bret, & encore des traictez entiers DES ACTIONS TESTAMENTAIRLS, où ſont les Quartes, Legitime, Falcidie & Trebellianc. LA RESTITVTION en entier des Mineurs & Majeurs, LA IVRISDICTION des Preuoſts & Mareſchaux, & autres Iuges criminels : Auec la forme de proceder à l'inſtruction des procés tant en matieres ciuiles, petitoires & poſſeſſoires, que criminelles : & les Sentences & Iugemens qui ſur chaſque action peuuent eſtre rendus œuure iugé neceſſaire à ceux qui ſortent de Nouiciat de la Iuriſprudence, & entrent en celuy de Practique & aux nouueaux Enqueſteurs, Procureurs, Greffiers, Solliciteurs, Notaires & Sergens, qui y trouueront la forme parfaicte des Criées & Subhaſtations, & de tous exploicts neceſſaires en Iuſtice. Et les Notaires la forme de tous les Contracts qui aſſeurent les pactions des humains, auec la remarque des clauſes qui les peuuent vicier Le tout ſelon les Loix Ciuiles & Canoniques, Arreſts des Cours ſouueraines, & Ordonnances de nos Roys.

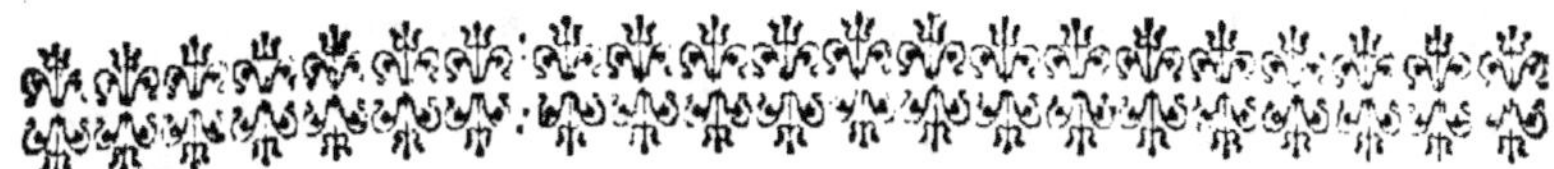

A MONSIEVR SEVE,
CONSEILLER DV ROY, ET
PRESIDENT EN LA SENES-
chauſſée, & ſiege Preſidial de Lyon.

MONSIEVR,

Vous cognoiſtrez en la contexture de cét œuure, que ie n'ay fait qu'imiter les apprentifs des peintres, leſquels pendant que leurs maiſtres employent toute l'iduſtrieuſe diligence de leur art à tracer diuers tableaux, rebauſſez d'infinies belles & viues couleurs, pour l'embelliſſement d'vne ſalle ou gallerie Royale, incapables de tels ouurages, ne ſont employez qu'à remplir le blanc qui reſte des groteſques & legeres pieces rapportées. Car apres tant de grands & rares perſonnages que noſtre ſiecle & ſon deuancier nous ont enfanté pour l'embelliſſement de noſtre art, & faciliter l'ouuerture des nœuds plus que Gordiens de nos loix, rempliſſans les tableaux de la Jurisprudence, de ſigni-fiantes, viues & parlantes peintures: ce m'eſt trop d'heur, ne les pou-uant imiter, s'il m'eſt permis de conduire mon foible pinceau ſur l'en-tredeux de leurs diuins ouurages ſeulemēt pour en remplir le vuide. Et d'autant que ces braues tables ne ſont que pieces deſcenduës, qui conſiderées en gros ou en detail, pourroient s'enquerir parauanture deſdain parmy les hommes de la robe, i'ay prins la hardieſſe (peut eſtre trop effrontée) de les ranger à l'abry de voſtre authorité, pour les garantir de tel accident : & des ſerpentins aiguillons des zoïles, ſous la ſincerité du zele qui vous pouſſe à cherir les lettres & les Lettrez: à l'imitation de vos deuanciers, qui ayans tiré leur origine des Marquis de Seue Piemontois, (& ceux-cy de ce grand Seue Romain, duquel le Poëte Lyrique fait ſi honorable mention

ẽ 2

en ses vers) se sont conseruez d'vne suitte enchainée l'entiere &
parfaicte cognoissance des plus belles sciences, & vne indicible affection enuers ceux qui en ont fait profession dequoy les escrits
de vostre grand Maurice Sceue, en son admirable Delie, rendent
tel tesmoignage, que le Prince des Poëtes François l'a dix mille
fois preferé aux premieres compagnies de la France, son vnique
interprecteur des inmitables inuentions duquel, comme d'vne sour-
ce feconde, il puisoit les plus rares des siennes. Joinct que nous voyons encores auiourd'huy nos premiers Parlemens & Presidiaux
illustrez des belles ames yssuës de vostre maison : aussi bien que la
Cour de nos Roys de diuers Officiers sortis du mesme tige, la gene-
reuse valeur & fidelité desquels a esté de tout temps tellement re-
cognuë par leurs Maistres, que nostre Monarque, lors de son entrée à Lyon, en rendit vn ample tesmoignage, au fauorable accueil
qu'il fit à feu Monsieur Sceue vostre Oncle, à la veuë de tout son
peuple Lyonnois. Ie confesse ingeniüement (Monsieur) que ces foibles
traicts de plume, ny leur Autheur ne meritent pas que vous inter-
rompiez vos plus serieuses occupations pour les œillader, veu qu'à
bon droict vostre beau iugement dedaigne les droicts communs indignes de sa viuacité, comme nous voyons que le grand œil de
l'Vniuers ne daigne allumer de tant de diuers obiects qu'il descouure iournellement, que le nid du Phenix, ou le feu sacré des Vesta-
les, quand il est esteint. Mais vostre prudence sçait que les Dieux
des Poëtes apres auoir volupteusement ouy les diuins & rauissans
accords de luth Appollonien, ne dedaignent d'ouyr le son enroüé
du flageol de Pan. Ie reste en esperance, si mon rustique Beaujolois
se peut quelque iour adoucir, de vous tesmoigner par quelque plus
gracieux gage que cestuy-cy, que ie suis,

MONSIEVR,

Vostre tres-humble seruiteur,
LE BRVN.

A MONSIEVR LE BRVN,
sur son Procés Ciuil.

Discovrs, freres germains de cet premiers discours,
Qui guidoient vers le Ciel si droit l'ame fidele,
Aux yeux de nos esprits vous estes seconds iours :
Au vol de nos esprits vous estes seconde aisle.

Ces discours les premiers donnoient à nos esprits
Pour voir clair, & voler, des aisles & des flammes :
Comme aux discours seconds vous auez entrepris
D'estre laisle & le vol, l'œil & le iour des ames.

Vous ne leur seriez pas l'aisle d'vn vol si beau,
Ny l'astre qui le iour si clairement allume,
Sans LE BRVN, dont la gloire est vostre clair flambeau,
Et ne voleriez pas sans le vol de sa plume.

IEAN GODART, Lieutenant General, Ciuil,&
Criminel au Bailliage de Ribemont.

AV MESME.

Si pour durer, vn labeur se renomme,
Le tien, LE BRVN, s'enquiert du los assez :
Car il viura plus longuement que l'homme,
Puis qu'aux mortels suruiuent les procez.

A. PERRAVD, Lyonnois, Aduocat en Parlement.

A MONSIEVR LE BRVN SVR SON PROCEZ CIVIL.

Tovs ces rares trauaux, & ces braues escrits,
Que les ans precedans ont veu naistre à ta gloire,
Assez ont tesmoigné, que les plus beaux esprits
N'ont trophée plus grand, que d'estre ta victoire.

Alors que transporté d'vn desir nompareil,
Ta plume sainctement se ioignant à nos aisles,
Nos cœurs comme esueillez d'vn funebre somneil,
Glacez en leur peché fondirene en leurs zeles.

Mais ores que d'vn air propre à toy seulement,
Tu depeins le Procez en cét œuure heroïque,
Tu nous rends tout d'vn coup, LE BRVN, également
Sçauans en Theorie, & Doctes en Practique.

F. MEGLAT, Aduocat en Parlement.

ẽ 3

RES que l'on aye iadis posé pour Hieroglyphique de la Iustice, dans vn throsne, la vierge Astrée, fille de Iupiter & de Themis, feinte par les Poëtes s'en estre reuolée aux Cieux, à cause des vicieux déportemés des humains:& s'estre placée entre la Balance & le Lion, la teste cachée dans le Ciel, pour monstrer que le bon Iusticier doit constammét & d'vn genereux courage, sans crainte, ny affection immoderée, égalemét rendre à chacun le sien, ayant tousiours l'œil ouuert à la Diuinité:Et qu'aucuns l'ayent figurée par la vigilance d'vn œil ouuert & immobile, & plusieurs autres diuersemét: les Egyptiens toutesfois semblent auoir mieux à propos touché les vrays effects de ceste diuine vertu, l'ayant Hieroglyphiquement representée par la Palme, de laquelle les fruicts sont tous égaux en pesanteur aux fueilles (lesquelles elle ne pert iamais, si elles ne sont forcement arrachés:) Que sa substance est incorruptible. Que chargée elle resiste & rompt plustost que de fleschir, n'y ayant rien en elle depuis sa moüelle interieure, iusques à son escorce, fueilles, & moindres rinceaux, qui ne serue aux necessitez de la nature humaine. Voulant designer, que les ordónances du bon Iusticier doiuent estre égales aux matietes, soit en la distribution du loyet & de la peine, ou à balancer d'vn égal contrepoids le droict des particuliers qui recourent au Tribunal iudiciel : Qu'il doit demeurer ferme & veritable en ses paroles, incorruptibles en ses actions, resistant virilement aux efforts vicieux des insolents & oppresseurs des pauures, n'ayant rien au reste de ses actions qui ne rende à

Pvtilité publique. Ou bien qu'il n'appartienne qu'aux Miniſtres & Chefs de Iuſtice de faire voir au iour les effects, & que le Ciel ne m'aye fait naiſtre accompagné des perfections requiſes à ceux qui en manient le tymon (pour n'eſtre deſtiné qu'à la rame:) i'ay pris neantmoins la hardieſſe, à l'imitation de leur deuoir, de vous faire part des fruicts de mon loiſir, que ie vous prie receuoir de pareille affection que ie le vous offre. Et ne vous offencer, ſi i'ay tracé en cette derniere edition des formes de proceder aux actions ciuiles : ce que i'ay ſeulement faict en faueur de ceux, qui ſortans des eſtudes du droict, rencontrent vn barreau, où l'on parle vn langage tout different du commun: qui ſe rendroient ridicules de mendier d'vn Procureur, comme il faut dreſſer vne demande en complaincte, ou au petitoire, des deffences, additions, moyens, poſſeſſoires, &c. Et de l'enquerir des anciens Aduocats, bien ſouuent ils ne le veulent pas librement enſeigner. C'eſt pourquoy i'ay acquieſcé à la perſuaſion que m'en a faict pour les raiſons ſuſdictes, Monſieur du Sauzey (celebre Aduocat du Parlement, pour ſon aage) auquel, ſi vous rencontrez icy quelque choſe d'agreable (debonnaires Lecteurs) vous en aurez l'obligation entiere. De ma part ie ſouhaitte que vous cognoiſſiez par les effects que mon deſir eſt,

Non fvmvm ex fvlgore, sed ex
fvmo dare lvcem.

Me recommandant à vos ſainctes prieres.

IMPERATOR IVSTINIANVS,
Libro primo Inſtit. tit. de Iur. Nat.
Gent. & Ciuil. §. vlt.

Omne ius, quo vel ad perſonas pertinet,
vtimur (inquit) vel ad res,
 vel ad actiones.

Qvam diuiſionem ſequuti, libro primo, de perſonis
& iudiciario ordine ; Secundo de rebus & quibus modis
acquirantur ; Tertio de actionibus & exceptionibus ea-
rum , quàm compendioſiùs fieri potuit, auſpice Chriſto,
tractauimus. Omnia ad vſum forenſem , in gratiam Ty-
ronum Iuris, methodica, & facili traditione diſponentes:
quod æqui bonique conſulant , rogamus.

Frangat nucem, qui vult eſſe nucleum.

PARA-

PARAGRAPHE PREMIER
DE LA TABLE
GENERALE
CONTENANT. L'ABBREGE'
DE CET OEVVRE.

Au Tribunal Iudiciel sont requis, vn Iuge, vn Demandeur, vn Defendeur, vn Aduocat, vn Procureur, vn Tuteur, vn Curateur, vn Greffier, vn Sergeant.

LE IVGE, §. 1.

E souuerain Monarque de ce grand Vniuers offensé par la Diuision de la Iustice. preuarication de nostre premier Pere, diuisa la Iustice qu'il auoit peu auant exercée contre les esprits rebelles à sa diuine Majesté, en deux parties, se retenant celle qu'il a conjoincte à sa misericorde, par laquelle il punit les offences plus occultes des humains, obstinez en l'execution de leurs malefices (que sa main toute puissante a fait dés l'enfance du monde paroistre entre tous les peuples & nations de la terre habitable.) L'autre il graua dans les cœurs de ceux qui ont eu la souueraine Iurisdiction sur les peuples soit aux Monarchies, Aristocraties, ou Democraties. Mais d'autant qu'il est impossible aux souuerains de rendre Iustice en personne, à tous ceux qui sont sousmis à leurs dominations, attendu l'innombrable multitude des matieres diuerses, que l'opiniastre malice des hommes fait iournellement pululer, & naistre de leur pertinacité : ils ont de tout temps recherché les hommes qu'ils reconnoissent pourueuz de plus de sincerité & integrité de conscience (que nous pouuons à bon droict nommer Magistrats) sur la diligente probité desquels ils se sont tousiours deschargez de tel exercice, se reseruans neantmoins, & tournans deuers eux, la plus riante face de la Iustice, qui est le loyer & la grace, & laissans la distribution & execution de la peine à leurs officiers.

Le Iuge donc, est celuy qui pourueu par le Prince ou Seigneur haut-Iusti- Definition du Iuge. cier, s'estudie & tasche de tout son pouoir, d'equitablement esteindre tous debats, procés & contentions, & d'entretenir à son possible la tranquillité

2 publique & particuliere , rapportant au facile , & à l'equitable, ce qui est enclos dedans le droiſt, *Oldendorp. de offic. ind. l. illicitos de offic. præsid. Nouell. de ind. coll. 6. l. sancimus. C. ad leg. Iul. repet. l. 1. C. de offic. magiſt. offic.*

Et d'autant que c'est luy qui preside au tribunal Iudiciel, comme la personne, qui est principalement requise , voyons en premier lieu la diuision de sa charge.

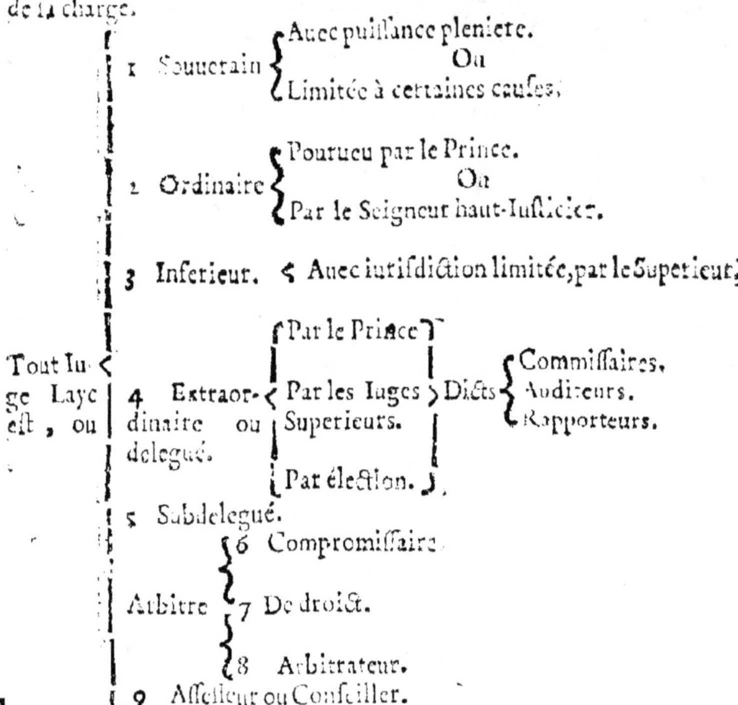

Des Iuges les vns sont souuerains , auec puissance supreme : comme sont les Cours souueraines des Parlements , Preuosts de l'Hostel, de Robbe courte, des Mareschaux. Autres ordinaires comme les Iuges Presidiaux , Baillifs, ou leurs Lieutenans. Autres inferieurs , pourueus par les Seigneurs haut-Iuſticiers. Autres extraordinaires , ou deleguez par le Prince, par les Iuges superieurs , ou par election , que nous nommons Commissaires , Auditeurs, ou Rapporteurs. Autres sont Arbitres , qui sont ou Compromissaires , où Arbitres de droiſt , ou Arbitrateurs & amiables Compositeurs. Les derniers Aſſeſſeurs , ou conseillers , comme plus methodiquement contient la table precedente.

Le vray Souuerain est celuy, qui a tousiours de soy pleine & absoluë puissance & iurisdiction souueraine, comme le Pape, l'Empereur , les Roys , quelques Princes , Ducs & Comtes, qui ne recognoissans aucuns superieurs, tiennent souuerainement leurs Iurisdiction par droiſt hereditaire, *l. more maiorum ff. de iurisd. omn. Iud. c. 1. de tr.ust. Ep. Ext.* ausquels sont particulierement reseruez l'octroy de grace d'aage , *l. 1. C. de his qui venia ætat. impet.* legitimation de bastards , *Nouell. quib. m.d. nat. effic. legit. Coll. 7. tit. 1.* lettres d'abolition rappel de ban , restitution contre sentence infamante , lettre de grace, pardon, & remission , qui sont tous cas reseruez au souuerain, priuatiuement à toutes cours souueraines , *l. Generalis. C. de sent. pass. l. 1. de abolitio.*

Le Prince souuerain toutesfois ayant distribué la Iustice par fiefs à ses vaf- *Cours de Parlement.*
faux, en a retenu la souueraineté, qu'il fait exercer par ses Parlemens, les Arrests desquels comme souuerains, sont tenus pour loix certaines & infailli-
bles : & priuatiuement aux autres degrez de Iustice ont seuls (notamment celuy de Paris) la cognoissance des questions concernants le Domaine du Roy,
des droicts de regale, remede de requeste ciuile contre Iugement, dont n'y
pouuoit auoir appel, causes ciuiles & criminelles des Pairs de France, & autres, que nous traicterons cy apres plus particulierement en leur lieu.

Les Preuosts de l'Hostel, de Robbe courte & des Mareschaux de France, *Prevosts de l'Hostel, &c.*
font executer leurs Iugemens comme souuerainement rendus, & sans defe-
rer à l'appel, dont nous ne parlerons icy, reseruans d'en traicter au Proces
Criminel.

Entre les degrez de Iurisdiction souueraine, les Iuges Presidiaux tiennent *Iuges Presidiaux,*
rang en ce qui concerne le premier & second chef de l'Edict : d'autant que
les Iugemens par eux rendus des sommes qui n'excedent le pouuoir à eux attribué, sont executoires, nonobstant l'appel, ou l'opposition *Henry II. 1551.
art. 1. & 33.* Le second chef de l'Edict leur attribue cognoissance, par Iugement dernier & prouisionel, iusques à cinq cens liures moderez par *Arrest du
25. Iuin. 1565.*

Le Iuge ordinaire est celuy qui pourueu par le Prince, ou par le Seigneur *Iuge Ordinaires,*
haut Iusticier exerce sa Iurisdiction, *l. & quia. ff de Iurisdiction, omn. Iud. cap.
grarum extr. de offi. Iudic. ordinar.*

Où est remarquable ceste difference toutesfois, que le Iuge Royal a sa
Iurisdiction plus ample, en ce qu'il cognoit, priuatiuement au Iuge subalterne, des causes du Domaine, où le Procureur du Roy est partie principale des
fermes du Domaine situées en son ressort. De la conuocation du ban & tiere-
ban, & de procez meuz pour raison d'iceluy. De la verification & reception
des hommages des vassaux. De toutes causes tant Ciuiles que Criminelles.
Des nobles viuans noblement. Des causes des Eglises de fondation Royale,
Des crimes de leze-Majesté, fausse monnoye, assemblées illicites, port d'armes, émotions & seditions populaires, infractions de sauue-garde, & autres
cas royaux, qui seront plus à plein specifiez en leur lieu. Semblablement
de la verification & enterinement des Lettres de remission, pardon, abolition, affranchissement, respit, de recision, ou restitution en entier, & autres
à eux attribuez par les Estats d'Orleans. Du possessoire des benefices liti-
gieux : lettres de garde en forme de pleine maintenuë : des decimes ou dis-
mes, & procez meus pour raison d'iceux, & sont seuls competans de presider
& conclurre aux assemblées generales qui se font en la ville de leur Siege
capital pour le reglement & police d'icelles. *François I. 1539. verifiée par Arrest
du 19. Iuin audict an.*

Le Iuge subalterne, ou inferieur tient sa Iurisdiction limitée du Prince, ou *Iuge subalterne.*
autre Superieur, cóme les Academies, ou Conseruateurs des Priuileges d'i-
celles, Iuges, Consuls, quelques Abbez, Preuosts & Chastelains, &c. *cum contingat
Louys XII. 1499. François I.*

Le Commissaire, ou Iuge delegué reçoit Iurisdiction par la commission *Iuge delegué.*
du Superieur, & ores qu'il represente le delegant, il n'a neantmoins rien de
propre en la Iurisdiction qui luy est commise. Et si elle est à temps, il ne peut
proceder iceluy expiré, *l. 1. §. qui mandatam & l. libet qui de officio eius cui mand. est
extr. extr. de offi. deleg. c. sane. & cum olim. Il peut toutesfois executer le Iuge-

ment ait luy rendu pendant le temps de sa commission, dans l'an, à prendre de la prononciation d'icelle, *cap. quaeruti, extr. de offic. deleg.* & si la Commission est adressante à plusieurs Commissaires, elle se peut donner au chois de la partie. *Faur. li. des Iuges Presid. art. 17.* Est toutesfois à noter, que le seul delegué par le Prince peut subdeleguer, *l. Iudices. Cod. de Iud. c. super quaest. §. ext. de offic. deleg.*

Est cependant remarquable que le Iuge inferieur, ou autre que la Cour, ne peut prononcer en quelque matiere que soit sans noter d'infamie, *non potest facere praeses prouinciae, vt feruus à non iuste nor sequatur infamia, l. non potest ff. de iure.* Arrest rapporté par M. Pelors, *lib. 4. action. 42.* de ses actions forenses. Parce qu'il faut que le Iuge prononce, non selon son sens ou raison naturelle, mais selon les loix, *l. nemo, C. de Senten. interloc.* Les ignorans ne doiuent estre admis aux Iudicatures, non plus que les non experimentez. *Authent. de Iudic. §. 1. homines si quidem imperito ne quicquam iniustius, qui nihil aliud, quàm quod ipse facit rectum putat. Terent. in Adelph.* ne leur estant pas l'experience moins requise (selon l'opinion de Platon *lib. 3. de repub.*) qu'au Medecin.

Les sourds & muets de nature, ne peuuent exercer l'office de Iudicature, *l. cum praetor, ff. de Iudic. l. nulli, C. eod.* ce qui s'entend de ceux *qui omnino non audiunt l. 8. §. surdus ff. ad Syllan.* Que si la surdité suruient estant Iuge, *non est idcirco ab officio remouendus, sed ei datur coadiutor,* & ne laisse de iouïr de l'honneur & dignité de son office, *arg. l. sed addes, §. fin. ff. locat.*

Et par mesme raison, d'autant qu'il faut qu'il interroge les parties sur les faicts & merite de la cause, & prononce sa Sentence de viue voix, le muet ne peut estre Iuge, *eo. tit. de interrog. act. l. fin de Sexten. ex breui recit.* ny le furieux *l. cum praetor. ff. de Iudic. quia pro ignorante habetur, l. 1. §. sed furiosus, ff. de acq. poss. nisi habeat dilucida furoris interualla, l. eo iure, ff. de re iud.* non plus que l'impubere *l. càm lex Iulia ff. de recept. arbitr. l. ad rempub. de muner. & honorib.*

Bien que Tymoleon (au raport d'Elius Probus) aueugle iugeoit de tous differents: & que l'antiquité aye eu Appius Clodius & plusieurs braues aueugles: ce neantmoins la Loy n'a pas voulu que l'aueugle fust Iuge, *l. 1 § quamuis* d'autant bien peut il estre appellé au Iugement, quand il est instruict en la connoissance du droict, & de practique.

Celuy qui a esté demis de son office pour ses mesfaits, & maluersations, ne peut estre Iuge, *d. l. cum praetor, l. 2. ff. de Senat. l. 1. de infam. C. lib. 10. l. 2. de dignit.* Sinon qu'il ay esté restabli par Arrest, auec connoissance de cause, *d. l. 2. de Senat.* attendu que le Iuge preuenu de crime, ne peut faire aucun acte valable en Iustice: & la seule preuention empesche la promotion à la Iudicature, *cap. praesentium de verb. signif.*

Les Prestres ne peuuent exercer la Iudicature laïque, *l. illis quarto, §. Sacerd. ff. de recept. arbit.* sinon des cas dont ils peuuent prendre cognoissance, qui se peuuent remarquer, *eo. tit. de Episcop. audient.* Pericul sin ex Quintiliani instituta. lib. 1. cap. 6. de faire sa partie aduerse Iuge de son procez, en luy donner l'opinion du litige, ou accepter son Aduocat pour Iuge, *l. Praeses. ff. de iurisd. omn. Iudic. ea, fin. de appellat.*

Celuy qui s'ingere de son autorité en l'exercice de Iudicature, est punissable, *l. 3. §. fin. ff. ad l. Iul.* Voire celuy qui fait extraordinairement quelque procedure en faueur sans exprez commandement du Prince ou du Seigneur, comme ennemi de l'estat, *l. qui nummos, ff. de fals. Gudon. lib. 2. quaest. 29.* attendu qu'il n'y a que le seul Prince, ou le Seigneur haut Iusticier, qui puisse pourſoit des Iudicatures, & qui au preiudice de ce & ſans prouiſion s'y ingere, doit eſtre puny, *Vide Chaſſan. tit. des Iuſtices & droicts d'icelles, in rubr. in verb. additio.*

Toutainſi que l'Empereur Seuerus faiſoit publier par affiges les noms de ceux qu'il deſiroit promouuoir à quelque office de iudicature, afin qu'ils fuſ-ſent examinez en leur vie, permettant à chacun de les accuſer, ſur peine toutesfois de la vie contre le calomniateur : de meſmes deuroit la probité des Iuges eſtre examinée, & cognceuë auant leur promotion en leurs charges, afin que les ignorans (ames vuides de doctrine, de vertu, & d'integrité) n'y fuſſent admis. Vray eſt, que quant à la doctrine & capacité, les Roys preſup-poſent, qu'ils ſoyent tels qu'il eſt requis, *l. vt gradatim de muneribus, Innocent. in cap. ſuper literas de reſcript.*

Auſſi nonobſtant leurs lettres de prouiſion, ils ne laiſſent d'eſtre exami-nez, qui n'eſt choſe nouuelle, veu qu'au rapport de Caſſiodore, Theodore reſcriuant au Senat pour la reception d'vn Senateur, *admittendo ad Senatum* (dit-il) *examinari coge.*

A la verité quand ils ſe rencontrent tels, qu'ils doiuent eſtre, leurs perſon-nes ſont eſtimees ſacrées, Seneque parlant *de morte Claudii Cæſaris,* dict *Prin-cipes & Iudices iuſtitia & pietate ſunt dii.*

Auſſi n'eſt-il permis de leur faire, ou dire iniure, ſans encourir crime de leze Maieſté, *li. 1. & 3. ad l. Iul. maieſt. Faber. in l. quanquam eod. DD. in l. fin. C. Decurion. lib. 10.* Sinon que le Magiſtrat fuſt courant la nuict, ou le iour deſguiſé d'habits, comme Gellius rapporte d'Aulius Hoſtilius Ædile, qui fut mocqué des Iuges pourſuiuant reparation de ce qu'il auoit eſté bleſſé la nuict deguiſé, à la porte d'vne Courtiſanne. Auſſi Solon permit de tuer le Magiſtrat qui ſeroit trouué yure, & qu'il fuſt puny capitalement, s'il commet-toit adultere auec ſa priſonniere, *Authen. multo magis. C. de ſacroſanct. Eccleſ. Auth. nouo iure. C. de cuſtod. reor. Boer. deciſ. 317.*

Le Iuge Royal ne peut eſtre deſtitué que pour crime, mais les Iuges ſub-alternes ou ſeigneuriaux ſont reuocables à la volonté, ſinon qu'ils euſſent iouy auec integrité plus de dix ans de leurs offices, ou qu'ils en euſſent eſté pourueus pour remuneration & recompence de ſeruices, comme porte l'E-dit de Rouſſillon de l'an 1564.

Pour voir quelle eſt la peine du Iuge qui a mal iugé, voyez les Ordonnan-nances du Roy Philippe le bel, & de Charles VII. & VIII. le iugement de Tybere contre Pub. Seruilius en *Tacit. lib. 4. Annal.* Et ce que Lampridius eſcrit d'Alexandre Seuere, *adde l. fin. Cod. de pæna Iud. qui mal iud.*

Les Iuges peuuent eſtre deleguez par vn Prince, ou par vne Cour ſouue-raine, pour inſtruire & iuger vn different, mais le Iuge inferieur n'a pou-uoir de deleguer, que pour l'inſtruction, le iugement demeurant par deuers luy, *Authent. apud eloquentiſſimum. C. de ſide inſtrum.* ne pouuant transferer la iuriſdiction à vn autre. Et quand le delegant vient à ceder, le delegué ne laiſ-ſe pas de paſſer outre en ſa delegation, *text. gloſſ. & Bart. in l. & quia ſi. de Iuriſd. omn. Iud. cap. relat & ſequent. & ibi Parorm. de offic. deleg.*

Le Iuge eſt tenu reſpondre comme du faict de ſa charge, quand il a don-né au mineur vn tuteur inſoluable & ſans caution, *l. Lucius Titius, §. in teſta-mento ſſ. de adminiſtr. tut.* S'il a donné la recreance d'vn benefice ſans caution, *Auth. quæ ſupplet. de precib. Imperat. offer.* ou s'il a eſtouſſé les termes du Do-maine du Roy ſans caution, comme il a eſté iugé par diuers Arreſts. Mais

a receu suffisante & bien soluable, caution, & que depuis elle soit deuë-
nuë insoluable, *non tenetur casus fortuitos pupillis aliusue præstare.* Suyuant les
Ordonnances d'Orleans & de Bloys: doit sur tout promptement expedier les
criminels & le ciuil és matieres sommaires & legeres, & des personnes miserables, *Auth nisi breui res. C. de Senteut. l. 1. C. de quib. cauf.*

V.
Subdelegué.

Pour ceux qui sont commis par le Iuge pour ouyr & examiner tesmoins
pour les responces cathegoriques des parties sur les faicts posez au proces,
ou pour les accorder és causes legeres voyez *Specul. Rubr. de Audit.*

VI.
Arbitre &
Compromissaire.

Les Arbitres sont ou Compromissaires, ou Arbitres de droict, ou Arbitrateurs, que nous nommons autrement, amiables Compositeurs. Quant à
l'Arbitre, au dire & Arbitrage duquel les parties se font volontairemét sou-
mises, & promises d'y estre à peine, il n'y a Iurisdiction propre ny deleguée,
mais seulement des parties : estant neantmoins tenu de suiure la rigueur du
droict & l'equité elcrite, veu que tels arbitrages sont reduits à la forme des
Iugemens, *l. non distinguemus ff. de arbitr. §. 1. l. 1. C. eod. extr. cod. cap. dilectis.* Et
estant tel Arbitre accordé du consentement des parties, ne peut estre recusé.
Arrest du 7. May 1571. Si l'arbitrage est à peine, faut qu'elle soit payée par
le contreuenant à l'acquiessant, auant tout œuure, *l. si tu ex parte & ibi glos.*
ff. de acquiren hæred. Arrests du 13. May 1575. penultiesme Aoust. 1577. 23. De-
cembre. 1584.

VII.
Arbitre de
droict.

L'arbitre de droict, est celuy qui est nommé par les parties pour la decision de leur different, ou pour iuger, si les causes de recusation preposées
contre le Iuge ordinaire, sont pertinentes ou non, qui est tenu d'estroictement
obseruer la forme de droict. *L. apertissimi. & l. vlt. C. de Iud. Iuf. & Bart. in l.*
fin. eod. l. 1. C. de arbitr. l. si quis. ff. de pact.

VIII.
Arbitrateur.

L'arbitrateur, ou amiable Compositeur, est comme amy commun des parties, par deuant lequel n'est procedé par ordre Iudiciel, ains seulement est
accordé pour pacifier leur different, suyuant s'il veut l'equité de son opinion
sans estre retenu à l'obseruation d'aucune plus estroite formalité de Iustice,
L. societatis. §. arbitrorum ff. pro soc. Spec. lib. 1. part. 1. Iaf. de Act. Inftit.

IX.
Assesseur, &
Conseiller.

L'Assesseur ou Conseiller appellé par le Iuge, pour luy donner aduis au conseil sur la decision de quelque matiere que ce soit, n'est proprement Iuge.
Aussi n'est il tenu de soustenir le Iugé. *L. 1. C. de assess. Spec. tit. de Assess. &*
de consil. requis doiuent estre pris par le Iuge, Aduocats graduez, & non autres
Louys XII. 1447. art. 48. Henry. II.

LE DEMANDEVR, §. 2.

EN vain seroit le Iuge assis sur le Tribunal Iudiciel, s'il n'y auoit aucunes
parties litigantes. Et d'autant que toutes controuerses se disceptent &
agitent entre celuy qui demande, & celuy auquel est demandé : voyons en
premier lieu quel doit estre celuy qui peut agir legitimement, appellé pour
cette raison des Iurisconsultes, *Actor.*

Demandeur.
Act.

Nous appellons Demandeur, celuy qui tire en instance Iudicielle, celuy
duquel il pretend quelque chose luy est deuë : soit pour relaxation d'immeuble, ou restitution de quelque chose mobiliaire : estant permis à toutes personnes d'agir de toute qualité, fors à ceux, ausquels il est prohibé de Droict,

Ne peuuent donc agir en ladicte qualité.

1 Le mineur de quatorze ans.
2 Le prodigue.
3 L'infensé, furieux, fourd & muet.
4 L'apostat.
5 L'infame.
6 Le pariure.
7 Le mort ciuilement.
8 Le contumax, auant payer les defpens contumaciaux.
9 Le banny, pendant fon ban.
10 Le Moyne clauftral regulier.
11 Celuy qui allegue fa turpitude.
12 La femme pour fes biens dotaux, conftant fon mariage, & non feparée.
13 Le fils de famille, contre celuy, en la puiffance duquel il eft.

Car il eft tres certain en droict, que le Pupil qui n'a excedé le quatorziéme an de fon aage, ne peut conuenir ny eftre conuenu, ains fon Tuteur, *l. 1. C. qui leg. perf. hab. fi ind. in Ind. l. 2. ff. de admin. tut.* eftant toutesfois proche de la puberté, il peut demander la poffeffion des biens à luy appartenans, *l. bonorum C. qui admitt. ad bon poff. ff.* Tout ainfi que le mineur de vingt-cinq ans, & majeur de quatorze, n'a befoin de l'authorité d'vn Curateur, en matiere de la pourfuite de la mort de fon pere, ou à l'ouuerture du Teftament d'iceluy. *15. qu. 3. in glo. pupillis.* Pour le lict violé, *l. fi maritus §. lex. Iulia, ff. de adult.* Quand il a impetré grace, ou benefice d'aage, *l. 1. C. de his qui ven. etat. imp.* Quand il agit par mandat exprés pour les affaires d'autruy, *l. cùm mandato. ff. de minor.*

Pareillement le prodigue, ou celuy auquel l'adminiftration de fes biens a efté interdicte, *l. 2. ff. de codicil. 1. ff. de curat. fur. &c.*

L'infensé, furieux, fourd, & muet, pour les mefmes raifons que le mineur de quatorze ans, *cùm fint in perpetua curatorum tutela.*

L'apoftat duquel l'apoftafie eft euidente, *4. q. 1. & 2. q 7. c. alieni.*

Celuy qui eft taché de note d'infamie, & dont l'on peut iuftifier *l. crimen. C. de infa. qui accuf. non poff.*

Le pariure, notamment, celuy qui eft conuaincu de s'eftre iudiciellement pariuré, *l. fi quis maior. C. de tranfact. c. dilecti extr. de except. 22. q. 5. c. paruuli.*

Le mort ciuilement, foit par condamnation de gaieres perpetuelles, baniffement perpetuel, amande honorable, auec priuation de la dignité auparauant exercée ou autrement, *Inftit. ae cap. dimi. §. 1. l. res in fin. C. de don. inter. vir. & vxor. l. 1. §. & fi filium. ff. de bonor. poff. contr. tab.*

Le contumax & defaillant, finon en refondant & payant par luy les defpens de la coutumace, comme preiudiciaux, *l. fed & fi §. actio. ff. lex quib. cauf. maior. l. cum quem ff. de Iud. cap. actore extr. de dolo & contum. cis, in 6.*

Le banny, pendant le temps de fon banniffement, s'il n'eft reftably par lettres du Prince *l. fed & fi per Prat. §. actio ff. ex quib. cauf. maior. arbum. §. releg. Inftit. quib. mod. ius pat. pot. fol. Lauys XII. 1490 art. 90.*

Le Moine profez, ou clauftral regulier ne peut agir fans expreffe licence de fon Superieur, d'autant qu'il eft reputé mort au monde, *extr. de Iud. cap. va.*

Celuy qui allegue impudemment sa turpitude , *l. transactione finita. C. de transact. extra. de donat. cap. inter dilectos.*

La femme non separée de biens d'auec son mary, qui desire agir comme vn tiers pour la restitution de ses deniers dotaux, *l. dotis, C. de collat. dotis , l. dote. C. de re vend. l. si pro te. Donis promiss.* Excepté les cas mentionnez au tiltre de *lur. delib. C.* Et neantmoins n'est receuable d'agir, sans l'authorité de son mary, vray maistre de sa dot , *doce ancillam C. de rei vend.* sinon qu'il fait question de ses biens paraphernaux , *l. hac lege. C. de pact. conuext.*

Le fils de famille n'est receuable d'agir contre celuy en la puissance duquel il est, *l. fin. C. de in ius voc. l. generaliter ff. eod. l. lis nulla. ff. de Iud. Instit. de pœna temere litig. in fin.* Fors in casu eius peculio: *gl ff. singularis in d. l. lis nulla.* Et matiere d'aliment *ff. de Iud.* Et s'il demande estre emancipé, és cas esquels le pere peut estre contraint emanciper son fils. Et si auec la licence paternelle il argüé quelqu'vn de malesice, *§ fin. Instit. de. noxal. actio. l. inter liberas. §. filius. ff. de adult. l. sed & si vnius. §. filius fam. ff. de iniur.* par tout ailleurs il a besoin de l'authorité paternelle, sinon qu'il soit emancipé. *Specul. tit. de actore parag. vnico. ver. sed & si filius fam.*

LE DEFENDEVR, §. 3.

LE defendeur, que les Iurisconsultes nomment *Reus* (non pas qu'il soit coulpable, mais à cause de la chose qui luy est demandée , qui s'appelle *Res*) est celuy qui repousse & debat l'action contre luy intentée. Et comme nous auons remarqué, qu'il y a certaines personnes, qui ne peuuent agir, aussi y en a-t'il, qui ne peuuent estre conuenuës en iugement, hors lesquelles toutes autres peuuent estre tirées en instance.

1	Le gendarme, pendant l'expedition militaire.
2	Le Gentilhomme priuillegié.
3	Le Prestre , ou Ecclesiastic.
4	L'escholier estudiant en Vniuersité fameuse.
5	L'Euesque, Moine claustral , Hermite.
6	Les Legats & Ambassadeurs.
7	L'heritier, auant dix iours expirez du decez.
8	Le pere , ou le patron sans licence.
9	L'heritier par benefice d'inuentaire, auãt iceluy fait.
10	Le pupil, qu'il n'a attaint la puberté.
11	La Republique , & l'Eglise sans Chef.
12	Le Tuteur, Curateur, & Consul, leur charge expirée.
13	Celuy qui ja est conuenu par deuant le Iuge superieur
14	Celuy qui confesse deuoir, & offre payer la chose demandée.

Ne peuuent donc estre conuenus en tous iugemens.

Le Gendarme ou soldat pendant l'expedition militaire, & qu'il est employé à la fonction de sa charge , ne peut estre conuenu en action ciuile ny criminelle, que par deuant son Maistre de Camp, ou Capitaine, *l. magisteriæ. C. de Iurisdict. om. Iud. l. de militib. ff. de custod. reo. l. 2. ff. de re mil.* Philippe le Bel. *art. 8. 4. ses Ordonnances pour les lettres d'Estat.*

Le Noble viuant noblement, qui a ses causes commises aux Requestes, ne peut estre conuenu ailleurs : ny tous les Gentils-hommes de France , que par deuant les Iuges Royaux qui seuls sont leurs Iuges competans, priuatiuement aux Iuges subalternes, *l. 2. ff. de in ius. voc. François l. a Cremieu.* sinon qu'ils tiennent fermes, ou fassent train de marchandise, ou commettent actes derogeans à Noblesse, ausquels cas leur priuilege cesse *François I. 1540. Charles IX. 1560. Henry III. 1579 art. 248.*

III.
Le Prestre
Le Prestre ou autre Ecclesiastique ne peut estre conuenu par deuant le Iuge seculier, en quelque action que ce soit, mesmes en matieres pures spirituelles, *cap. quanto de Iudic. Archid. in cap. quod autem I. quæst. & c. pia mentis ibid. quæst. 7. François I. 1539 art. 4.* Fors en certains cas cy apres declarez en cét œuure, *c. si diligenti. extr. de for. c omp. l. cùm Clericus & Auth. statuim. C. de Episc. & Cleric.*

IV.
L'escolier
L'Escolier estudiant en Vniuersité fameuse (comparé au Gendarme militant) n'est valablement conuenu, que par deuant le Conseruateur des Priuileges de l'Vniuersité, où il estudie: comme aussi les Professeurs és hautes sciences, Medecins, Philosophes, Docteurs, Regens en Iurisprudence, Orateurs, Mathematiciens, &c. *l. Medicos, l. I. & fin. C. de profes. & Med. lib. 10. Philippes 1345. Arrest des grands Iours de Moulins 1540.* cité par *Papon l. 7. tit. 7. art. 8.*

V.
Le Moine
Ne peuuent estre vallablement conuenus, ny coutumacez, le Moine claustral, l'Hermite, ny celuy qui est absent pour la republique, *l. 2. 3. & 4. ff. de in ius voc.*

VI.
Agés & Ambassadeurs,
Non plus que les Agents & Ambassadeurs des Princes, pendant l'exercice de leurs charges, & estant prés les Princes, ou nations, ausquels ils sont enuoyez, *l. 2. ff. de Iul. l. non alias. & l. sequent eod. cap. fin. extra. de for. comp.*

VII.
L'heritier,
L'heritier ne peut aussi estre conuenu au nom de celuy, duquel il est heritier, ny sa femme & enfans, dans les dix iours d'apres son decez, *l. fin. C. de sepulc. violat cum Auth. ibi posita.*

VIII.
Le pere pas le fils.
Le pere ne peut estre conuenu par son fils : ny le patron par son affranchy, sans licence & authorité de Iustice, *l. 4. ff. de in ius vac.*

IX.
L'heritier par benefice d'inuentaire,
Celuy qui a accepté vne hoirie, sous & auec benefice d'inuentaire, ne peut estre tiré en instance, pour estre forcé de contester, auant la confection d'iceluy, ou que le temps qui luy est concedé pour ce faire, ne soit expiré, *l. fin. C. de iour. delib. glos. in §. transgrediamur, l. si cum dotem. ff. sol. matr. Arrest de Paris du 24. Mars 1527. Arrest de Bordeaux du 24. May. 1519.*

X.
Le pupil, mineur, & le furieux
Le pupil mineur, & le le furieux, ne peuuent estre conuenus, non plus qu'agir, sans l'authorité de leurs Tuteurs ou Curateurs, *ll. I. & 2. ff. de admin. tut. Arrest des Grands iours de Moulins, du 18. Octobre. 1540.*

XI.
L'eglise, ou Republique.
Le mesme sera dit de l'Eglise, ou Republique, qui n'ont point de Chef, *de curat. reip. C. lib. 2. l. respublica. C. ex quibus caus. maior. c fin. de sede vac.*

XII.
Le Tuteur, Curateur, ou Consul.
Le Tuteur, Curateur, ou Consul, apres sa charge expirée, pour ses contracts par luy faicts de bonne foy, au nom de ceux, les affaires desquels il administroit, *l. post mortem. C. quando ex fact. tut. v. l. cur. min. l. 4. ff. de re Iud. l. cum quidam. C. de administr. tut. l. sed si quis. ff. quemad. test. aper.*

XIII.
Le desia conuenu, & ex franc.
Celuy qui pour mesme faict est desia conuenu par deuant le Iuge superieur, peut opposer, la litispendance, pour n'estre contraint proceder par deuant l'inferieur.

Et celuy qui confesse la chose demandée, & offre à payer & restituer, ne peut estre contraint de proceder outre son offre, *l. si debitor. ff. de Iud.* Et ne peut l'offre estre diuisée, ains doit estre prise entiere ou rejetée. *l. cum qua-*

iuer. ff. de administrat. tut. Arrest du 7. Mars 1529. & 2. *Octobre*. 1582.

LE PROCVREVR.

§. 4.

D'Autant que le demandeur, ny le deffendeur ne peuuent estre en iugement sans l'assistance d'vn Procureur, ne sera mal à propos de voir icy quelle est sa charge.

Procureur que. § 4 Le Procureur est celuy qui a pris & accepté la charge de poursuiure, ou administrer les affaires d'autruy, soit en general, ou particulier, par le commandement de celuy que tels affaires touchent, & ce gratuitement, *l. 1. ff. de procurator. ll. 1. & 2. §. neg. gest. 5. qu. 3. cap. quia Episc.*

Nous auons dit, *par le commandement de celuy que les affaires touchent*, pour exclurre de nostre definition les Tuteurs, Curateurs, & Collegues. Et *gratuitement*, parce que s'il interuient pact de salaire, il seroit pluttost locateur de son œuure, que Procureur, non qu'il ne doiue ou puisse receuoir salaire de ses vacations, veu qu'il a droict de retention pour se rembourser de ses frais & aduances, *l. fin. C. commod. l. quæ omnia § fin. ff. de Procur. Fab. in l. vnic. C. etiam ab chirogr.* Mais que toutes ses pactions entre le Procureur & le client auant le procez finy sont odieuses, *l. sumptus ff. de pact. l. 1. ff. de var & extra. r. l. creditori. C. de pact. arg. l. Medicus ff. ibid. Arrest du* 28. *Nouembre*. 1545. *Charles VII. art.* 20.

Vrais Procureurs sont, ou
- 1 Pour la poursuite des procés,
  - Poursuiuant la cause entreprise iusques à Sentence diffinitiue.
  - Peuuent substituer apres contestation en cause.
  - Doiuent estre âgez de 25. ans.
  - Fondez de valable procuration generale, ou speciale.
- Ou
- 2. Pour negotiation d'affaires,
  - Peuuent receuoir deniers, passer quitance, obliger leurs maistres.
  - Peuuent tousiours substituer.
  - Doiuent exceder dix-sept ans.

3. Aucun ne peut estre Procureur en son propre faict, quand il s'agit,
- De cession d'action litigieuse.
- En cession faite à plus puissant.
- En cession faite par inhabile à ceder.
- En cession feinte.
- En cession faite au Tuteur, cõtre son pupil.
- En cession sans tiltre,

4. Le Procureur est iustement desaduoüé.
- Qui excede les limites de sa procuration.
- Qui n'a aucune procuration, ou celle qu'il a n'est suffisante.
- Qui a esté reuoqué nommément.

5. Ne peuuent poftuler ny { Les infenfez, les pupils , bannis,
  eftre Procureurs.   { Moines , Euefques , Preftres.
                          { Medecins, Cheualiers.
                          { Femmes fans l'authorité de leurs maris.

6 La femme peut procurer. { En fes caufes propres, pour fon mary, fils, &c.
                          { En la tutelle de fes enfans.
                          { Pour la deliurance d'iceux.

Le Procureur conftitué à plaids , eft legitimement conftitué par la partie, par procuration generale à toutes caufes: ou fpeciale pour vne feule, par meffager, par lettre miffiue, ou par la partie mefme: quand il le conftituë iudiciellement: & peut tel Procureur fi bftituer, autre Procureur en fon lieu & place, apres conteftation en caufe , & non pluftoft , s'il eft porté par fa procuration. *(marginalia : I. Procureur à plaid , qui peut fubftituer.)*

Eftant au furplus requis que pour exercer ladite charge, il foit aagé de vingt-cinq ans au moins, Henry. II. 1551. art. 9. ll. 1. 2. 3. 4 ff. de procurat. l. licet. C. de procur. cap. cum veniffet extr. de integr. reft. l. 1. ff. mand. François I. fur l'abbreuiation des procés, art. 1 ftyle du Parlement fur ladite abbreuiation, art. 8. *(marginalia : Quel aagé doit auoir.)*

Sans auoir charge expreffe ne peut recufer quelque Iuge que ce foit , l. non folum. §. fin. ff. de procurat. notata. in l. fin. procurator ff. de condict. indeb. & ibi Bart. Arreft de Paris du 21. Iuillet. 1534.

Subftitué n'eft reuoqué par la mort du fubftituant : mais bien du premier conftituant. l. mandatum. C. mandat. Fab. in §. rectè Inftitut. eod. gloff. in l. inter caufas ff. eod. Arreft de Paris 1380. fondé de procuration generale fe peut prefenter deuant tous Iuges voire deuant tous Huiffiers , pour empefcher l'execution de quelques lettres que ce foit. Arreft de Paris 1393. Et peut occuper en vertu des anciennes procurations , finon qu'il appatuft , qu'il euft efté expreffement reuoqué, François I. 1528. art. 33.

Ne peuuent comparoit fans procuration, à peine de faux. François I. 1535. chap. 5. art. 16. & ne peut en vertu d'vne procuration quelque generale qu'elle puiffe eftre , obliger vn conftituant par corps , ains faut que pour cét effect il aye procuration fpeciale , & fuiuant ce, fut confirmée la Sentence du Lieutenant de la Rochelle, portant élargiffement d'vn emprifonné en vertu de telle obligation, par Arreft du 5. Decembre 1600. rapporté par Chenu lib. 3. art. 17.

Peuuent eftre poutueuz par les Iuges des lieux, & neantmoins reduits à certain nombre, qu'il n'eft licite d'exceder, François I. 1544 Henry III. 1579. art. 241. Louys XII. 1498. art. 72. François I. 1535. art. 12. Henry II 1551. art. 8. François II. 1566. Charles IX. 1566. art. 19. *(marginalia : Procureur par qui peut eftre inftitué.)*

La charge du Procureur expire, la caufe eftant terminée, & eft requis faire appeller la partie, pour l'execution du iugement obtenu, n'eftant valable fignification, qui en peut eftre faite au Procureur pour telle execution. Arreft de Paris du 14. May. 1552. *(marginalia : Charge de Procureur quand expire.)*

Le Procureur pour la negotiation, ou adminiftration d'affaires , que nous nommons autrement Facteur , ou negociateur , faifi de valable procuration, n'a befoin de fe faire autrement connoiftre , l. in fumma. C. de fid. inftrum. verf. quod fi proferatur charta. Hoftienf. ibid. Angel. in l. fi procuratorem abfentem, ff. de procur. qu. *(marginalia : II. Procureur pour negotiat on & adminiftrat on d'affaires.)*

I.
Son pouuoir

2
Pour substi-tuer.

3.
Son aage.

En ceste qualité peut receuoir deniers, passer quitances, obliger son mai-stre, faire achapt, ou vente de marchandise au nom de celuy, pour lequel il agit, peut en tout temps substituer en son lieu & place, & suffit qu'il aye excede l'an dixseptiéme de son aage. §. *l. ff. de obligat. quæ ex quasi. delict. cap. I. §. procurator. de procura. in 6 & cap. Generaliter. ibid. Bart. & Paul. Castrensis in l. Lucius Titius. ff. de fide iuss. Bald. & Salicet. in l. fin ff. quod cum eo. l. si vero non remunerandi, §. cùm quidam ff. mand. t. l. si litteras. Command.* Ne peut tel Procureur estre arresté ou executé en ses biens pour les cedules & obligations par luy faites au nom de son Maistre, *l. Lucius & tot. tit. ff. de inst. act.* Arrest de Paris du 2. Iuin, 1551. sinon qu'il fut obligé solidairement, tant en son nom, que comme negotiateur, *Glos. Bart. & Bald. in l. si pupilli. §. 1. ff. de neg. gest. l. procurator, qui duerit. ff. de procurat.* Arrest de Bordeaux, du 7. Septembre, 1531.

III.
Procureur. quand peut procurer, pour soy, & quand non

1
Ne peut en cessé d'actió litigieuse.

2
En actions à lu, cedées par personnes inhabiles.

Il n'y a doute quelconque, que le Procureur ne puisse aussi bien occuper pour soy-mesme, en sa propre cause, comme en celle d'autruy, soit qu'il aye droict, en la chose qu'il poursuit en son chef, ou pour cession legitime *l. procuratorum, de procura. l. Iusiurandum in fin ff. de Iureiur.* Mais il est certain, qu'il ne peut estre Procureur en sa cause, quand il s'agit de cession d'action litigieuse, *l. 2. & fin. C. de litigiosis, cap. 2. extr. de alienat. Iud. mut. cauf. in Glos. in verbo sanctiones,* mesmes quand telle cession luy est faicte comme à personne plus puissante, *l. 1. §. 1. & l. fin. C. ne liceat potent. patroc.*

Ne peut non plus occuper en actions à luy cedées par personnes inhabiles à ceder, comme par pupils ou mineurs, sans l'authorité de leurs Tuteurs, ou Curateurs; ou par le Tuteur ou Curateur, sans son pupil ou mineur, sinon en cas de legitime absence, ou qu'il ne puisse parler. Aucunes actions ne peuuent estre cedées par les furieux & prodigues, *l. restituta, §. pupillus. ff. ad Senatufconf. Trebell. l. is. cui. ff. de verb. oblig.*

3
En cessions feintes.

4
En cessions d'actions au Tuteur contre son pupil

En cessions d'actions sans titre.

Ny en cessions feintes & simulées, qui sont prohibées de droict, *C. plus valer, quod agitur & cap. per tuam extr. qui filii sunt legit.*

Ny aux cessions d'actions faictes au Tuteur contre son pupil, pendant le temps de son administration, *Auth. minoris. C. qui dare tut. v l curat. possunt.*

Finalement aux cessions d'actions, sans titre, ou sans cause, veu que *in rebus corporalibus nuda traditio sine causa non transfert dominium. dominum, l. nonnunquam mi. t. ff. de acquir. rei. dom.*

Pour les Procureurs en leur propre cause, voyez la Glose notable recommandée par Balde, *l. 1 in verb. alienat. ff. de procur. Specul. lib. 1. part. 3 de procur. in rem suam const.* qui resout plusieurs belles questions à ce propos icy obmises pour obuier à prolixité.

Nous auons cy deuant dit, que suiuant l'ordonnance, le Procureur doit estre fondé de valable procuration, sinon qu'il vueille courir fortune des dépens de l'instance, dommages & interests de la partie, *c. ex insinuatione. c. in nostra extra de procur.* Toutefois celuy qui a occupé sans procuration, peut en apres estre aduoüé de la partie, qui ratifie en ce qu'il a faict, *c. ratihabitione de r. g. in. in. 6.* Et peut iusques à ce qu'il ait procuration, promettre de se faire aduoüer, autrement offrir de payer le iuge, en son propre & priué nom, auquel cas il sera ouy, attendant son pouuoir, *l. 1. de procurat.*

IV.
Le Procureur quand peut estre desaduoüé.

Le Procureur peut iustement estre desaduoüé: ou qui excede les fins de sa procuration, contre l'intention de sa partie, *c. cum olim. extr. de offic. d leg.* Ou qui n'en a point, n'a iamais esté constitué Procureur: Ou qui l'ayant esté ne t'est plus, pour auoir esté reuoqué, *ext. c. ex parte decani de rescript.*

1. Les pupils, à cause de l'imbecilité de leur aage, ne peuuent estre Procureurs. *l. 1. in fine ff. de postulat.*

2. Ny les insensez, & furieux, *l. 2. de procur.*

3. Les muets, & sourds, *l. mutus & surdus. ff. de procur.*

4. Les bannis, *l. si cum quoque, ff. eod. Specul.*

5. Les infames *de his qui notant. infam. ff. c. infamis. 3. quæst. 7. c. quia Episc. 5. qu. 3.*

6. Les coulpables des crimes capitaux, *l. reum. C. de procur. qui iudicio publico ff. de accusat.*

7. Les Moines claustraux, & Prestres seculiers ne peuuent postuler, sans licence de leurs superieurs, sinon pour miserables personnes, *c. 3. extr. ne Cleric. vel Monach. cap. non dicatis 12. quæst. 1. Spec. l. 1. part. 4. de aduoc.* Si ce n'est pour leurs Eglises prebendes, ou reuenus, *l. placet. C. de Episc. & Cleric. c. sacerdos extr. ne Cleric. vel Monach. secularib. negot. se immisc.*

Les Medecins ne peuuent non plus postuler, sinon en leurs causes propres, ny les Cheualiers, & Gendarmes, *l. militem. C. de condict. ob caus. dator. l. militem. C. de procur. l. neque eod.*

Les femmes ne sont admises à postuler sans l'authorité de leurs maris, *l. neque fœmina. C. de procur.* Fors en cas de longue absence de son mary, parce que lors elle peut impetrer du Iuge, permission de deffendre sa cause, *l. quia absente te. C. de procurat.*

Est aussi permis aux femmes postuler en leurs causes propres, & pour personnes miserables, *d. l. quia absente te.*

Quand elles ont la tutelle de leurs enfans, *l. fin. & Auth. tibi pos. C. quand. mul. tut. offic. fung. pos. c. ex minimis ext. de appel.*

Quand il s'agit de la liberté de son pere, mary, fils, ou proche parent, *l. 3. ff. de liberal caus.*

Quand son fils est condamné par sentence, d'autant qu'elle peut appeller, & poursuiure l'appellation, *l. 1. §. fin. ff. de appel. recipro.*

Ores que le procureur deuëment fondé, ait en vertu de sa procuration acquis vn fonds au constituant, si neantmoins il y a lesion d'outre moitié du iuste prix, le constituant est receu à la recision du cõtract apres la cession de l'action à luy faicte *Ar. l. si voluntate. C. de rescind. ven. l. si procurator ff. de condi. indeb.*

La contumace du Procureur vaut à celuy qui l'a constitué, *Bart. & Doct. in l. eum qui C. de procur. non cogendum ff. eod.* sinon qu'il y eust collusion manifeste, ou que le procureur fust insoluable, *l. 1. infin ibi Bar. & glos ff. quand appell. sit. Alex. cons. 95. n. 7. Soc. cons. 10.* Et en cas peut le constituant estre releué par lettres. *Bald. cons. 121. volum. 1.*

Ne peut le Procureur transiger, vendre, ny aliener, constituer dot au nom d'autruy, ou faire quelqu'autre acte important, si sa procuration n'en contient la charge speciale, *l. contra §. fin. ff. de pactis, l. transactiones de transaction. l. mandato, Co. de procurat.* Que s'il a faict quelque chose sans charge expresse, tout est nul & suiet à reuocation, sinon qu'apres ce qui a esté par luy passé, il se fasse aduoüer par ratification expresse des actes par luy faicts, *l. procuratores, ff. de procurat. l. Pomponius eod. cap. qui ad agendum de procurat. in 6. l. non est nouum. l. qua ratione. §. nihil ff. de acquirend. rer. domin. Alexand. in l. si. C. de transact.* Voire quand il ne seroit question que de iurer & affirmer en l'ame du constituant, ores qu'il eust procuration generale: parce que c'est vn acte per-

...nel, son affirmation ne peut estre receuë sans charge expresse & specifique, inserée en sa procuration, *l. obseruandum §. 1.ff. de in integr. l. 1. C. eod.* le mesme est, our les recusations, & pour l'inscription de faux, *l. si quis.ff. de accusat. l. si par cer ff. de liber. al. causf.*

Le Consti-tuant res-ponsable de la faute du Procureur.

La faute commise par le Procureur, est imputée au constituant qui en est responsable, & luy est imputé, *l. nam & Seruum. §. mandato tuo.ff. de negog.est. l. 4.ff. cōmu. diuid.* Si non que tel Procureur fait desauouë, & ne peut le Procureur en vertu de sa procuration, constituer autre Procureur pour le constituant, *l. fin §. 1. ij. de publ. iud.*

Exception.

Le Procureur qui poursuit en vertu d'vne procuration en blanc, ne peut rien faire que de vallable. *Quia sufficit sine ante, sine post explicationem fuerit nomen ipsius descriptum c 1 §. licet cap. is qui de procur. in 6. Albert in l. h. n. 5. x. eod. Rota decis. 146 Hostiens. & Ian. Andr. in c. petit. eod.* bien que le plus seur soit de faire remplir la procuration auant que d'agir, *d. cap. is qui Bart. in l. si pupilli, §. item si procurator. ff. de neg. gest.* vray est qu'en matiere beneficiale, le Procureur en vertu de sa procuration en blanc peut agir, appeller, renoncer, &c. *Vt tenet Alexand. consil. 14. vide Boërium decis. 274.*

Le Procureur, Syndic ou Cōsul, qui se sont obligez pendant leur charge en ladite qualité, leur charge finie sont hors d'obligation, qui ne regarde plus que leurs successeurs en charge, ou ceux qui les ont constituez, *l. 3. C. de exact. tribut. tot. tit. de si tei aff. Hostiens. in summa eod. Bart. in l. post mortē. §. tutor, l. si pupilli, §. 1. de neg. gest.* Si non qu'ils se facent obligez & tous leurs biens auec leur constituāt en vertu de leur procuration: car lors comme solidairement obligez, ores que leur charge ou procuration soit finie, le creancier ne lairra de les poursuiure en leurs priuez noms, *Felin. in cap. cum olim de offic. deleg. Castrens. consil. 402. Angel. in l. procurator. qui de ff. de procurator. gloss. Bart. & Bald. in l. si pupilli. §. 1 ff. de neg. l. 1. §. exercitorum ff. de exercit. act.* Iugé par Arrest de Bordeaux de l'an 1531. rapporté par Papon tit. des Procureurs, Arrest 4.

Procureur comment re-vocqué.

Ores que la charge du Procureur finisse par la reuocation, ou par la mort du constituant, *l. si quis alicui. §. in rem mandatis, lib. mandatum, lib. inter causas ff. mandat. lib. Iudicium soluitur de Iudic.* Si toutesfois le Procureur ignorant sa reuocation, ou le decés du constituant, faict quelque acte en la poursuite de la cause, ce qu'il aura fait sera bon & vallable, *lib. inter causas & lib. si procedente, ff. mandat. §. item si adhuc instit. mandat.* Le Procureur à droict de repeter tout ce qui a esté par luy frayé, employé, & despensé en la poursuitte du procés, ou negociation des affaires, *l. si quis alicui §. impendia. ff. manda.* Sinon qu'il eust composé à quelle somme se monteroient ses frais & salaires, *l. idemque, §. idem Labeo ei.*

Salaires & fourniture du Procureur.

Est à noter contre l'ancienne coustume, que les Procureurs n'ont plus droict de retention des pieces de leurs parties, pour le payement de leurs salaires & fournitures: mais se doiuent pouruoir par action. *Vt l. que omnia ff. de Procurat.* Doit poursuiure son payement dans deux ans, autrement est non receuable. *Arrest de l'an 1547. Papon. tit. des salaires art. 8. & tit. des Procureurs, Arrest 21.* N'est tenu le constituant de ce qui aura esté volé au Procureur faisant sa charge, ny de payer sa rançon, s'il est pris prisonnier de guerre, allant à la fonction d'icelle, *quia id magis casibus fortuitis, quàm mandat rei imputandum. l. inter causas. §. non omnia ff. mandat.* & ainsi fut iugé pour le Sieur Murat Lyonnois contre son Procureur à Lyon, pris pendant la guerre, allant pour les affaires dudit Sieur Murat.

Monsieur le Procureur General peut impunément accuser, & deferer tous ceux qu'il reconnoit coulpables, *l. omnes, C. de delat. lib. 10.* Mais il se trouue qu'ayant esté mal aduerty, il n'y aye aucune preuue de son accusation, il ne peut euiter en son propre & priué nom, les despens, dommages & interests de l'accusé, *l. cautiones. C. de his qui accus. non poss.* Et peut-estre pris en partie formelle, *l. non est ignotum. C. de administrat. tut.* Papon. *Arrest 5. tit. des accusation.* C'est pourquoy l'ordonnance luy enioint de nommer son instigateur apres la Sentence d'absolution prononcée, afin que l'accusé absous, puisse auoir son recours contre luy pour ses despens. dómages & interests, *l. Senatus. ff. de iur. fisc.*

    Le Procureur ne peut estre produit, ny seruir de tesmoin en la cause, en laquelle il est constitué, *l. mandatis. ff. de testib. cap. Roman. de testibus in 6* à plus forte raison, ne peut il estre contraint de respondre sur les faicts de la partie aduerse, de la sienne, bien que Bartole aye tenu le contraire, *in l. deferre ff. de iur. fisc. gloss. in l. etiam C. de testib* Et fut dispensé de ce faire par les Iuges, Caius Erennius (dit Plutarque en la vie de Marius accusé de crime) à cause qu'il estoit son Procureur.

L'ADVOCAT.
§. 5.

L'Aduocat est celuy qui en iugement en son nom propre, ou de l'autruy expose son affection, ou celle de son amy, par deuant celuy qui preside au tribunal Iudiciel, ou s'oppose & contredit au desir d'autruy, pour la tuition de son droict, ou de sa partie, *l. 1. ff. postul. & ibi Bartolus ad Doctores.*

    L'vsage des Aduocats n'est pas moins necessaire, que celuy des Gens-d'armes, qui bataillans & combattans sauuent la partie, veu que armez d'vne rare & diserte eloquence, & d'vne elegante voix, ils deffendent la vie & les fortunes de leurs clients de l'oppression des iniques, & les conseruent à leur posterité, *l. aduocatis. C. de aduoc. diuers. Iud.* ayant cette immunité qu'ils ne peuuent estre nommez leueurs, ou collecteurs de Tailles, tant qu'ils sont employez en l'exercice de leurs charges, *iuxta l. 2. C. de aduocat. diuerf. Iud.* & ainsi fust iugé par Arrest de la Cour des Aydes du 17. Ianuier 1603. rapporté par Pelcus. *lin. 4. art. 4.*

    Tous ceux donc qui par cinq ans ans entiers ont laborieusemen. trauaillé à la connoissance de Iurisprudence, munis de la Philosophie, de l'Histoire, & dés belles lettres, pourueus d'vne ame pleine de sincere integrité, ayans la testimoniale de leurs estudes, des Docteurs qu'ils ont ouys en Vniuersité fameuse, peuuent exercer cette charge.

	1	Femmes & enfans.
	2	Esclaues.
	3	Muets & sourds.
Cette charge toutesfois ne	4	Aueugles.
peut estre exercée par	5	Infames.
	6	Procureurs.
	7	Euesques.
	8	Prestres, & Clers *in sacris.*

1. Que les femmes soient repoussées de l'exercice de ceste charge ; la loy premiere, § *sextum ff. de postulat.* y est formelle, comme pour les enfans le §. *initium.*

2. Et d'autant qu'il faut que l'office d'Aduocat, qui est noble, soit exercé par personne de franche & libre condition, les esclaues en sont reiettez, *Specul. lib. 1. e actore §. 1. num.* 17.

Comme de mesmes les muets & sourds, *l. 1. propter causam surdum. ff. de postulat.*

3. Les aueugles, *d. l. §. casum dum cæcum.*

Les infames. *d. l. 1. §. hoc edicto.*

4. Les Procureurs, faute de promotion au baccalaureat, licence, doctorat : &

5. les infames, *propter rationes sup. alleg.*

6. Les Euesques ne peuuent postuler par deuant aucun Iuge Ecclesiastique, ny seculier, *Host. in c. vlt. de postul. ex c. perlatum.* 88. *distinct.* Fors en leurs propres

7. causes pour leurs Eglises, ou personnes miserables, *Specul. tit. de aduoc. lib. 1. part.* 4.

8. Les Prestres & Clers *in sacris*, ne peuuent iamais postuler en matieres criminelles, ny en la Cour laïque, sinon en leurs causes, *1. extr. de Postul.* Mais en Cour Ecclesiastique ils peuuent postuler pour toutes personnes : & toutesfois les Moines & Chanoines reguliers ne peuuent postuler en aucunes Cours, si ce n'est pour les causes qui concernent leurs Monasteres, auec l'authorité de leurs Superieurs, *monachi, cap.* 16. *quæst.* 1. *l. repetitia. C. de Episcop. & Clericis.*

Outre la doctrine requise en l'Aduocat, il doit estre bref, pertinent, & veritable en ses plaidoyers, & escritures, comme le desirent Ciceron & Anle Gelle *lib.* 1. *cap.* 15. non médisant, ny contumelieux, qui se doit seulement ataquer au fait, non aux parties, ny à leurs Aduocats, *selon Pline escriuant à Macrium epist.* 8. *lib.* 7. *& Quintil. lib.* 4. *c.* 1. Et sur tout se doit garder d'vser de conuices, *l. quisquis. C. de postul.*

A ce propos vn Aduocat du Puy en Velley, ayant dit tout haut en Audience, plaidant, qu'il estoit appellant de la Sentence renduë par le Iuge-mage du lieu, contre sa partie, comme renduë par trop grande faueur & support, fut par le mesme Iuge condamné en l'amende de trois liures enuers le Roy, dont ayant appellé, le iugement fut confirmé par Arrest de Tholose, du 9. Decembre 1608. sans note d'infamie : neantmoins Bouteiller en sa somme rurale dit, qu'anciennement les Aduocats estoient estimez Cheualiers, aussi leur profession *togata militia dicitur, & Claudian. in Panegry.*

—— —— Licet exercere togata.

Diunera militiæ & sine sanguinis haustu,

Mitia legitimo sub Iudice bella mouere.

Aussi leur salaire est appellé *honorarium. l.* 1. §. *in honorariis. ff. de extraord. cognit.* & ne doiuent marchander ny exiger indeuëment des parties. mais se contenter de ce qui leur est taxé par les ordonnances. *Voyez celles de Charles VIII de l'an* 1425 *de Louys XII. de l'an* 1520. *& de François I.* 1518. Ils iouyssent du priuilege des Gendarmes, en ce que *habent quasi castrense peculium & §. in l. militis ff. de re iud. l. seriis. C. de aduoc. diuers. Iud.*

Ils ne peuuent ny doiuent contracter auec leurs cliens pendant le procés qu'ils instruisent, *l. quisquis § prætores. C. de postul.* ny parler de l'euenement de la cause ... de procés, Ordonnance d'Orleans art. 54. & s'ils passent quelques

contracts,ne font non point vallables que celuy que le Medecin pafferoit auec
fon malade,pendant fa maladie,& font fujets à pareille recifion,l.*Medicus.ff.*
*de vac.& extraord.cognit.Rebuff.tract.de refcif.contract.num.*28.

L'Aduocat qui plaide,& fouftient vne caufe qu'il recognoit manifeftement
injufte & non fouftenable,deuroit eftre condamné en fon priué nom, en tous
les defpens,dommages & interefts de fa partie:fi principalement il luy a donné le premier confeil de la pourfuitte d'icelle, *arg.cap.1.ad Rom.& ca.de Offic.*
*deleg.*Celuy qui defire iouyr du priuilege d'Aduocat,doit fans difcõtinuation
perpetuellemét exercer fa charge,*Arreft du 7.Ianuier* 1521.*rapporté par Rebuf.*
tract.de mercat.num 3.*l.fcriniarios,C.de milit.teftam.l.negotiatores.ff. de Iure immun.*
la Loy *quifquis C.de poftul.*luy deffend d'eftre Iuge en la caufe dont il aura efté
Aduocat.

LE TVTEVR. §. 6.

OVtre l'Aduocat & le Procureur , qui prennent la charge des caufes dé
leurs cliens, parce qu'il y a certaines perfonnes, qui pour vallablement
eftre en iugement,ont befoin de l'authorité des Tuteurs ou Curateurs, nous
auons eftimé a propos de dire icy briefuement de leur charge.

Le Tuteur,ordonné par la Loy des XII. Tables , eft celuy qui eft eftably
pour conferuer & deffendre les perfonnes & biens de ceux,qui pour l'imbecilité de leur âge,ne peuuent rien vallablement faire d'eux-mefmes,*l. 1.ff. de*
Tutel.Inftit.eod.in princip.

Definition du Tuteur.

Tous Tuteurs font ou	1 Teftamen- taires.	Par teftament du Pere. Ou De la Mere.
	2 Legitimes.	Plus proches à apprehender la fucceffion.
	3 Datifs.	Par le Iuge ordinaire des lieux. Ou Du domicile des parties.
	4 Honorai- res.	
	5 Anomaux.	La tutelle de la mere: Ou de l'ayeule.

A celuy qui a Tuteur, on en decerne tou- tesfois, fi	1 Le Tuteur deuient fourd,muet, ou infensé.
	2 Le pupil a des biens en diuerfes prouinces.
	3 La Mere Tutrice conuole à fecondes nopces.
	4 Le Tuteur eft relegué,defmis par maluerfation,ou fugitif aux ennemis.
	5 S'il eft abfent pour la Republique.

Quelles personnes se peuuent excuser de la Tutelle.

I.
Tuteur Te-
stamentaire.

LE Tuteur testamentaire est celuy que le pere donne pour tuteur à ses enfans par son testament & ordonnance de derniere volonté, qui n'est tenu à la prestation d'aucune caution , ains seulement doit estre confirmé par le Iuge, auec promesse neantmoins par serment de bien administrer, deffendre son pupil, rendre compte, & prester le reliqua, *l. i. & l. si filio impuberi i. ff. de confirm. & doit toushours estre confirmé, sinon aux cas posez par la loy. Pater hære-re l ff de testam. tut. nisi causa in eo mutata sit, veluti si ex amico inimicus, ex diuite pauper effectus sit, l. si p'ures. §. quamuni ff. de admin. tut.* Que si le Tuteur est nommé par le testament de la mere, s'il y a doute de ses facultez, il n'est exépt de bailler caution, sinon que tous les parens assemblez (qui doiuent estre appellez pour cét effect) le certifient de suffisance , *cùm enim adoneum affirmauerint, fideiufforum vicem sustinent,* comme dit Vlpiam, *l. cùm ostendimus. ff. de fideiuss. nomin. & hered. tut. l. mulier. de corfirm. tut.*

II.
Legitime.

Comme le Magistrat n'a peine de donner la Tutelle testamentaire, aussi n'a-t'il la legitime, estant à faute de la precedente, les plus proches parents appellez pour legitimes Tuteurs , par la loy des douze tables, ceux specialement *quos succeßionis respicit emolumentum :* ce qui se fait, les parens du deffunct appellez à la requeste du Procureur du Roy ou du Procureur d'office : desquels le Magistrat prédra aduis, tant sur la proximité du degré de côsanguinité, que sur la prudence, diligence, & facultez de ceux qui legitimement sont appellez à la succession, *l. legitimo. l. intestato parente. ff. de legit. tut.* iettant neâtmoins ceux qui affectent telle charge, & aspirét pour s'en preualoir, que la loy remarque comme indignes, *l. 3 §. tut. qui ad alimenta. ff. de suff. tut. l. in eos, ff. de tut.*

III
Tuteur datif

Le Tuteur creé par l'ordonnance faite lors du Tribunat, & à la poursuitte de L. Attilius, qui a toushours entre les Romains esté pour cette raison nommé *Attilianus,* est celuy que nous appellons Datif, qui est creé par le Iuge au defaut du testamentaire, & du legitime : ce qu'il fait sur l'aduis des alliez, parens, & proches voisins du deffunct, sans s'arrester à la proximité de grade, pour la succession, ny autrement, *l. si plures §. vlt. ff. de admin. tut. tot. tit. Instit. de Attil. dandi tutorem. ff. de tut. datis ius ab his, &c.*

Il peut estre contraint à l'acceptation de la tutelle celuy qui est nommé, & trouué idoine, voire ores qu'il ne soit parent ny allié, *l. necnon ff. de tutoribus & l. Diu Marcus & Verus.*

Sur tout doit estre soigneusement obserué que le Tuteur testamentaire, legitime, ou datif, doit estre maieur de vingt cinq ans, par les raisons deduites par les loix, *l. tutela ff. de tutel. l. vltim C. de legit. tut.*

IV.
Tuteur ho-
noraire.

Le Tuteur honoraire est celuy que le Testateur a voulu desdaigner ny obmettre par son testament, ou est nommé par le Magistrat pour honorer le pupil, & de l'authorité daquel il se peut preualoir pour en estre supporté & fauorisé, *l. si quis tutor. §. quid ergo si honoris causa. ff. de rit. nupt.*

Toutesfois où le Tuteur negociant & administrant auroit mal-gré la tutelle, & se trouueroit insoluable, tel Tuteur honoraire seroit tenu à la redditió de compte : *d. l. si quis, constat enim honorarios quoque excußis prius facultatibus eius qui gessit, conuenire oportere,* comme veut Vlpian *l. 3 §. 3 ff. de admin. tut.*

V.

Alciat, suiuant l'opinion des Iurisconsultes , appelle la tutelle deferee à la mere ou à l'ayeule, Anomale : au tât qu'elle ne peut estre testamentaire, *l. iure noſtro ff. de teſt. tut.* ny legitime, veu que la Loy les poſtpoſe à tous les autres parens, *l. 2. C. quand. mul. tut. offic. fung.* ny datiue non plus, veu que la tutelle eſt vn office viril & neceſſaire, *l. 1. C. quand. mult, tut. offic.* Il leur eſt neantmoins permis d'adminiſtrer la tutelle de leurs enfans de leurs conſentement, ſans preſtation d'aucune caution, non qu'elles y puiſſent eſtre contrainctes. *l. hæres ff. de adm. & per tot. auth. matri. & auia, C. quand mul. tut. Offic.*

Ores que, *tutorem h.benti tutor dari non peſſit,* ſi toutesfois le Tuteur deuient furieux inſensé, ſourd, ou muet, autre tuteur doit eſtre decerné au pupil, *l. 17 ff. de tutel.*

Si le mineur a des biens en diuerſes Prouinces, qui ne peuuent eſtre commodement adminiſtrez par vn ſeul Tuteur, peuuent eſtre creez pluſieurs Tuteurs, pour l'adminiſtration des biens, qui neantmoins ne peuuent entreprendre ſur l'adminiſtration l'vn de l'autre, *l. propter litem. §. fin. ff. de excuſ. tut. l. tutores, §. bæres. ff. de adminiſtrat. & pericul. tut.*

De meſme, ſi la mere Tutrice conuole à autres nopces : car en ce cas doit eſtre pourueu de nouueau Tuteur au pupil. *Auth. de nupt. §. ſi vero tutelam. coll 4.* ſinon que le ſecond mary ſe vouluſt charger de la tutelle, ce qu'il peut ſuyuant l'opinion de Faber ſur le *§. item inſcripſerunt, Inſtit. de excuſ. tut. l.l.cet C. de excuſ. tut.*

Si le Tuteur eſt relegué pour vn long-temps, ou deſmis de ſa charge par maluerſation, ou fugitif entre les ennemis, doit eſtre procedé à nouuelle prouiſion de tutelle, *l. pen. C. in quib. caſibus hab. tut. §. 4. Inſtit. Quibus modis tut. de excuſ. tut.*

S'il eſt abſent pour la republique, ſoit en ambaſſade, ou autre charge neceſſaire, *l. quæſi tum. ff de tutel.*

Doit ſur tout le Magiſtrat prendre garde, de faire donner bonne & ſuffiſante caution au Tuteur, quel qu'il ſoit (fors au teſtamentaire, & à la mere qui n'y ſont tenus) ſinon qu'il vueille courir fortune. en cas d'inſoluabilité du Tuteur, de ſes cautions, certificateurs & nominateurs, de la mauuaiſe adminiſtration des biens du pupil, qui ſe peut, apres deuë diſcuſſion contre les ſuſdits, addreſſer à luy par les raiſons contenuës au tiltre *de magiſtratib. conueniendis. ll. 4. & 5.*

Peuuent s'excuſer de la tutelle, celuy qui a procés contre le pupil, *Nouella conſtit. 72.*

L'ennemy capital du pere du dupil, *§. inimicitiæ. Inſtit. de excuſ. tutor.*

Celuy qui a eſté offencé & pourſuiuy en ſa reputation par le deffunct pere du pupil, ou qu'il l'a pourſuiuy ſur quelque choſe infamante, *§. item is qui ſtatus Inſtit. eod.*

L'extremement pauure, *§. ſed propter paupert. eod. l. paupertas. ff. eod.*

Le detenu de continuelle maladie, meſme de la goutte noüée, *l. Titus fi'iis. meis. §. vlt. ff. de excuſ. tut. cr. qui morb. ſe excuſ. l. 10. C. l. in verb. artic. morb.*

Les hebetez par graſſe ignorance, & ſans entendement, *§. qui litteras neſo.eo.*

Le ſeptuagenaire, pour la caducité de ſon aage, *l. 2. de excuſ. tutor.*

Les Magiſtrats ſouuerains, & ceux qui adminiſtrent les plus hautes charges en la Republique, & charges militaires, *paragr. item D. Marcus Inſtitut. de excuſ. tut. ff. eodem adminiſtrantes C. de leg. paragrapho idem & in milite. Inſtitut. de excuſat. tutor.* De meſmes les Financiers, *l. exactores. C. de excuſ. tut.*

Les Eccleſiaſtiques mentionnez, *in lib. Generaliter, C. de Epiſcopis & Cler.*

Celuy qui est chargé de cinq enfans legitimes, *l. vlt. C. de his qui muner. liber. se excu: possunt. lib.* 10. *Arrest de Paris du* 5. *Ianuier*, 1561.

II.

Celuy qui desia est chargé de trois tutelles diuerses, §. *item tria onera tutela, Instit. de excus. l.* 3. *ss. eod.*

Au troisiesme liure de cét œuure, quand nous discourrons des Actions, nous traicterons, Dieu aydant, plus au long cette matiere.

LE CVRATEVR, §. 7.

D'Autant qu'apres le quatorziesme an expiré des masles, & le douziéme des filles, les vns & les autres sont encores incapables & inhabiles d'administrer leurs biens, à leur postulation leur est decerné Curateur, pour les conseiller, & auoir soin principal de leurs affaires, iusques à l'aage de vingt-ans complets.

	1	Aux mineurs, depuis 14. ans complets iusques à 25.
	2	Aux prodigues.
	3	Aux furieux & insensez.
	4	Aux sourds & muets.
	5	Aux detenus de longue, ou perpetuelle maladie.
Le Curateur	6	Aux pupils qui ont Tuteur inhabile
se donne	7	Aux bien ou hoiries jacentes, ou vacantes.
	8	Au ventre, ou fruict de la femme enceinte.
	9	Au pupil qui a procez contre son Tuteur, ou au mineur pour proceder en cause.
	10	N'est donné Curateur par testament, ny à celuy qui ne veut.

I.
Curateur
quand se donne aux mineurs.

Apres la peine de la puberté des masles & des filles Curateur leur est decerné, iusques à vingt cinq ans complets, de l'authorité & conseil desquels, ils puissent seurement gouuerner leurs affaires, que la fragile imbecillité, de cet aage ne leur promettoit autrement, de prudemment & aduisément manier, & leur sont tels curateurs donnez à leur requeste par les mesmes Magistrats qui ont decerné leur tutelle, s'ils ont leur domicile au mesme lieu, *Inst. de Curat.* §. *dantur.* sinon qu'auant leur majorité complete, le masle à vingt-cinq ans, la femme à 18. eussent obtenu lettres du Prince de benefice d'aage, *l. C.* 2. *de his qui ven. æt. impet.*

Toutesfois ores que celuy qui est sous l'authorité d'vn Curateur, soit mineur, si neantmoins en contractant il se dict & affirme majeur, il ne peut plus pretendre d'estre restitué contre tel contract : sinon qu'il vint comme lezé d'outre moitié du iuste prix : & ainsi fut iugé par la Cour au mois de Iuillet de l'année 1598. contre vne fille, laquelle contractant s'estoit dicte majeure, bien qu'elle fit apparoir par le liure de Baptesme de sa minorité, suiuant les loix, 1. & 3. *C. de integr. rest. min. Peleus lib.* 5. *art.* 4.

Et ores que la femme mineure soit mariée, son mary neantmoins n'est receuable à poursuiure vne instance ou action resciscoire en son nom, sans luy faire decerner vn curateur, & que *mulieres sint in perpetua mariorum tutela*, le mary en ces cas, *Curatoris vicem non bonè suscipit*, & ainsi a esté Iugé par Arrest rapporté par M. Louet sans datte, au chap. 1. de la lettre M.

Sont aussi donnez Curateurs aux furieux, insensez, & prodigues, qui sans *11. & 12.* consideration dissipent leurs moyens, ores qu'il ayent excedé l'aage de vingt- *Aux prodi-* cinq ans, *l. 1. ff. de curat. fur. §. furiosi. Inst. de curat.* Que s'ils n'ont attaint le- *gue, furieux* dict aage, ils semblent plustost estre donnez pour l'imbecilité de l'aage, que *& insensez,* pour l'incommodité du sens, *l. qui habent. ff. de tutel.* & tels curateurs ont l'en- tiere & pleine administration de tous les biens de ceux qui sont commis à leur cure : mais des autres personnes ils en ont seulement la garde, *l. inter bo-* *norum. ff. de administr. tut. vel cur.*

Les sourds & muets, & ceux qui sont obligez de continuelle maladie, & *ix. & v.* les alienez de sens, pour les mesmes raisons, sont mis en curatelle, qui dure *Aux sourds,* aussi long-temps que les accidens qui les trauaillent, *Mente capitis, surdis &* *muets, & cõ-* *mutis, & qui perpetuo morbo laborant, quia rebus suis super esse non possunt, curatores* *tinuellemẽt* *dandi sunt,* dit l'Empereur *Instit. de curat. §. furiosi quoque.* *Malades,*

De mesme aux pupils, qui n'ont aucun Tuteur testamentaire legitime, ny *VI.* datif, ou desquels le Tuteur est inhabile & insuffisant pour l'administration *Aux pupils,* de leurs biens, ou qui leur est seulement donné pour certain temps, ou qui est malade, ou absent pour cause legitime & necessaire, *§. interdum autem & §. si* *tutor vel aduersa valetudine, Instit de curat.*

L'on donne Curateur aux biens vacans ou hoiries jacentes, où ne se trou- *VII.* ue aucun vray maistre ny legitime proprietaire, *tot. tit. ff. de curat. bon. dand.* *Aux biens* Mais tel Curateur est volontaire, & ne peut estre contrainct à l'acceptation *vacans.* de ladicte charge. *l. de curator §. quæritur ff. eod.* sinon quand il y a necessité vr- gente : ou quand il plaist autrement au Prince. *vt ibid.*

Au ventre, ou fruit, dont la femme est enceinte, pour la conseruation de *VIII.* ses droicts, *tot. tit. ff. de ventr. in poss. mittend.* *Au fruict,* *dont la fem-* *me est en-* *ceinte.*

Au pupil, qui a procés contre son Tuteur, ou mineur qui desire proceder *IX.* en Iugement à la poursuitte de quelque instance, & qui n'est d'ailleurs deuë- *Au pupil* ment authorisé, *Specul l. 1. par. 3. de syndic.* Et peut le Curateur requis *in litem* *ayant procés* par le mineur estre contrainct à l'acception de ladicte charge, comme tient *contre son* *Ioan Fab.* sur le *§. item inui instit. de cura. Arrest de Paris, du 26. Nouembre 1551.* *Tuteur.*

Ne sont les Curateurs donnez par testament : si toutesfois il s'en trouue *X.* d'ainsi establis, faut qu'ils soient confirmez. Ne peuuent non plus estre don- *Curateur à* nez aux mineurs contre leur gré & volonté, si ce n'est pour la conduicte, ou *qui n'est* pourfuiute d'vn procez afin de valider l'instance, & que l'euenement d'icelle *donné & non* ne soit illusoire *§. 1. Inst. de cur.* *par testa-* *ment*

Pour les cas, esquels l'on ne decerne aucun Curateur aux mineurs, Voyez Guido Pape *qu. 35. 59. & 410. Benedictus in repect. c. Raynutius in verb, si absque* *liber. in 2. de fidei com. substit. nu. 50.* ou ils tiennent que la Loy *clarum. C. de au-* *thor. præst.* & la Loy *fin. §. necessitate. C. de bon. quæ lib.* sont abrogées aux Par- lemens de ce Royaume.

LE GREFFIER. §. 8.

LE Greffier, comme celuy qui est depositaire de tous les actes Iudiciels, & *Greffier pour* aux escrits & registres duquel foy entiere est adioustée, sans aucun, con- *quoy est ap-* tredict, que par impugnation de faux, est le vray & plus propre instrument *pellé.*

de tout l'ordre Iudiciel, & auquel n'est besoin d'autre garde ou qualité, que de la protestation du serment qu'il fait entre les mains du Iuge, sous lequel il trauaille, *Ord. Charles VIII. art. 10.*

Au Greffier est requis.

1. Qu'il soit homme de bien, aagé de vingt-cinq ans & bien experimenté au faict de practique.
2. Qu'il exerce sa charge en personne.
3. Qu'il expedie promptement les parties, & donne bon registre.
4. Qu'il soit fort prudent en la reception des sacs, aux Inuentaires des Procureurs.

I. Qualitez requises au Greffier.

D'autant que la science, integrité, & la diligence sont principalement requises à sa charge, il doit estre pourueu d'vne ame entiere, experimenté au faict de practique, majeur de vingt cinq ans, de loüable reputation pour la suffisance requise, par l'Ordonnance de *Louys XII. art. 69.* & neantmoins ores qu'il soit accompagné de toutes les loüables conditions requises, le Iuge ne le peut commettre pour la facture des informations, dont deffences sont faictes à tous Iuges, comme aussi de iuger & cognoistre des appels comme du iuge incompetant, par Arrest du 20. Auril. 1602. entre le Sieur de Fontraine, & Thomas de Roche, par lequel feu Messire Estienne de la Roche, lors Lieutenant General au Baillage de Beaujolois, fut condamné à restituer trois escus d'espices qu'il auoit pris.

Et d'autant que bien souuent l'on reçoit en l'exercice de telle charge des personnes qui n'ont atteint l'aage de vingt cinq ans, pour n'estre tenus faire preuue de leur aage comme les autres Officiers, l'on a douté, si le Greffier peut estre releué du contract de vente: ou autre par luy passé, depuis qu'il a esté admis en l'exercice du greffe d'vn Siege Royal, mais ce doute est leué par deux arrests, l'vn du 7. Feurier 1563. l'autre du 8. May. 1604. rapportez par M. Loüet, chap. 9. lettre G. par lesquels le Greffier est reputé majeur pour estre personne publique, & ayant pouuoir de lier & obliger les parties à l'instar des Notaires Royaux, a esté debouté du benefice de restitution, *ex capite minoris ætatis.*

II. La charge du Greffier. Il doit faire sa personne.

Le vray Greffier doit exercer sa charge en personne, & non par Commis, Est ciuilement responsable de la charge de ses Clercs, qui ne doiuent signer aucune chose, ains le Greffier en chef: comme tient *Iason consil. 61. lib. 1. verf. non obstat etiam.* Doit mettre au pied de toutes expeditions ce qu'il aura receu des parties. Voyez plus au long le deu de sa charge aux Ordonnances des Estats d'Orleans, *de l'an 1561. art. 77. 78. & 80.*

III. Doit expedier promptement.

Fera charitablement & en homme de bien, s'il depesche les parties le plus promptement qu'il luy sera possible: & fuyra sur tout leur deliurer registres: ou appointements diuers, contraires ou repugnats sur mesmes actes ains l'aura l'œil, que le tout soit deuëment collationné aux minutes, enregistrées en ses papiers.

IV. Doit estre bien aduisé en la reception des sacs.

Sera aduisément faict à luy, de ne receuoir aucuns sacs des Procureurs des parties, ny des Greffiers des iurisdictions subalternes en case d'appel, sans au preallable auoir deuëment verifié les Inuentaires: autrement où ils se trouueroient defectueux, sera tenu de remplir lesdits Inuentaires, ou courra fortune des despens, dommages, & interests des parties.

LE SERGENT. §. 9.

LE Sergent, que les anciens nommoient Appariteur : parce qu'il fait comparoir les parties en Iugement, *l. apparitores C. de exactor. trib. l. 1. & fin. C. de sport.* Huiſſier & Meſſager, *l. 1 §. nunciatio. ff. de oper. noui. nunc.* Miniſtre, ou Miniſtrateur, *§. maximé. Auth. de quæſtore, collat. 6 c. ſi homicida, & cap. cùm miniſtri 23. quæſt. 5.* Executeur, *l. ait. Prætor §. executor. ff. de neg. geſt. l. ſi pignora ff. de euict. l. 2. C. de sport. l. fin. C. de Iud.* eſt celuy, qui par le commandement du Iuge, expedie le preparatif, & commencement de la cauſe, & en ſuitte du procez, contraint les teſmoins de comparoir, exhibant iuſques en definition & dernieres executions, tout ce qui eſt de ſon office, *l. ea quidem C. de accuſ. l. antepen. & fin. C. de Iud. l. 1 C de ſport. in Auth. de Iud. §. his qui cauſas præparant, collat. 6.*

(marge : Diuers nōs des ſergens)

Pour l'importance de ſa charge, le ſergent doit eſtre maieur de ving-cinq ans, de bonne & loüable vie, & mœurs, & de la capacité requiſe à l'exercice d'icelle.

(marge : Age, & qualitez requiſes aux Sergens.)

S'il eſt pourueu pour le Roy, doit donner caution, iuſques à deux cens liures : ſi par vn Seigneur Haut-Iuſticier, iuſques à vingt liures. Doit porter l'eſcuſſon à trois fleurs de lys : ne mener autre ſuitte que ſes records : ne doit eſtre aſſiſté des parties pour qui il execute, *Ordonnance d'Orleans, chap. de Iuſtice, art. 89 Edict de Moulins, 1566 art. 31. 32.*

(marge : Par qui pourueu.)

Ne doiuent eſtre excedez, à peine de la vie. Et ne peut eſtre informé & decreté ſur leurs exploicts de rebellion *Edict à Moulins, art. 34. Ordonn. 1570.* & ores qu'il ſoit d'autre & plus haute Iuriſdiction, s'il a excedé ou delinqué, il doit reſpondre ſur l'excez par luy commis, pardeuant le Iuge du lieu, où il a delinqué : ſans qu'il puiſſe pretendre renuoy ailleurs, comme fut Iugé par Arreſt du 30. Nouembre 1597 rapporté par Peleus liur. 4. art. 69.

(marge : Ceux qui l'excedent punis.)

Doiuent donner reconnoiſſance de leur main, aux parties, qui les employēt de la reception des pieces, obligations, arreſts, &c. qu'ils auront receus d'elles *Ordonnance d'Orleans, art. 91.*

(marge : Doit faire recipiſſe des pieces receuës.)

Ne peuuent retenir l'argent par eux receu des debiteurs qu'ils auront contraint, où de la vente des meubles par execution plus haut de huict iours au plus, à peine de larcin : ains en doiuent incontinent ſaiſir les creanciers, *Ordonnance d'Orleans, article 61 Arreſt de Paris, 1. Auril 1555.*

(marge : Ne peut retenir l'argēt receu des parties.)

Doiuent à tour de roolle aſſiſter aux Audiences des lieux, où ils ſont receus : & peuuent eſtre employez aux queſtions, & tortures extraordinaires.

(marge : Aſſiſte aux Audiences.)

L'ADIOVRNEMENT, §. 10.

L'Adjournement, vray fondement de tout l'ordre iudiciel, qui doit eſtre fait à perſonne, ou domicile, en preſence de teſmoins : Eſt quand l'on fait appeller, prouoquer, ou tirer ſa partie en Iugement, pardeuant Iuge competant, pour debattre le droict pretendu en la choſe contentieuſe, ou ſubir condamnation de la choſe pourſuiuie & demandée, *l. 1 ff. de in ius voc. l. ſiue. de iniuriſ ten. §. vltim.*

(marge : Adiournement, que c'eſt.)

Tous adiournemens font, ou

1. Generaux, contre
1. Vagabons.
2. En criées & fubhaftation.
3. Contre vn College, ou Communauté.
4. Pour vn Mineur, s'il luy eft expedient de repudier ou accepter vne hoirie.

2. Particuliers, qui fe font par le Sergent, contenants:
1. Par commiffion de quelque Iuge.
2. Celuy qui fait adiourner.
3. Celuy qui eft adiourné. { Prefent à fa perfonne, ou Abfent à fon domicile:
4. Affignation à iour certain.
5. En lieu certain.
6. Pardeuant quel Iuge.
7. A quelles fins, ou pour quelle caufe.

3. Specifiques, que le Iuge ordonne de viue voix:
1. En affignation de venë de lieu.
2. A faire extraits, ou collations de titres.
3. A voir produire, iurer & receuoir tefmoins.

4. Violents,
Quand la partie eft par force menée & conduitte en Iugement, par faute d'y comparoir volontairement.

5. Le trouué iudiciellement n'a befoin d'eftre adiourné.

6. Adiournement contre Beneficié, au lieu du benefice contentieux, non vallable.

2.
Vagabonds, contumax, &c comme doiuét eftre adiournez.

Les vagabons, fans domicile, contumax, ou abfens du pays, fans iufte & legitime caufe, doiuent eftre adiournez par affiges, ou cry public. Et en matiere criminelle, à fon de trōpe, aux limites du pays, ou lieu plus prochain de leur demeure, *notata in l. abfentem. ff de pœnis. lafon in §. rurfus. Inftit. de act. l. contumacia ff. de re iudic. Mafuer. tit. des adiourn. 35 & 41.*

II.
En criées & fubftentations.

En criees & fubhaftations tous pretendans droicts & interefts aux biens mis en criées, tant afin de conferuer, diftraire, que collation, font adiournez en general, *Mafuer. ibid. Ordonn. Henry II. 1553. art. 3.*

III.
Contre vn College, ou Communauté.

Pour adiourner vn College, ou Communauté, fuffira faire l'adiournement à l'Abbé, ou Prieur, au nom de tout le Chapitre: Ou aux Confuls & Efcheuins au nom de tous les habitans Et s'il ny a aucun chef au College, ou Communauté, faut que la plus faine partie des intereffez foient adiournez, ou tout le Chapitre enfemble, fi faire fe peat, autrement l'adiournement n'eft vallable, *cap. bon. e extr. de elect. Specul. lib. 2 part. 1. tit. citat. Glof. in l. aliud §. refertur. ff. de reg. iur. cap. fi capitulo. de præb. in 6 l. 1. & ibid. Bart. C. de iure Reipub. lib. 12. Glof. l. non poteft ff. de reg. iuris.*

IV.
Pour vn mineur.

Quand vn mineur eft en termes d'accepter, ou repudier vne hoirie, à luy nouuellement deferée, *ab inteftat*, ou par ordonnance teftamentaire, eft befoin que tous les parens foient appellez, pour auoir fur ce leur aduis, s'il luy eft expedient de faire l'acceptation, ou repudiation d'icelle.

L'adiourn

L'adioutnement particulier ne doit eftre fans commiffion, ou mandement du Iuge, n'eftant valable fait de la feule authorité du Sergent. Et faut qu'il en apparoiffe par efcrit, *l. vnica. C. de mandat. Princip. l. neminem. C. de exhib. reis. Auth. de Quæft. coll. 6. de bæred. & Falc. §. fi quis verò plures. coll. 1. Sainct Louys 1254. Philippes IV. 1302. art. 23.*

II. Adiournemens particuliers.

Doit contenir le nom de celuy, à la requefte de ce qui il procede: le nom de celuy, contre qui il eft dirigé: Et s'il eft prefent, que l'exploit contienne qu'il a efté adiourné parlant à fa perfonne: fi abfent à fon domicile, parlant à perfonnage d'âge competant, & qui excede quatorze ans. S'il n'eftoit venu à la notice de l'adiourné, faute de telle folemnité, le deffaut fur ce obtenu feroit nul, pour n'eftre valable l'adjournement fait hors le domicile, & perfonne, voire fuft-il fait à la perfonne de la femme de l'adiourné, ou d'autre lien domeftique hors le domicile, *Guido. Pap. quæft. 445.* Et ores que par la difpofition du droict, l'affignation donnée à iour ferié foit nulle. *notat in l. 1. §. nunciatio, & l. 2. de oper. nouis nunc. Fab. in l. dies. Gloff. in verb. apparitio. C. de feriis.* fi eft-ce que pour la commodité des parties le contraire fe practique eftant feulement l'effect de l'adiournemét differé au iour enfuiuant, non ferié *Guid. Pap. quæft. 542.*

I. La commiffion doit eftre du Iuge.

2. & 3. Celuy qui fait adiourner, & qui eft adiourné.

L'adiournement fait au domicile de l'adiourné, doit contenir en quel lieu eft le domicile, le temps de deuant ou apres midy, le nom & qualité des records: l'vn defquels doit figner, fi l'execution ou adiournement fe fait en lieu, où l'on puiffe recouurer tefmoins qui fignent. Et doit l'exploit eftre efcrit & figné de la propre main du Sergent executeur, dont il doit donner copie à la partie adiournée, ou executée. Eftant deffendu à tous ceux qui ne fçauent efcrire, de s'immifcuer en l'exercice de la charge de Sergent, à peine de faux: & à tous Iuges de ne les receuoir, *Ordon. de Rouffillon. 1564. Eftats d'Orleans, art. 94. Arreft de Paris 1550. François I. 1539 art. 9. Charles IX. 1563. art 1. & 1564 & 1568 art. 3. Henry III. 1579. art. 723. Bart. l. fi finita. §. Iulianus ff. de damno infect.*

Adiournement fait au domicile comment.

Celuy qui a plufieurs domiciles doit eftre adiourné au principal d'iceux, où il fait fa refidence, auec fa famille, la plus faine partie de l'année. Celuy eft dit auoir fon domicile, au lieu, où il a refidé par an & iour. *Bart. in l. Prætor. ait ff. de dam. infect. l. lex Cornelia §. domum & § feq ff. de iniur. cap. cùm caufam. de dolo & contumacia l. 1. C. de incol. lib 10. l. in lege ff. de verb. fignific. Hoftienf. in fumma, tit. de paroch. verf. quis dicatur. l. 2. §. 2. de aleat.* Et n'importe qu'il tienne la maifon en propriété où à loüage, *l. 5. §. 4. de his qui deiecerint vel effuder. d. l. Cornelia §. domum Nota* que fi l'exploit ne porte que le Sergent ave laiffé copie, il n'eft receu à le verifier, iugé par arreft le penultiéme Decembre 1574.

En quel domicile de plufieurs.

L'adjournement en outre doit contenir affignation à certain competant iour, felon la diftáce des lieux, l'âge des perfonnes adiournées, la difficulté des chemins, & merite de la caufe, en quel lieu doit comparoir l'adiourné par deuant quel Iuge & à quelles fins, le tout à peine de nullité. *Rebuff. in tractatu de Cita. C. in l. fin. C. de fer. Bart. in lib hom. §. de ea ff. de verb. obligationibus.*

Affignation à iour certain.

Nous auons appellé adiournemens fpecifiques (quoy qu'abufiuement) les affignations que le Iuge donne d'office aux parties, pendant l'inftruction du procez, comme pour faire veüe de lieu, faire extraicts, ou collations de iitres, voir produire iurer & receuoir tefmoins, &c. parce que telles affignations prifes, ont force de vray adiournement.

III. Adiournemens fpecifiques.

Le violant eft, quand le Iuge ordonne, que celuy qui eft refufant de volontairement comparoir en iugement, foit amené par deuant luy, pied à pied,

IV. Adiournemens vio...

parce q l'il y peut eftre tiré contre fa volonté.

V.
Trouué iu-
diciellem é,
n'a befoin
d'eftre ad-
iourné.

Ceuy qui eft trouué iudiciellement, le Iuge feant , pour l'expedition des caufe, n'a befoin d'autre adiournement, que la conclufion qui eft contre luy prinfe d'autant que qui à la prefence de fa partie aduerfe, eft paruenu à l'effect & caufe de l'adiournement, la fin duquel eft la comparition, par le moyen de laquelle toutes les nullitez de l'adiournement demeurent couuertes. *Bald. Bart.& Angel.l.1 ff.de in ius voc Fab.in prœm.Inft.in verb.Imperatorem.argum. l. fcire oportet.parag.1.ff de excufat.tut.*

VI.
Adiourne-
ment contre
benefice,

L'adiournement fait au benefice contenticux contre l'vn des beneficiez contendant n'eft valable, pour n'eftre fait au domicile , n'eftant le beneficié tenu d'y refider, s'il n'eft paifible poffeffeur, *Lud. Rom. com.342.Bourdin en fes Commentaires fur l'Ordonnance de l'an 1539.art.9.Imber.Inftit.for.lib.1.c.5.*

Le Sergent du Iuge Royal n'a befoin de *Pareatis* du Iuge fubalterne, ou inferieur pour exploicter riere le diftroit de fa iurifdiction, *l.1.ff. de offic. prœf. verb.l.2.C.offic.magiftr.mil.l.omnes.paragr.verùm fi apparitor.C.de Epifc.& Cler.*

Sergen. puni

Si le Sergent executeur rapporte faux par fon exploit, comme d'auoir adiourné plus de perfonnes que la verité ne porte , d'auoir parlé à perfonnes qu'il n'a veuës, ou en prefence des tefmoins qui n'eftoient prefens, il eft puny comme fauffaire.*Bart.in l.qui nomine ff.de falf.l.nullum.C.de tefti.Charles VII.1453 14.Bart.in l fi mulier paragr.2.fi feruum.ff.rer.amot.*

Le vray effect de l'adiournement eft d'interrompre la prefcription : car en matiere de retraict lignager, l'adiournement ayant efté leué dans l'an,& l'affignation donnee aptes l'an du retraict expiré, le retrayant neantmoins fut iugé receuable par Arreft du 3.Iuin 1589.rapporté au 10.chapitre du recueil de M.Loüet, où il rapporte vn ancien Arreft, du 17. Iuillet 1515. par lequel l'adiournement donné pardeuant Iuge incompetant fut iugé interrompre la prefcription, *quoniam libellata erat citatio,* raifon fut rapportee par du Moulin en l'interpretation de cét Arreft.

FORME DE COMMISSION OV ADIOVRNEMENT,
pour refpondre à la demande.

Eorge de villeneufue Cheualier de l'ordre du Roy, Gentil homme ordinaire de fa Chambre : Capitaine de cinquante hommes d'armes des Ordonnance de fa Maiefté, Baron de Ioux, Seigneur de la Noyrie , Peycellay , & Salornay, fur Guye, Bailly de Beauiollois, au premier Sergent Royal fur ce requis falut: A la Requefte de Noble François Depignieres, Confeiller du Roy en la Senechaufée & Siege Prefidial de Lyon. Nous vous mandons adiourner Noble Louys Gafpard le Roy , Sieur de Flechieres , Damoifelle Conftance Gafpard, femme de Noble Pierre Landry , Citoyen de Lyon : & Damoifelle Angele Gafpard , femme de Noble Iean du Sauzey, Sieur de Vaultegnard & de Praucins. A eftre & comparoit a Ville franche, pardeuant nous, ou noftre Lieutenant, à iour certain, & competant, deuëment certifié heure de Cour, aux fins de refpondre à la demande que ledict fieur Depignieres entend contr'eux former, de laquelle au iour de l'affignation leur fera donné copie, & proceder en outre fur le tout, comme de raifon, auec inthimation.

Donné soubs le seel Royal du Bailliage de Beaujolois, le premier iour de Iuin, 1613.

Signé & emolumenté,

CVSIN, Greffier Commis.

A Messieurs les Seneschal, & gens tenans le Siege Presidial à Lyon.

SVpplie humblement Noble François Depignieres, Conseiller du Roy en la presente Seneschaussée & Siege Presidial, à ce qu'il vous plaise permettre l'execution des lettres de commission par luy obtenuës du Bailly de Beaujolois, riere le distroict de vostre Iurisdiction pour l'assignation y contenuë, & ferez Iustice.

BVIRIN, Procureur dudit sieur suppliant.

Permise l'execution requise, à la charge de l'oppsition, ce 3. Iuin, 1613.

SEVE, Lieutenant General.

Exploict du Sergent executeur desdites Lettres.

L'An, par vertu, authorité, requeste que dessus, & le cinquiesme iour de Iuin. Ie Estienne Mignot, Huissier Royal au Bailliage de Baujolois, exploitant par tout le Royaume de France, residant à Ville-franche, soubssigné : Certifie & rapporte à tous qu'il appartiendra, qu'en suitte des lettres sus escrites, à moy deliurées de la part de l'impetrant d'icelles, ie me suis exprés acheminé dudit Ville-franche, où ie fais mon actuelle residence, en la ville de Lyon, distant du lieu de mon habitation, cinq grandes lieuës, où estant, & en vertu du pareatis mis au bas desdictes lettres, i'ay adiourné ladicte Damoiselle Constance Gaspard, femme de Noble Pierre Landry, desfusnommée ausdictes lettres, & luy ay donné assignation pour comparoir à Ville franche, au Lundy dixiesme du present mois de Iuin, pardeuant Monsieur le Lieutenant General audict Bailliage, heure de huict heures de matin en audiance, & ce parlant à sa personne, trouué en son domicile audit Lyon, ruë Merciere, aux fins contenuës ausdictes lettres, desquelles & dudit pareatis, ensemble de mon present exploit, ie luy ay donné copie, contenant ladicte assignation : le tout exploicté apres midy, les an, mois, & iour que dessus, és presences d'honorable Iean Michon, & Ponthus Ioly, Marchands canabassiers dudit Ville-franche, tesmoins, que i'ay mené exprés auec moy pour recorps, qui ont signé, auec ladicte Damoiselle Gaspard.

Depuis, & le Vendredy septiéme iour desdicts mois, & an auant midy, ie Sergent susdit & soussigné, certifie m'estre expres transporté en la maison & personne dudit sieur Louys Gaspard le Roy, en la maison de Gleteins au franc Lyonnois, auquel parlant, i'ay donné semblable assignation que dessus au mesme iour, lieu, & heure, & du tout luy ay laissé copie, & de mon besoigné, és presences desdicts Michon, & Ioly, qui ont signé auec ledit sieur Gaspard en mon exploit original.

Et le mesme iour apres midy, estant de retour en la ville de Ville-franche, i'ay donné semblable assignation pardeuant, fins & actes que dessus, à ladicte Damoiselle Angele Gaspard, parlant à sa personne, audit Ville-franche,

D

& luy ay du tout donné coppie, en presence des susnommez, qui ont signé
auec, &c.   MIGNOT.

Par tous les Bailliages du Royaume de France doit estre au greffe vn liure
de presentations, sur lequel les parties nouuellement adiournées se puissent
presenter, pour en apres faire regler la cause. Sur ce liure bien souuent la
partie adiournée se presente la premiere, & lors y est faicte la presentation
en ceste sorte.

Congé, à Dephelines Procureur de Noble Louys Gaspard le Roy, & de
Damoiselle Constance & Angelle Gaspard, contre Noble François de Pign'ers, Conseiller du Roy en la Seneschaucée & Siege Presidial de Lyon.

Si le demandeur ne se presente à l'assignation donnée à sa requeste, le Procureur des deffendeurs plaidera son congé iudiciellement en presence de
tous les Procureurs du Siege, & si aucun ne se presente, requerra congé
auec le proffit d'iceluy. Surquoy le Iuge ordonnera congé sauf le iour, ou
sauf trois iours, & pour le proffit iceux passez, que les deffendeurs sont enuoyez absous des fins du demandeur auec despens.

Mais si le Procureur du demandeur trouue sur le liute des presentations
que les deffendeurs se soyent presentez, il n'a qu'à mettre au bas de leur presentation, qu'il se presente : comme en la cause que nous traictons icy (terminée par vne fin de non receuoir) le Procureur du sieur demandeur met,
DVMAS se presente.

Si le demandeur dilaye de donner sa demande, le Procureur des deffendeurs requiert au Iuge, qu'il luy plaise à faute de la luy exhiber par le demandeur, qu'il soit licentié d'instance auec despens. Surquoy le Iuge in-
terposant son authorité, ordonnera que le demandeur fournira de sadicte
demande aux deffendeurs, & leur en donnera copie par le iour, à laquelle les
deffendeurs diront dans la huictaine apres, à peine de deffaut qui sera leué &
iugé.

Selon la distance des lieux, les delais se donnent, ou plus briefs, ou plus longs

---

LA DEMANDE. §. 11. 12. 13. 14. & 15.

Diuers noms
de la deman-
de, & la defi-
nition,

SI la demande n'est contenuë en l'adiournement, coppie d'icelle doit estre
donnée aux deffendeur, au iour de l'assignation.

La demande que les anciens ont appellé Libel. *l. 1. in prin. ff. de Tabul. exhib.*
Requeste, ou Priere que l'on presente au Prince, *l. 1 & 2. quando libell. Princip.*
dat. sa ilit. au Code, est vn bref rescript, contenant l'intention, ou le sommaire
de la cause du Demandeur, concluant contre son aduerse partie, *in Auth.*
offeruntur. C. de litt. contest. in cap. 1. & 2. extr. de lib. oblat.

1. La Deman- de doit estre briefue, clai- re, & contenir	1	Le nom du Iuge, de l'authorité duquel elle procede, ou par deuant lequel on s'addresse.
	2	Celuy du demandeur.
	3	Celuy du Deffendeur.
	4	Le subiect de l'action, dont est question.
	5	Les choses pretenuës, & demandées.
	6	Le iour, l'an, & le mois qu'elle est presentée, ou que coppie en est donnée au deffendeur.

2 N'est valable ny receuable. { 1 Alternatiue,
{ 2 Generale,
{ 3 Conditionelle,

3 Ny celle qui contient peti-
tion de plus qu'il n'est deu,
soit.
{ 1 Du temps,
{ 2 Du lieu,
{ 3 De la cause,
{ 4 De la chose.

4 La demande se peut corriger, ou reformer, auant contestation en cause.

Mais la conclusion de la demande ne peut, ny doit estre changée, ny la cause d'icelle. §. 14

§. 15.

I
La demande doit conte-
nir le nom.

Premierement necessaire que la demande, ou contenuë en l'adiournement, ou separément fournie, contienne le nom du Iuge, par deuant lequel le demandeur pretend agir, afin que le deffendeur sçache, s'il est competant, ou non, 2. quæst. 8. c. perscripta libellorum, & qu'elle soit conceuë en termes François, clairs, & intelligibles: & non en langage estranger, obscur, & inconnu, François l. 1539 art. 91. Rebuff. tract. vi. contractus testam. & c. G off. 2. num. 7.

II
Le nom du demandeur.

Doit aussi contenir le nom du demandeur, à la requelle duquel l'action est intentée, afin que le deffendeur sçache à qui respondre, l. in tribus. ff. de iudic. argum. c. quærelam. de elect. l. libellorum ff. de accus.

III.
Le nom du deffendeur.

Comme aussi le nom du deffendeur, contre lequel l'action est dirigée, afin que deuëment adiourné il se presente, l. fin. C. de edendo. d. l. in tribut.

IV.
Le sujet de l'action in-
tentée.

Doit sur tout contenir le sujet de l'action intentée, & à quelles fins le defendeur est conuenu, afin qu'il puisse estre prest de ses exceptions, Specul. l. 2. part. 1. tit. de actio. §. sequitur videre, l ff. de edendo.

V.
Les choses demandées.

Ensemble les choses demandées & pretenduës, auec specifique indication d'icelles, & de leur valleur, & estimation, & si elles ne peuuent estre repre sentées, lib. si in rem. §. fin. de rei vend. extr. c. 2. de libell. oblat. Specul. lib. 2. par. 1. d. §. sequitur.

VI.
Le iour, l'an & le mois qu'elle est donnée.

Le iour, l'an & le mois qu'elle est donnée, presentée, ou que copie en est deliurée au deffendeur, afin de voir quand par interualle de temps, & à faute de poursuitte il y a peremption ou interruption d'instance. Auth. de exhib. & introd. rei. §. suscepto. l. properandum §. 1 C. de Iud.

VII.
Demandes reiettées.

Doit estre reiettée la demande alternatiue, incertaine, generale ou conditionnelle, veu l'obscurité qu'elles apportent à la decision du procez, & que sur telles demandes ne peut estre prononcé iugement certain, Francisci. Curtius in tract. deposit. & interrog. & in tract. de iur. calumniæ, num. 22.

VIII.
Demande de plus qu'il n'est deu, non vallable.

N'est non plus vallable la demande de plus qu'il n'est deu. Ce qui se fait, quand le Demandeur poursuit la chose demandée auant le temps qu'elle soit deuë, ou en autre lieu qu'elle ne doit estre payée, ou pour autre cause qu'il n'est conuenu par le contract, ou obligation : ou si l'on demande plus grande somme ou quantité de denrees qu'il n'en est deu. § si quis agens, cum § seq. instit. de act. Neantmoins ores qu'il y ait demande de plus qu'il n'est deu, le deffendeur pour euiter les despens doit faire offre de ce dont il est debiteur, § plus, cum seq eod. l. quidem ff. si cert. pet.

IX & X.
Demande quand le peut corriger, non la conclusion,

La demande se peut corriger auant contestation en cause quand l'on a plus ou moins demandé, l. edita. C. de ed nō. l. sue. de act. § minus. Mais n'est licite de changer, muer, ou corriger la conclusion de la demande, ny la cause d'icelle, mesmes apres contestation en cause, veu que le iugement prend forme de la côclusion de la demande, *l.vnic.C.de plus petit.extra.eod.c.vnic.vide ad hoc Specul.*

Les effects de la demande sont : Que la sentence est renduë conformément à icelle, *debet enim sententia conformis esse libello, cap. qualiter extr. de accus. cap. licet Hedi. de Simonia.* Et quelle interrompt & empesche la prescription, qui pourroit courir sur la chose y contenuë, *l.sicut in rem. C. de præscript. 30. vel 40. annor l. si ex multis, C. de annal. except.*

Trois poincts sont principalement considerables en toute demande. Le premier, qu'elle soit briefue, & ne contienne rien de superflu, veu que le contenu d'icelle doit estre verifié, *l. actor. C. de probat.*

Le second, que les faicts y posez soyent tellement necessaires, que verifiez ils aydent l'intention du demandeur, *extr. de Iud. cap. examinat.*

Le troisiéme, qu'elle contienne des poincts generaux, qui ouurent au demandeur plusieurs voyes pour fulcir son intention au proces, estans particulierement expliquez & deduicts aux additions premieres & secondes. Et que sur tout elle soit signée, autrement n'est receuable, *extr.de libell. oblat.cap. 1. Auth. de exhib. reis. parag. sancimus.*

Copie de la demande doit estre donnee à personne legitime, non au mineur sans authorité du Tuteur, ou Curateur suffisant,&c. *extr.de Iud.cap.causam. Alciat. in Iur. vtriusque praxi, tit. de libel. oblat.*

Ores qu'en toutes causes & actions l'on puisse former demandes, par deuant tous Iuges, il y a neantmoins plusieurs causes esquelles n'est besoin de telle solemnité. Comme es causes esquelles l'ordre de droict n'est requis ny obserué. *vide Alciat. in tabul. prax.pag.113.in quibus non seruetur ordo Iudiciarius.*

Aux causes de peu d'importance, comme d'vn, ou de deux escus, qui sont traictées sommairement, *l. si quis oleum & l. seq. ff. de dolo :* ou quand il s'agit entre personnes viles : & telles que les represente la loy, *humilem, C. de incest. nup. & est notabilis. parag. sit tibi quoque. in Auth. de mand. Princ.*

Quand il s'agit de pleine maintenuë és fonds possedez par le demandeur, qui ne demande la possession qu'au Iuge, sans s'attaquer aux particuliers, *l.ne-quicquam. parag. vbi decretum ff. de officio Proconsulis.*

Quand l'on requiert l'ouuerture d'vn testament solemnel, d'autant que cela depend du seul office du Iuge, *l.fin. ff. de appellat. reciprocis.*

Quand la femme enceinte, à cause de son fruict, demande estre mise en possession des biens de son deffunct mary, *arg. Auth. offeratur. ff. ae leg præst. bon. poss. cont. tab. per. l. filium, parag. si quis,* sinon qu'aux cas susdicts il y aye opposition formée *l.3. parag.causæ. & parag. duæ ff. de Carbo. Edict.*

Quand il est question de l'obtention d'vn benefice par prouision Apostolique : parce que la signature, ou bulle, sert en lieu de demande. *extr. de prob.c. cùm secundum Apost. parag.fin.& c.1.& 2.de rescriptis, ad aures.* Et generalement en tous les cas remarquez par *Specul. parag. in quibus, verf.22. de appell. & par Alciat. in Iur. vtriusque praxi. tit. de libel. oblat.*

FORME DE DEMANDE.

POur sa sommaire demande, que met & baille pardeuant vous, Monsieur le Lieutenant General Ciuil & Criminel, au pays & Bailliage de Beaujolois, noble François Depignieres, Conseiller du Roy en la Seneschauſſee & Siege Preſidial de Lyon, à l'encontre de Noble Louys Gaſpard le Roy, & Damoiſelle Conſtance, & Angele Gaſpard, dit & propoſe briefuement ce qui s'enſuit.

A ſçauoir, que a eſté en nature feu Noble Guillaume Gaſpard, viuant l'vn des Eſleus pour le Roy en l'Eſlection de ce pays de Beauiolois, lequel auroit eſté conioinct par mariage auec Damoiſelle Antoinette Depignieres, ſœur dudit ſieur demandeur, duquel mariage ſeroit iſſuë Damoiſelle Conſtance Gaſpard, leur fille vnique.

Seroit aduenu le deceds dudit ſieur Gaſpard au mois de Ianuier, de l'année preſente 1613. delaiſſé ſon heritiere vniuerſelle ab inteſtat, ladite Conſtance, laquelle enuiron trois mois apres ſeroit decedée, âgée ſeulement de dix mois, delaiſſé ladicte Damoiſelle Depignieres ſa mere, ledit ſieur demandeur ſon Oncle maternel, & leſdits ſieurs & Damoiſelles Gaſpard ſes oncles & tante paternels.

Leſquels s'eſtans emparez de la totalité de l'hoirie de ladicte Conſtance Gaſpard, font refus d'en relaſcher la quarte partie audit ſieur demãdeur, bien qu'elle luy appartiéne par droict de legitime ſucceſſion, par la generale Couſtume de France, *le mort ſaiſit le vif, ſon plus proche & habile à luy ſucceder,* & pour eſtre le ſieur demandeur auſſi proche de ladicte defuncte que les deffendeurs, & en pareil degré, comme oncle maternel, qui l'auroit occaſionné de faire contre eux dreſſer la preſente demande.

Par laquelle il conclud, à ce qu'ils ſoient condamnez à luy relaſcher & expeſdict la quarte partie de l'hoirie de ladicte Conſtance, en quoy qu'elle côſiſte, auec les fruicts d'icelle, puis ſon deceds, & demãde deſpens en cas de côtredict.

EXTRAICT DES ACTES ET REGISTRES du Bailliage de Beauiolois.

S'Eſt preſenté iudiciellement pardeuant nous Claude Chartreton, Seigneur de la Terriere & de Rignie, Conſeiller du Roy, Lieutenant General, Ciuil, Criminel au pays & Bailliage de Beaujolois, pour le Roy noſtre Sire, & Madame la Ducheſſe de Monpenſier, Dame & Baronne dudit pays, Maiſtre Claude Dumas, procureur au preſent Bailliage, qui nous a dit & remonſtré que cy-deuant noble François Depignieres, Conſeiller du Roy en la Senechauſſée & Siege Preſidial de Lyon, au nom duquel il agit, a fait conuenir pardeuant nous noble Louys Gaſpard le Roy, ſieur de Flechieres, Damoiſelle Angele, & Conſtance Gaſpard ſes ſœurs, comme s'eſtans emparée de l'hoirie de feu Damoiſelle Conſtance Gaſpard, fille vnique & heritiere vniuerſelle de feu noble Guillaume Gaſpard, quãd viuoit l'vn des Eſleus pour le Roy en ce pays de Beaujolois, aux fins de luy en relaſcher la quarte partie, enſemble à luy reſtituer les fruicts puis le deceds de ladicte defuncte & ores qu'il y ayt long téps, qu'il a donné copie de ſa demande au Procureur deſdits ſieurs deffendeurs, il n'a neantmoins daigné deffendre, ſi nous a partãt requis, qu'il nous plaiſe ordonner, qu'à faute de deffendre par leſdicts deffendeurs par ce iour, les fins & concluſions par luy prinſes, luy ſoient adiugées auec deſpens: où s'eſt preſenté maiſtre Benoiſt Dephelines Procureur, & à ce nom deſdits deffendeurs, qui a dit, que l'vne de ſes parties eſtant reſidente au Franc Lyonnois au delà la riuiere de Saoſne, l'autre en la ville de Lyon,

& l'autre pres cette ville, il n'a peu si tost auoir deux memoires pour deffendre
ce que neantmoins il offre faire dans la huictaine. Surquoy dit a esté par nous
Lieutenant General susdit, que ledit Depphelines deffendra précisement dans
trois iours, à peine de deffaut, qui sera leué, & à nous remis pour estre iugé.
Faict iudiciellement en l'auditoire Royal du Bailliage de Beaujolois, tenant
les plaids le premier iour de Iuillet, mil six cens & traize.
Signé,   CVSIN Commis.

D E F F E N S E S.

NOble Louys Gaspard le Roy, sieur de Flechiere, Damoiselle Constance
Gaspard, procedant de l'authorité de noble Pierre Landry, citoyen de
Lyon son mary, & Damoiselle Angelle Gaspard, deuëment authorisée par
noble Iean de Sauzey, sieur de Praueins & Vautregnard, Receueur pour le Roy
au pays de Beaujolois, heritiers vniuersels ab intestat de feu Damoiselle Constance Gaspard leur niepce, ladite Constance heritiere vniuerselle de feu Noble Guillaume Gaspard, viuant l'vn des Esleus pour le Roy en ce pays, deffen-
dans à la demande contr'eux fournie en ladite qualité par Noble François
Depignieres, Côseiller du Roy en la Seneschaucée & Siege Presidial de Lyon.
Dient pardeuant vous, Monsieur le Lieutenant General Ciuil & Criminel
au pays & Bailliage de Beaujollois: Que le sieur demandeur est notoirement
non receuable à pretendre aucune part ny portion en l'hoirie de ladicte deffuncte Constance Gaspard, sous pretexte de sa qualité d'oncle maternel, attendu que Damoiselle Antoinette Depignieres, mere de ladicte mineure, est
encores à present viuante, laquelle estant excluse par l'Edict des Meres, de la
succession des immeubles de sa fille prouenus de la lignée paternelle, par
consequent ledit sieur demandeur en demeure exclus, *Vulgari iuris axiomate,
Exclusa matre. & omnes ascendentes per matrem excluduntur.*

D'ailleurs que le propre texte du mesme Edict, qui ne vise qu'à la conseruation des biens, en la famille de laquelle ils sont sortis, sert d'obstacle à l'intention dudit Sieur demãdeur, ioincte la declaration faicte par le Roy Henry
III. sur l'interpretation d'iceluy pour le Parlemẽt de Prouence, qui exclud en
propres termes (la mere viuante) les parens maternels de telles successions.

Qui fait que lesdits sieurs & Damoiselle deffendeurs, concluent moyennant
ladite fin de non receuoir à licence de Cour, & absolutions des fins dudit demandeur auec despens.

LE BRVN.

ENtre Noble François Depignieres, Conseiller du Roy en la Seneschan-
cée & Siege Presidial de Lyon, demandeur par Dumas son Procureur
d'vne part: & Noble Louys Gaspard le Roy, Damoiselle Constance, &
Angel

Angele Gafpard, en la qualité qu'ils font conuenus deffendeurs par Dephelines d'autre. Apres que ledict Dephelines a dit, qu'il eft queftion d'vne
fin de non receuoir, qu'il a opposé au Sieur demandeur, laquelle doit eftre
vuidée iudiciellement, fuiuant l'ordonnance, & declaré qu'il ne veut aucune
chofe communiquer de fa part. Apointé eft entre les Procureurs defdictes
parties qu'elles fe communiqueront tout ce que bon leur femblera dans trois
iours, & plaideront par Aduocats à la huictaine. Faict ce 15. Iuillet 1613.
Signé Dumas, Dephelines, Cufin Commis.

EXTRAICT DES ACTES ET REGISTRES
du Bailliage de Beaujolois.

ENtre Noble François Depignieres, Confeiller du Roy en la Senechauffée
& Siege Prefidial de Lyon, Demandeur en relaxation de la quarte par- Plaidé du
tie de l'hoirie de feu Damoifelle Conftance Gafpard fa niepce; Dumas con- demandeur.
tre Noble Louys Gafpard le Roy, & Damoifelles Conftance & Angele Gafpard Dephelines à plaider. Godard Aduocat auec ledit Dumas Procureur
dudit Sieur Depignieres, a dit que tout ce que les parties aduerfes peuuent
obiicer à fa partie, fe peut rapporter à quatre poincts principaux. A fçauoir
à l'opinion particuliere de quelques Docteurs qui tiennent, que *exclufa matre
excluduntur etiam per matrem attingentes*, & l'Edict des Meres fait par Charles IX. en l'an mil cinq cens foixante-fept, certaine pretenduë declaration
faicte en faueur du pays de Prouence, & à l'Arreft rapporté par M. Iulien
Peleus au chap. fecond, liure quatriefme de fes actions Forenfes. Mais ce font
armes emouffées, qui ne peuuent frapper coups, au moins qui puiffent offencer, auffi n'y a-il point de doute, que le Demandeur ne foit tres bien fondé
à pretendre qu'il doit eftre conferué & maintenu pour vne quatriefme, en la
fucceffion des immeubles & propres delaiffez par deffuncte Conftance Gafpard niepce commune des parties, d'autant que luy touchant en mefme degré que les deffendeurs, il doit auoir pareil droit qu'eux en fa fucceffion, fans
aucune diftinction de ligne paternelle, ou maternelle, puis que telle diftinction & difference a efté oftée par la difpofition du droict. *Nouel.* 118. *c.* 4.
Et fans que telle opinion particuliere de ceux qui difent, que, *exclufa matre
etiam per matrem attingentes*, puiffe en rien nuire à fon intention: eftant cette
opinion erronée & entierement contraire à la difpofition du droict, notamment à la loy *inteftata. ff. vnde cognati.* ou *exclufa matre vocatur filia ad hæreditatem.*
Quand à l'Edit des meres, il ne deroge au droict Romain, que pour le regard
des meres feulement, il ne peut partant auoir extenfion hors fon cas : Car
ayant efté faict contre la difpofition du droict, *non eft producendum ad confe-
quentiam l. quod contra rationem iuris ff. de regul.* C'eft pourquoy *in odiofis conftitu-
tutiones principum ftrictiffimè interpretandæ funt l. prætor ait. §. fi quis ff. ne quid in
loco publico.* Mais pour le regard de la pretenduë declaration faicte par Henry
III. pour la Prouence que les parens maternels ne pourront fucceder du viuät
de la Mere, cela reçoit deux refponces, l'vne que *exclufi vnius, exclufo eft al-*

ter est, & qui de vno *affirmat, negat de altero* : & partant celle declaration n'ayant
esté faicte que pour la Prouence, és autres Prouinces de ce Royaume, regies
par le droict escrit, les parens maternels doiuent succeder suiuant la disposition du droict, puis qu'il est tout certain, que c'est vne particuliere exception
pour la Prouence, & que *exceptio firmat regulam* : l'autre que telle declaration n'a esté verifiée au Parlement de Paris, par les mains duquel seulement
les Iuges ressortissans, ont coustume de receuoir les Ordonnances de nos
Roys, qui regardent la Iustice. Et quant au quatriesme & dernier poinct, qui
est touchant l'Arrest cité par Peleus du 15 Iuillet 1598. Par lequel l'Oncle
paternel est preferé à l'ayeule maternelle : il faut qu'il y ait erreur en la cita-
tion d'autant que la Cour iuge tous les iours au contraire, en faueur des parens maternels, à l'exclusion mesme des paternels, *qui sunt in remotiore gradu* :
Comme rapporte le Sieur Loüet, Arrest 3. souz la quote V. & le mesme Peleus en l'action 11. liure 4. des actions Forenses, cite vn Arrest du 16. de May
1591. où les cousins paternels eurent la succession, & l'emporterent sur vne
Tante maternelle, à cause qu'ils estoient substituez au deffunct, & qu'ils ob-
tindrent incidemment des lettres pour estre releuez du deffaut d'insinua-
tion : Ausquelles lettres la Cour ayant esgard, débouta la Tante maternelle
qui autrement eust esté declarée heritiere : De maniere qu'il apparoit que les
quatre moyens des deffendeurs ne sont nullement considerables : mais bien
au contraire, qu'il n'y a rien plus equitable que les pretentions du demandeur, auquel ne peut préjudicier l'Edict des Meres, qui ne peut contre luy
estre entendu, puis qu'il ne peut estre estendu : ains doit estre reserré dans ses
limites, sans porter ses bornes plus loing que son champ, attendu mesmes
qu'en France il n'est pas obserué par tout pour le regard des Meres : Car vn
pays coustumier, où la Coustume dispose que les Meres succederont à leurs
enfans, comme l'article 170. de la Coustume d'Anjou, l'Ordonnance n'a
point de lieu contre les Meres, ainsi iugé par Arrest prononcé en robbes
rouges, par Monsieur du Harlay, cité par Guenois dans la Conference des
Ordonnances sur le mesme Edict des Meres, & ne prennent garde les deffendeurs à la qualité du faict qui se presente, lequel est de soy tres-odieux pour
leur regard. Car ils se bandent à vouloir exhereder le demandeur, luy voulans
oster l'heredité, qui de droict luy est deferée : estant vray de dire qu'il y à deux
sortes d'institution, l'vne testamentaire qui vient *ab homine* : l'autre de droict
qui vient *à lege*. Telle qu'est la succession, pour laquelle agit le demandeur,
qui a pour luy la faueur de la loy, & de l'equité, contre laquelle se portent les
deffendeurs, se portans à vne exheredation qui est de soy si odieuse, que le
droict n'y a aucun esgard, bien qu'elle soit en mot exprés comme en la loy
cum quidam. ff. de liber, & posthum. où le Iurisconsulte Scæuola dit elegamment
aliam esse causam institutionis, quæ benignè acciperetur : exhæredationes autem non
esse adiuuandæ. Tant s'en faut qu'on doiue auoir esgard à l'exheredation que
les deffendeurs veulent mettre en auant contre l'Ordonnance, qui n'exclud
que les meres, & contre la loy, qui appelle le demandeur à la succession de sa
niepce auec les deffendeurs, chacun esgalement pour vne quatriesme partie,
car certain les deffendeurs voudroient ils se seruir de cette maxime : *si vnico*
remotiore te, à fortiori te vinco. Inferant par là, que s'ils emportent les immeubles sur la Mere, qui est plus proche que l'Oncle maternel, à plus forte raison
les doiuent ils emporter sur le mesme Oncle, d'autant que la Mere, au faict

qui fe prefente, n'a aucun droiɕt aux immeubles des enfans , par le moyen de
l'Ordonnance, qui l'en exclud, ce qui n'eft pas de l'Oncle maternel, qui n'en
eft pas exclus par l'Ordonnance , *& fic non vincit mater auunculum.* Voire tant
qu'elle doit eftre tenuë & reputée pour morte au cas qui fe prefente. Car
l'Ordonnance qui la priue & exherede des meubles de fa fille , la doit faire
cenfer pour morte , puis qu'en termes de droiɕt, *qui ex hæredatus eft , promot-
tuo habetur. l. fi quis ex his , §. fed & fi ff. de coniug.* Il ne faut donc pas que les
deffendeurs pretendent auoir plus de droiɕt , que le demandeur en la fucceffion de Conftance Gafpard , en la perfonne de laquelle les biens de Guillaume Gafpard fon pere, ont fait fouche : Car il s'agit icy de la fucceffion d'vne
niepce : à laquelle les Oncles paternels eftans en egal degré , font auffi egalement appellez chacun par efgale portion , fans aucune diftinɕtion du co-
fté paternel ou maternel, laquelle n'a lieu qu'au pays couftumier , & non és
lieux regis par le droiɕt efcrit ; comme eft ce pays, où la loy veut que ceux
qui font *pares in gradu , pariter admittantur , fublata differentia mafculorum & fœminarum , fola namque cognatio fpeɕtatur in talibus. Auibent. poft fratres. C. de legit
hæred.* C'eft pourquoy le demandeur doit eftre conferué, & maintenu en la
quatriefme partie & portion de la fucceffion immobiliaire de deffunɕte Conftance Gafpard , niepce commune des parties , auec defpens, à quoy ledit
Godard a conclu.

Le Brun Aduocat , auec prefenti(?) Dephelines Procureur defdiɕts Sieur le
Roy & Damoifelle , Conftance & Angelle Gafpard deffendeurs , a diɕt
que *nuda veritas non indiget lenociniis verborum* , efperant faire voir qu'à bonne & iufte caufe il a oppofé au demandeur la fin de non receuoir , fur laquelle les parties ont efté reglées à plaider , pour eftre appuyée fur tres foli-
des raifons , & en grand nombre , entre lefquelles eft la maxime receuë en
droiɕt , acertainee tant par le Barthole & Paul de Caftro *in l. illam. Cod. de co-
lat,* que par la commune de tous les Doɕteurs, qui eft, que *exclufa matre , &
omnes afcendentes aut attingentes per matrem excluduntur* , comme toutes les
branches & rinceaux de l'arbre demeurent fans fuc & fans faue, la racine
eftant coupée : cefte uerité peut eftre efclaircie, de ce qu'il coufte par le proces , que feu noble Gulllaume Gafpard , viuant Efleu en l'Eleɕtion de ce pays.
decedant *ab inteftat,* a delaiffé de luy & de Damoifelle Anthoinette De-
pigneres fa femme , fœur du demandeur , Conftance fa fille *de cuius fuc-
ceßione agitur,* qui n'a furuefcu ledit Sieur Gafpard fon pere, que de trois
mois , delaiffant les deffendeurs fes Oncles & Tantes Paternels, & le
demandeur fon Oncle Maternel. Sur cette nuë & fimple propofition , il
n'y a perfonne de mediocre iugement , qui puiffe faire doute ; que
l'hoirie de ladite Conftance n'aduienne , *pleno iure* aux parens paternels , à l'exclufion dudiɕt demandeur. Parce qu'ayant la mere demandé la fucceffion mobilaire de fa fille , elle a efté maintenuë par
voftre fentence, en ce qui luy eft attribué par l'Ediɕt , pour le furplus
elle en demeure exclufe par la teneur d'icelay , veu qu'il n'eft fait qu'en
faueur des parens de la lignée paternelle , aufquels l'intention du
Roy a efté de conferuer les biens prouenus de leur eftoc , à l'exclufion
des parens maternels : autrement ce feroit chofe abfurde, à correɕtion que
la mere fuft exclufe de la totale proprieté des biens immeubles paternels

Plaidé des
deffendeurs.

peut venir à la succession de sa niepce qu'en l'vne de ces deux manieres (pour n'y auoir point de milieu) qui sont, ou par le droit commun, ou en vertu de l'Edict par droit particulier. D'y venir par le droit commun, il ne peut: Parce que la mere côme la plus proche, exclud l'Oncle maternel, *Authent. deffuncto. ff. ad S. C. Tertull.* Encores moins en vertu de l'Edict, veu qu'il ne vise qu'en faueur des parens paternels, comme conte par la lecture d'iceluy, l'intention du Roy estant plainement descouuerte, ayant sa Majesté voulu, que les meres dores-en-auant ne succedassent à leurs enfans, & que les biens desdits enfans prouenus du pere, de l'ayeul, oncles collateraux, ou autres du costé paternel, retourneront à ceux à qui ils doiuent retourner, sans que les meres y puissent succeder, ny que ores ou par l'aduenir elles puissent pretendre aucun droit de proprieté, fors les meubles, & conquets prouenus d'ailleurs que de la ligne paternelle : & en la moitié des vsufruicts des immeubles. Ce sont les termes de l'Ordonneance faicte pour retrancher la multitude des procés que causoit l'ancienne obseruation du droict Romain, à la perte & destruction de plusieurs anciennes familles. Car on voyoit souuent aduenir, que les meres, apres le decez de leurs maris & de leurs enfans, emportoient tout le bien des maisons, où elles auoient esté mariées, viuant encores l'ayeul paternel, oncles & autres portant le nom & armes de la maison. Et afin que les peres & ayeuls *qui morte filiorum & descendentium luctu affliguntur, in aliaquorelenentur : inque solatium amissorum liberorum, hæreditatem luctuosam consequantur oportet* Comme dit Iustinian au §. *& primus Iustit.* de S. *Tertullian.* deuoient *propter personarum coniunctionem naturalem pro eadem penè persona haberi, & ad propria bona reuerti succedendo filiis. l. §. largius. ff de succeff. edict. ne liberalitatis parentum in filios munificentia formidine iniecta amittendi retardetur l. 2. de Cod. de bon. quæ lib. & l. dos. à patre profecta. C. solut. matrim.* Les peres voyans deuant leurs yeux leurs enfans exclus de leurs biens, & iceux emportez par vne esträgere, & eux viuans esteindre le nom & armes de leurs familles. Ce qui a donné suiect à l'Edict, où ces mots (afin que les biens retournent à ceux ausquels ils doiuent retourner) monstrent assez que la mere viuante (du costé en ligne de laquelle il n'y a aucune chose en l'hoirie de sa fille) par consequent rien ne peut retourner aux siens pour n'en estre rien procedé. Que si l'intention du demandeur estoit suyuie, les parens maternels seroyent de beaucoup plus fauorisez, que les paternels. Car la mere emporteroit les meubles, acquets, & conquets, prouenus d'ailleurs que de la ligne paternelle, dont ils pourroient heriter, elle estant decedée, & apres encor prendroient part aux biens du pere: Ce qui bat directement contre les termes de l'Edict, & intention de sa Majesté: qui est d'empescher que tels biens ne passent en famille estrangere de celle du pere. Autrement il vaudroit mieux que la mere comme plus proche y succedast, que l'Oncle maternel, qui en est plus esloigné. Aussi la Declaration faicte au mois d'Octobre en l'année 1575. par Henry II. sur le mesme Edict, pour le Parlement d'Aix, y est expresse, & faict voir oculairement l'exclusion des parens maternels : Ce qui ne doit seulement estre pris pour la Prouince, mais aussi par tous les Parlemens où l'Edict des meres a esté receu & verifié. Et tout ainsi qu'en pays coustumier, les parens maternels excluent les paternels, de telles successions, bié que plus esloignez de degré: de mesmes en pays de droict escript, sur la practique de la regle *paterna paternis*, & sur l'appuy de l'Edict, doit estre consideree non la proximité du grade, mais la nature des biens, suyuant l'ancienne loy des 12. Tables, *Proximus agnatus familiam habeto*, à quoy a soubscrit le Docteur Barth. *l. 2. §. videndum. ff. ad Tertull.* où il traicte cette question en propres termes, *Vtrum statuto matre exclusa extantibus agnatis, excludatur auus maternus*, où il conclud pour l'affirmatiue. Et ainsi la Cout l'a iugé par Arrest du dernier de May 1560. rapporté par Papon entre les formes Duchatz, *exclusis fratribus vternis*, les parens maternels, *remotiores gradis*, l'emportent. Et encores par autre Arrest du 13. Iuillet 1598. où l'ayeule maternelle fut excluse par l'Oncle paternel, comme le rapporte Peleus en la seconde action du quatriesme liure de ses actions Forenses, qui monstrent que la Cour n'a point voulu admettre de confusion aux successions, & qu'ayant vne fois la mere prins les biens, ausquels elle est appellée par l'Edict, les parens maternels n'ont plus rien à contester, ne faisans les loix alleguées par le demandeur concernans la succession, qu'en cas que la mere fuit decedée, & non quand elle est viuante, comme au faict qui se presente : Car l'on ne dit pas que si *mater è viuis excessisset* auant sa fille, & que les hoiries paternelles & materneil.s fussent demeurées confuses en la personne de la mineure, & y eussent faict souche que decedant en si basse pupillarité, ou sans tester, elle n'eust transmis son hoirie esgalement aux Oncles paternels & maternels : & ainsi la Cour l'a iugé en la succession de Marie, fille de feu M. François Bailly, & Dame Catherine Blanchard, decedée apres ses pere & mere, l'hoirie de laquelle fut eg lement adiugée par Arrest aux deux ayeules paternelle & maternelle : Mais au faict qui se presente, la mere viuante, de l'estoc de laquelle il n'y a vn seul denier en l'hoirie de sa fille, il n'y a du tout point d'apparence d'y rien pretendre par ledit demandeur. Partant ledit de Brun conclud, à ce qu'il soit comme non receuable, debouté des fins & conclusions de sa demande : les deffendeurs licentiez & absous d'icelles auec despens. S V R Q V O Y dit a esté par nous Claude Charreton, Seigneur de la Terriere & Rignie, Conseiller du Roy, Lieutenant General, Ciuil & Criminel, au pays & Bailliage de Bauiolois pour le Roy nostre Sire, & Madamoiselle la Duchesse de Montpensier, Dame & Baronne dudit pays, Qui ayant esgard à la Sentence cy-deuant par nous renduë au profit de Damoiselle Anthoinette de Pignieres, mere de ladicte mineure, par laquelle nous l'aurions maintenuë en la succession mobiliaire de sa dicte fille, & à elle adiugé ce qui luy est deferé par l'Edict, que ledit demandeur est debouté des fins & conclusions de sa demande, & d'icelles les deffendeurs enuoyez absous sans despens, attendu la qualité des parties.

FINS DE NON PROCEDER ET
de non recevoir. §. 16. & 17.

APres que le deffendeur s'est presenté, & a receu coppie de la demande contenant l'intention du demandeur, soit en matiere reelle, quand il s'agit de fonds immeubles, ou seruitudes; soit en action personnelle, quand est question de chose mobilaire, comme or, argent, bled, vin, &c. auant que deffendre au fonds, si le demandeur forain a constitué Procureur & esleu domicile, il doit soigneusement considerer, qu'elles exceptions il peut proposer, pour euiter la condamnation requise. Et premierement s'aider des suiuantes.

L'exception est l'exclusion de l'intention du demandeur, selon Panorme. *rubr. de except.*

(Marginale : Exception quay.)

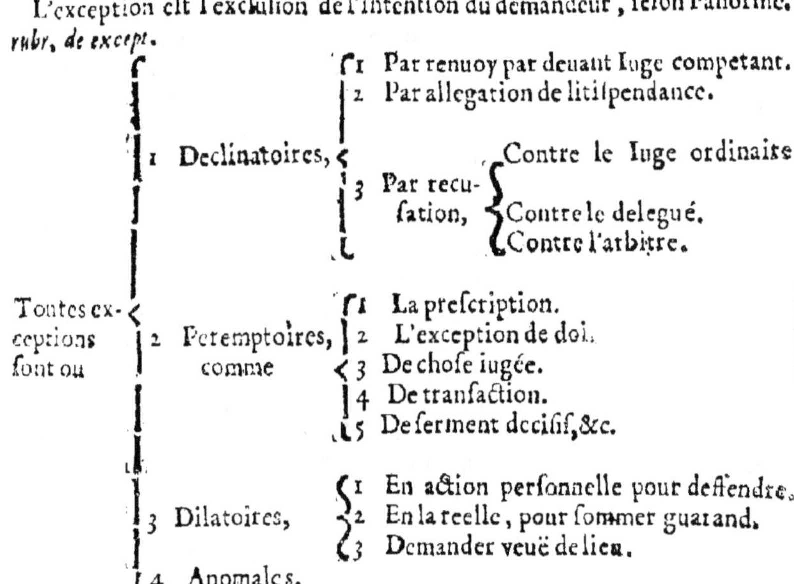

(Marginale : I. Exceptions declinatoire.)

La declinatoire doit tenir le premier lieu entre les exceptions, d'autant qu'elle doit estre presupposee auant contestation en cause, & verifiée, s'il est question de litispendance, *extr. de sent. & de re indic. c. inter. monasterium, l. fin. C. de except.*

(Marginale : II. Renuoy par deuant Iuge competant, de l'Ecclesiastique.)

Pour les raisons, que nous auons deduictes au chapitre du deffendeur, l'homme de l'Eglise, ou celuy qui est *in sacris*, ne peut estre conuenu, que par-deuant son Iuge d'Eglise: fors toutesfois en matieres possessoires, concernantes son benefice: aux proces intentez pour matieres feodales, ou de loüages & censes de maisons, & biens ruraux, où le renuoy luy est denié: comme de mesme il est tenu respondre au Conseil du Prince, de ce qui concerne l'infraction des saufconduicts, passeports, ou sauuegardes, droicts de Villes franches & Edits concernants la conseruation de la Iurisdiction Ecclesiastique. Et si le proces est intenté contre vn lay, qui depuis s'est faict Prestre, son priuilege luy peut seruir, & faut que l'instance se termine par deuant le mesme Iuge, où elle a esté commencée, *l. vbi acceptum, ff. de iudic.*

(Marginale : Renuoy du Soldat.)

Au mesme lieu traictant du deffendeur, nous auons monstré, que l'homme d'arme ou soldat, seruant actuellement aux armees, ne peut pas estre côme

conuenu, que par deuant son Maistre de camp, ou Capitaine. L'Escolier estudiant en Vniuersité fameuse, que par deuant les Conseruateurs des Priuileges d'icelle. Le Noble viuant noblement, que par deuant les Iuges Royaux,
ou par deuant nos Seigneurs des Requestes, si à cause de leurs grades ou dignitez, leurs causes y sont commises. Partant seront tous les susdicts bien
fondez à demander leur renuoy, s'ils sont autrement conuenus qu'ils ne
doiuent.

Si l'action est intentée entre proches parens, comme de pere à fils, frere à
frere, &c. l'Ordonnāce veut qu'à la premiere requisition de l'vn d'entr'eux, la
cause & les parties soient renuoyées par deuant parens arbitres, pour termi-
ner leur different : & doiuent estre respectiuemēt nommez & accordez par les
deux parties, & à faute d'en nommer par l'vne, en sont nommez d'office, ou les
nommez par l'autre commis, *François II 1560. art. 4. Charles IX. 1566. art. 83.* Le
mesme des marchands à marchands, *François II. 1560. art. 2. & 3.*

En action reelle, si le deffendeur est residant au lieu, où la chose contentieuse est assise, il ne peut estre tiré en instance ailleurs, que par deuant le Iuge de ce lieu là, qui est Iuge du domicile du deffendeur, & du lieu de l'heritage
contentieux, *cùm actus sequi debeat forum rei, l. 2 C. de iurisd. omn. iud.*

Ne peut par quelques personnes que ce soit, estre demandé renuoy és cas
priuilegiez : comme crime de leze Maiesté diuine & humaine, violement de
sauf conduict, port d'armes deffenduës, assemblées illicites, conjuration, pa-
ction de la mort d'autruy, force faicte aux Officiers de Iustice, bris & rupture
de prison, fausseté & corruption des monnoyes, &c. qui seront amplement
traictées en leur lieu.

Celuy qui allegue litispendance (que nous auons posé pour seconde fin
declinatoire) en doit sur le champ faire apparoir, par pieces iustificatiues, de
l'instance qu'il dit estre pendante ailleurs : n'estant raisonnable qu'vne partie
soit tirée en deux diuerses instances, & iurisdictions pour mesme fait, & par
deuant diuers Iuges. Et à faute d'en iustifier, il doit estre debouté, *arg. cùm
personæ de priuil. in 6. arg. l. quingenta ff. de probat. Dec. in rub. de probat. col. 5. Masuer. tit. des renuois. num.* 7.

La recusation est vne fin declinatoire, pour euiter la Iurisdiction de celuy
que nous tenons pour suspect, afin qu'il n'entre en cognoissance de nostre
cause, *l. apertis. C. de iud. 3. q. 5. c. quod suspecti. extr. de off. deleg. & c. sufficionis.*

Ceste exception se peut proposer contre vn Siege entier, pour les raisons
qui resultent du soupçon qui n'est de diuerses causes, aucunes desquelles sont
specifiées en la glose du chapitre *in antiquis, vt lite non contest. & ibi Abbas in
verb. subesse.*

Les causes de recusation, qui sont proposees contre le Iuge, regardent ou
sa personne, comme son incapacité, ou incompetance, inimitié, &c. ou la personne de l'vne des parties, pour la familiere hantise, parentage, societé, &c.
Doiuent estre redigees par escrit, contenant qui est celuy qui recuse le nom
du Iuge recusé, en quelle cause, & pour quelle raison, & presentees auant
contestation en cause, *c. quoniam contra. ext. de prob. c. super eod. extr. de appel. c.
licet de foro comp. l. aper. C. de iud. Charles VIII. article 64. François I. 1539. article*
10. 11 13. & 15.

Les effects des recusations sont, que les causes d'icelles estans trouuées
pertinentes ou verifiées, si besoin est, la Iurisdiction du Iuge est suspenduë,

Des proches parens.

De l'habi-
tation.

En cas pri-
uilegiez.

Allegation
de litispen-
dance.

Recusation
que c'est :

1.
Contre qui
se peut pro-
poser.

2.
Causes de
recusation
contre le
Iuge ordi-
naire.

3.
Effects de
recusation.

& ne peut paſſer outre à la recognoiſſance du fait controuerſé, *c. ſuper eos extr. de appell. & ibi Specul.* Peuuēt les cauſes de recuſation eſtre propoſées par procuration, ſoit en matiere ciuile ou criminelle. *Arreſt de Paris du 25. Auril 1586* Et ſi les cauſes de recuſation ſont trouuées friuoles, inadmiſſibles, non verifiées ou iniurieuſes, le recuſant doit eſtre condamné en l'amende, s'il y a appel *François I. 1539. art. 12. Charles IX. 1563. art. 12. & 13. Arreſt de Paris du 8. Mars, 1580. contre le ſieur du Hallo, & la Dame de Hauteuille.*

5.
Cauſes d'inimitié.
Peut donc eſtre propoſé contre le Iuge recuſé, qu'il eſt ennemy capital du recuſant, & à l'occaſion de telle inimitié ne peut cognoiſtre de la cauſe. *l. licet autem Prætor. ff. de recept. arbit. l. ſi pariter ff. de liberal. cauſ. l. vnic. C. ſi qual. præd. pot. cap. accedens, vt. lit. non conteſt.* Mais il faut que les cauſes d'inimitié ſoient particulierement declarées, *c. bonæ. de Cleric.*

6.
Cauſes de menaces.
Le meſme ſera, ſi le Iuge a vſé de menaces atroces contre le recuſant, ou que le recuſant aye pourſuiuy le Iuge du crime capital, *arg. l. ſi quis adult. C. ad leg. Iuliam de adult. Nouella de teſtibus. §. ſi vero dicatur. verſ. ſi vero quis dicat. odioſam.*

7.
Familiarité
Q'il eſt trop familier de l'vne des parties, & trop fauorable, pour eſtre ordinairement auec luy à boire & à manger, & qu'il a eſté donné, ou accordé Iuge à ſa pourſuitte, *d. l. apertiſſimi. C. de Iud. q. 5. c. qui ſuſpect. c. inſinuante. de offic. deleg. l. obſeruandum de Iud.*

8.
La choſe controuerſée touchāt au Iuge.
Sera tres-vallable la recuſation contre le Iuge, ſi la choſe controuerſée le touche, & qu'il y aye intereſt: d'autant qu'il ne peut eſtre Iuge en ſa propre cauſe, *l. vnic. C. ne quis in ſua cauſ. iud. l. qui Iuriſdictioni ff. de iuriſ. omn. iud. l. ſi de re ſua. ff. de arbitr.*

9.
Le Iuge ayāt ſemblable procez.
De meſme, ſi le Iuge a procez encore indecis, ſur pareille matiere, que celle qui eſt traictée pardeuant luy: parce qu'il voudra iuger de meſmes qu'il deſire eſtre iugé en ſon faict, *Panorm. Abbas, & Butrienſis in cap. cauſam quæ, de iud. gloſ. in c. cum ſuper Abbatia, de offic. deleg. in 6.*

10.
Iuge recuſé es cauſes de la femme, enfans, &c.
Le Iuge ne peut, ny doit cognoiſtre des cauſes de ſa femme, enfans, ſeruiteurs, domeſtiques, metayers ou grangers, & iournaliers ordinaires, & peut ſur icelles eſtre valablement recuſé, *Baldus, in l. eos. C. de appellationib. Antonius Butr. cap. dilecti. de appellationibus.*

11.
En quel degré de conſanguinité.
Qand vn Iuge eſt recuſé pour conſanguinité, ou alliance, l'on doit exprimer en quel degré il appartient à la partie, à l'occaſion de laquelle on le recuſe: Ce neantmoins conformement à la loy, *l. Cornelia, ff. de iniur.* la pratique n'eſt receuë en ce Royaume, que iuſqu'au quatrieſme degté, *de conſanguinitate, computatione canonica,* & iuſques au degré d'alliance determiné par la meſme loy. Et ainſi a eſté iugé par Arreſt du grand Conſeil, du 21. Iuin 1575. Toutesfois ſi le Iuge eſt en pareil degré d'alliance auec deux parties, il ne peut eſtre recuſé, pour eſtre preſumé auoir parité d'affection en leur endroit, *l. penult. §. de vno dubitari poteſt. ff. de rit. nupt.*

12.
Pour la cognation ſpirituelle.
Il n'y a pas moins de ſuiet de recuſer vn Iuge pour la cognation ſpirituelle que pour la charnelle: & partant eſt recuſable s'il eſt compere, filleul, ou parrain de la partie, *arg. d. l. Cornel. & cap. Inſinuante. extr. de offic. deleg.*

13.
Auant ſocieté.
Comme auſſi s'il a ſocieté, ſoit vniuerſelle, ou particuliere auec la partie contendante, ou qu'ils ſoient collegues & conioincts en office, ou benefice, *arg. l. verùm ff. pro ſoc. cap. cùm extr. de offic. deleg.*

14.
Ja inſtitué heritier.
Si le Iuge eſt inſtitué heritier par teſtament de celuy, à cauſe duquel on le recuſe, ores qu'il ſoit encores plein de vie, *l. Iulianus ait ſi alter. ff. de iud.*

S'il a esté Aduocat ou solliciteur de la cause, y a escrit, ou donné son aduis *l.præ or at.ff.de iurisd.omn.Iud. l.quisquis, Cod.de postul.l.fin C. de assess.* où s'il a esté tesmoin au mesme faict, *l.fin.ff. de testam.*

Que iustement l'on a appellé de la sentence renduë en la mesme cause, & son iugement esté infirmé : partant n'en peut plus connoistre, de peur qu'il ne monstre son amitié contre l'appellant, si ce n'est qu'en la cause renuoyée, les parties procedent volontairement par deuant luy , *l.si vt proponis.C.quom. & quand.Inst.c.accepta extra. de appel.*

Si le Iuge est infame, ou a esté desmis de sa charge par concussion, larcin, ou autre maluersation, sinon qu'il soit restably, & son restablissement intheriné par Arrest de la Cour, *l.cùm prætor, § non autem.ff.de Iudic.l.vnic.de Infamibus, l. 10.Cod.l de dignit.l.12.*

Toutes les recusations susdites peuuent estre obiectées & proposées contre le Iuge delegué, aussi bien que contre l'ordinaire: mais outre celles-là, il y en a encores de particulieres, qui concernent le delegué , ou Commissaire. Comme s'il n'a grade, dignité ou qualité, qui le rende apte à receuoir telle charge, *cap.sta vium de rescript.in sexto.*

S'il a esté maistre de celuy qui a impetré sa delegation, & qui l'a fait decerner commissaire pour en estre fauorisé, *c.causam quæ de offic.deleg.arg.c.quatuor. 2.quæst.3.*

Qu'il a poursuiuy luy mesme de son instinct d'estre delegué pour fauoriser la partie, *arg.l.quæ omnia ff.de procur.& l vxori.ad l Corn.de fals.*

Que *functus est officio*, pour auoir prononcé sur le different: partât ne peut plus prendre de cognoissance de ce qui suit.*c.1.extr.de sequ.poss.l.Iudex.ff.de re Iudic.*

Que le temps de sa commission ou iurisdiction est expiré, *l.§ cum dies, § .si intra.ff.de a bit.l.2.ff de Iudic § si & Iudex.*

Qu'il ne peut connoistre d'autres choses, que des contenuës par sa commission ou delegation, *l.1.& l.si de proprietate.Cod.si non à compet.Iud.c.cumvlim. extr.de offic.deleg.*

Que la cause à luy deliurée ne peut estre de sa Iurisdiction: comme le Iuge subalterne ou pedanée ne peut executer les Arrests d'vne Cour souueraine, ou entheriner lettres Royaux, ou de remission à luy directement addressees, ou connoistre des matieres possessoires, fors de la complainte, *l. vn. C.qui pro sua Iurisd.Iud.da:.l.fin.C.vbi,& apud quem l 2.C.de ped.Iudic.*

Qu'il ne peut subdeleguer vn autre, veu qu'il luy est mandé à luy mesme d'executer sa commission, *cap.vlt.de offic.delegati.*

Que sa commission est par exprés reuoquée, *l.Iudicium,ff.de Iudiciis,cap.cum nostram.de appell.*

Que la cause est pendante par deuant le Iuge ordinaire & competant. *cap. gratam,de offic.deleg.c.vt debitus de appell.*

Qu'ils sont plusieurs Iuges: partant ne peut l'vn proceder sans l'autre, sans legitime excuse, *c.prudentiam, de offic.deleg.*

Qu'il y a appel de sa delegation, ou de son iugement, par dessus lequel il ne peut passer, pour ne luy en estre donné le pouuoir, *dict.c.vt debitus, de appel..*

Que l'impetrant mandant, ou celuy contre qui est impetré, est decedé, re integra, *l.mandatum, C.mandat.cap.gratam.& c. licet.de offic.deleg.c.significantibus, de rescrib § recte Instit. mand.*

Que le deleguant a reuoqué la cause à soy, *l.cum Prætor.& l.Iud.sol.ff.de Iudiciis* ...

Marginal notes:
1. L'vn des Iuges mort.
Recuser l'Arbitre.
2. Le temps du compromis expiré.
3. Decez de la partie, ou arbitre.
4. Inimitié.
5. Le different estant finy.
6. L'vn des poursuiuans a faict cession.
7. La chose ne pouuant estre arbitrée.
8. N'ayant eu pouuoir de compromettre.
9. Qu'il a prononcé sur autres chefs.
10. Tous les Arbitres n'ayant prononcé.
11. La sentence renduë à iour ferié.
12. Ailleurs qu'il ne falloit.

Qu' l'vn des Iuges deleguez est mort, la clause, *quod si n n omnes, ou si non ambo,* non apposée en la commission, *c. duo de offic. deleg.*

Pour valablement recuser vn arbitre, il luy peut estre objecté, que sa condition ne permet qu'il soit arbitre, comme la femme, le mineur de vingt ans, le furieux, muet, sourd, le seruiteur, & le pupil, *l. sed etsi ita, & l. diem. §. eorum ff. de arbitr. l. fin. C. eod. l. cum lege ff. eod.*

Que le temps apposé au compromis est expiré, & partant n'a plus aucune Iurisdiction, *l. si cum dies, & l. arbiter. ex compromisso ff. de arbit.*

Que l'vne des parties, ou l'vn des arbitres est decedé (sinon que le compromis comprint les heritiers) *arbiter calendis. & l. non distinguemus. ff. eod.*

Qu'il y a inimitié capitale entre luy, & la partie recusante, ou infamie de fait, *d. l. non distinguemus, §. cum quidam.*

Que le different dont estoit compromis, est finy par pact, transaction, ou payement de la chose contentieuse, ou pour s'estre l'vn des contendans rendu en Religion, *d. l. non distinguemus, § & Sacerdotio, & §. compromissum.*

Que l'vn des poursuiuans a fait cession de biens. *l. item si vnus. ff. de arbit.*

D'auantage, peut estre opposé à l'arbitre, que la chose est de telle nature, qu'elle ne peut tomber en arbitrage, ny les parties compromettre d'icelle, comme sont les causes criminelles, publiques, ou priuées, les actions populaires, &c. *d. l. non distinguemus, c. causa extr. de in integr. restit. & ibi speculat.*

Ou que les personnes nommees au compromis, n'ont eu pouuoir de compromettre: comme le pupil, le furieux, l'esclaue, le prodigue, *l. seruus, cum seq. C. de Iud. l. non distinguemus, § si seruus ff. eod. l. diem § penult. eod.*

Qu'il a prononcé sur autres chefs, que sur ceux dont les parties auoient compromis: ou qu'il n'a vuidé qu'vn chef, & le compromis estoit de tous differens, *l. si cum dies. §. plenum, ff. eod. d. l. non distinguemus § offic.*

Que de plusieurs arbitres nommez, vn, ou deux seulement ont prononcé, *l. item si vnus, §. item si plures, & § cum in plures. ff. eod.*

Que la sentence arbitrale a esté renduë a iour ferié. *l. omnes. C. de fer. l. Pomponius, in fin. & l. feriatus ff. de Arbit.*

Que la sentence a esté renduë ailleurs qu'il n'estoit conuenu par le compromis, & n'a esté prononcée en presence des parties, *l. cum dies, § si arbiter. & l. diem. § proinde. ff. eod.*

FINS PEREMPTOIRES. §. 18.

Celuy qui est debouté de la declinatoire, ou qui n'a moyen de la proposer, doit auant tout œuure voir s'il se peut aider de quelque exception peremptoire : Ainsi dite à cause qu'elle esteint, & perime l'instance. Et doiuent ces Exceptions tenir le second rang, attendu que les dilatoires, cõmencent la contestation, ores qu'elles cherchét des subterfuges. Et d'autãt qu'entre les peremptoires, la prescriptiõ est l'vne des principales, nous luy dõnerõs le prem. lieu.

Exceptions peremptoires.

LA PRESCRIPTION I.

La prescription inuenté de Droiét, s'estent sur toutes choses corporeiles, & incorporeiles, sur toutes actions reelles, personnelles, mixtes, instances & droiéts, quels qu'ils soient, *ne rerum dominia in incerto sint,* comme veut le Iurisconsulte, *lib. 1. de vsu cap. cum ita hominis iussit statui tempois spatium adquirenda res sit,* L'effect de laquelle est defensoire, & amortir entierément l'action intentée, quand il est recogneu & verifié qu'elle a eu cours selon le droict, l'Ordonnance, ou le style de practique.

Des prescriptions les vnes sont de	1	Quarante iours	En acceptation d'hoirie par benefice d'inuentaire.
	2	Six mois	En marchandises venduës à detail.
	3	Vn an	En action de complainte: Ou d'iniures verbales.
	4	Deux ans	En salaires d'Aduocats, Procureurs, Et gages des seruiteurs domestiques.
	5	Trois ans	Pour vsucapion de meubles, En peremption d'instance.
	6	Cinq ans	Pour arrerages des pensions volantes.
	7	Dix ans	En action hypothecaire contre vn tiers, En restitution en entier, fondée sur force, &c.
	8	Vingt ans	Pour la poursuite d'vn crime.
	9	Trente ans	En immeubles, & choses incorporelles, Et droicts de lods.
	10	Quarante ans	En actions hypotechaires. Pensions Ecclesiastiques — auec tiltre. possess. continuée, bonne foy.
	11.	Cent ans	Contre l'Eglise Romaine.

La prescription ne peut courir contre	1	Pupils, mineurs, prodigues, insensez.
	2	Absens pour le public.
	3	Absent pour la religion pretenduë.
	4	Le soldat militant actuellement.
	5	L'Eglise en temps de schisme.
	6	Femmes pendant leur mariage.
	7	Les affligez, bannis, estant en peril, &c.

CEluy auquel est deferée vne heredité, soit ab intestat, ou par ordonnance testamentaire, & qui doute s'il y aura des facultez bastantes pour le payement des debtes d'icelle, n'a que quarante iours pour deliberer s'il l'accepte sous benefice d'inuentaire, lesquels passez, il est reputé pour heritier pur & simple, à faute de l'acceptation dans ce temps : n'estant plus receuable à la faire, sinon qu'il fust mineur, auquel cas il peut estre relené par lettres du Prince. Doit commencer son Inuentaire dans les trente iours, & le finir dans les soixante, *l. fin. C. de iur. deliber. §. fin. in Authen. de hered. & Falc. collat. I. hinc nobis. l. I. C. si minor. se ab hered. abst. Rebuff. in proæm. 1. tom. comment. n. 80. Bart. & Cynin l. scimus. §. si verò, ff. de iur. de lib.*

7. Prescription en acceptatio d'hoirie par beneficed'inuentairs.

E 3

II.
Prescription
des marchan-
dises.

Les marchands qui vendent & debitent leurs marchandises, ou denrées, à
détail, comme Apothicaires, Merciers, Drappiers, Boulengers, Pastissiers,
Tauerniers, ne sont receuables à faire demande des choses par eux données
à credit, six mois apres qu'ils les ont deliurées, sinon qu'ils verifient, que puis
six mois le payement leur en a esté promis, ou qu'il y ait arrest de compte,
cedal, ou obligation. Louys XII. artic. 66. Voyez à ce propos le traicté de
Monsieur Rebuffe, *De mercatoribus minutatim vendentibus*, sur l'interpretation
de cette Ordonnance.

La
prescription
de complainte
& action
de nouuelleté.

L'action de complainte, en cas de trouble & de nouuelleté, ne peut estre
intentée par l'an expiré, depuis le trouble réel § *fin. François, I. 1539. art 61.
Rub. in §. se tuende. Instit. de ri enduct. l. I. §. I. ff. vti p.sed. I. ordinarii, &
ibi D D. C. de re.uend. Arrest. de Paris. 1540.* Estant au surplus remarquable,
que celuy qui a acquis, ou qui a cession d'vn heritage, ne peut intenter complainte, s'il n'a possession réelle & actuelle de l'heritage pour raison duquel
il veut former complaincte, quelque clause de constitut & de precaire, qui
soit au contract, & a faute de ce, ne peut pretendre trouble, suiuant la loy, *ex
stipulatione. ff. de acquiret. possess.* & ainsi a esté iugé par *Arrest du mois de Iuillet*
1521. M. Loüet, chap. 19 lettre, C.

L'iniures.

De mesme l'action d'iniures verbales, quelques conuiticuses que soyent les
iniures, se prescrit par vn an entier, apres lequel expiré l'on n'est plus receuable à intenter cette action. *l. in honorariis.ff.de act.l. si non conuitii. C. de iniur.*

IV.
Du salaires
d'Aduocats.

Les salaires d'Aduocats & Procureurs pour les patrocinations par eux
faites pour les parties, se prescriuent par deux ans, *Arrest de Paris prononcé*
par le President sainct André, le premier iour de Feurier 1547.

Du gage de
seruiteurs

L'Ordonnance du Roy Louys XII publiée l'an 1512. article 67. declare
non receuables les seruiteurs, qui ne feront demande de leurs salaires dans
vn an, à compter du iour qu'ils feront sortis hors du seruice de leurs maistres
& ne peuuent faire demande de plus long-temps, que des trois dernieres
années : excepté aux cas doctement traictez par monsieur Rebuffe, au traicté, *de famulorum salariis. & intra quæ tempora ea petere debeat,* que le lecteur pourra voir.

V.
Les meubles

Les meubles, ou choses mobilaires, se prescriuent par trois ans continus,
apres lesquels n'en peut estre faicte vallable poursuitte, *Instit. de vsu cap. §. I.*
l. I. §. cum autem C. de vsu. transfor.

D'instance
perie.

L'instance qui demeure trois ans discontinuée, & sans poursuitte, à prendre du iour de la retroaction, est perie, & court la prescription, comme si ladicte instance n'eust iamais esté intentée, voire en matiere beneficielle, &
contre mineurs *Charles IX. 1563. art. 15. vide l. proper audito. in princ. C de Iud.*
Rebuf. §. n.in p.fa.cost. Arrests de Paris du 7. Iuin. 1563 25. Iuin. 1571. Cyn.
in § vlt. d. l. proper audum. Sinon qu'il y eut appoinctemét en droict, auquel cas
la prescription ne peut estre moindre de trente ans, *arg. l. fin. §. fi tamen. C. de*
temp. appel. Arrest de Paris du dernier Auril, 1521. pour la peremption d'instance, & d'appel, voyez vn remarquable Arrest aux actions Forenses de Pe-
lesselier. 6 act. 32.

VI.
Des arrerages
des rentes
constituées.

Les arrerages des rentes constituées à prix d'argent, ne peuuent estre demandées que de cinq années, & le temps qui est au delà demeure prescript:
& si telles rentes sont constituées en bled, elles doiuent estre reduictes à prix
d'argent, à seize deniers pour liure, suiuant l'Ordonnance de *Henry IV. 1602.*

Charles IX. 1565. arg. l. cum non frumentum, C. de vsur. Louys XII. 1512. art. 7.
vide Molinæum in trait. de vsur. quæst. 21. & Lugd. Romai. conf. 507. toutesfois
s'il y a interpellation faite par authorité de Iustice, ores que ce aye esté pendant le cours des troubles ciuils, les arrerages de cinq années precedentes
l'interpellation, sont deuës, comme fut iugé par Arrest de Paris du 10. Feurier 1604. Peleus liur. 6. act. 33

En dix ans le tiers detenteur prescrit tout action hypothecaire, qui pour- **VII**
roit estre pretenduë sur le fonds par luy possedé, ll. 1. & 2. C. si aduersus creditt. En actió hypothecaire.
En rescision en
general.

Toutes rescisions de contracts, & autres actes quelconques, fondez sur
force, fraude, deceptions, &c. passez entre maieurs, se prescriuent par dix ans
à compter du iour & datte des contracts, apres lesquels n'en peut plus estre
faicte aucune poursuitte, Louy. XII. 1512. art. 46. François I. 1535. art. 30.

La poursuitte de tous crimes se prescrit par vingt ans continuels, depuis **VIII.**
le iour du delict comenis, comme ont remarqué les Empereurs, Diocletian & En la pour-
Maximin, in l. querela. C. de iaff. Arrest de Paris du 18. Decembre. 1599. entre du suite d'vn
Perier, & Claude Escossier Band 11, & depuis par autre Arrest du 4. Septem- crime.
bre, 1602. raporté par Peleus liur. 4. act. 13. Vid. Curiacium l.b. 4. obj. c. 4.
Arrest. du 11 Feurier 1604. M. Louet, chap. 47. lettre C. Toutesfois la reparation
ciuile péut estre poursuiuie par les heritiers de l'hoirie, iusques à trente
ans, côme il fut iugé par Arrest rapporté par le mesme Peleus, liur. action. 6.

Les anciennes prescriptions de dix ans entre presens, & vingt ans entre **IX.**
absens, ne sont plus auiourd'huy en vsage, ains sont toutes reduictes à la pre- En immeu-
scription trentenaire, quæ illorum ræ actionem, & court telle prescription aux bles, &c.
immeubles, droicts de lods, & choses incorporelles, moyennant que la possession soit de bonne foy : Parce que toutes choses prescriptibles, qui sont au
commerce des hommes (non les sacrées & publiques) ne se peuuent legitimement prescrire, sans possession actuelle. Aucune possession n'est legitime sans
tiltre, & aucun tiltre n'est valable sans bonne foy, l. nullo iusto titulo. C. de rei-
uend. l. diutina. C. de præscrip. long. temp. l. vit. de vsu cap. pro hæred. vigilanti, &c.
vlt. de præscript. possessor autem malæ fidei nullo tempore interuallo præscribere potest.
A cette prescription trentenaire sont adioustées les cinq années des derniers
troubles ciuils commençans l'année 1589. iusques à l'entrée de l'année 1594.
pendant lesquels, le Roy par l'edict d'Amnistie, n'a voulu que aucune prescription aye peu courir, soit de party à party contraire, ou autrement, ce qui a
esté confirmé par infinis Arrests.

L'hypotheque ne se peut prescrire par moins de quarante ans, comme à **X.**
voulu Iustinian, l. cum notissimi, l. omnes, l. sicut. C. de præscrip. pr. 30. vel 40. annor. En actions
hypothecaires,
Le mesme doit estre dict des pensions foncieres & volantes, fors de celles & pen-
qui sont recogoüës au proit de l'Eglise. Outre les quarante ans est faite de- sions ecclesi-
duction par l'Edict de Melun, du temps des troubles, depuis l'an 1562. iusques astiques.
à l'an 1580. que ledit fust verifié.

La seruitude ne se preserit que par temps memorial, encor sus condition,
que ceux qui en ont vsé, ayent protesté, en presence des proprietaires des fonds
que tel vsage estoit pour droit de seruitude, qu'ils ont sur lesdits fonds, autrement ne court prescription sans tiltre vallable, Vlp. l. initium ff. si serud. v la.
præd.l. hæc. a rõ iura. ib. l. diuus, l. riuere ff. de seru.rust. præd.l. si pro. in côm ac seruit.

Le cours de cent ans entiers est suffisant pour prescrire contre l'Eglise, **XI.**
Romaine, l. inter d. aiaum, & Auben quas actum, l. de iarosf. &c. Eccl. contra.

... *ap. illu l. & cap. quia iudicante, de præscript. cap. quoniam contra de iur. pa-*
re. Et pour les mesmes raisons, Baquet tient que les droicts Seigneuriaux
sont re scriptibles au traicté du Domaine.

La p escription ne court contre pupils, mineurs, prodigues, & insensez, de
quelque temps qu'elle puisse estre, *Chassan. in consuetud. Duc. Burg. tit. des usti-
ces, in verb. & tit. rem. 28. l. sicut. l. & Bald. in l. cum notissimi. C. de prescript.
l. an. Prins, in. c. cum non liceat de prescript. l. 3. quib. non obiic. long. temp. præscr.*

Ne peut auoir lieu non plus contre les absens pour le public, tant pour la
legitime cause de leur absence, que pour la bonne foy qui les accompagne#.
l. 2 & 3. . qu bus non obiic. præscript.

Toutes procedures, iugemens, peremptions d'instances, & prescriptions
legales, ou conuentionnelles durant le cours & tous les troubles ciuils de ce
Royaume, sont nulles, pour le regard de ceux de la religion pretenduë,
*Charles IX. 1568. & 1570. art. 33. Henry III. 1576. art. 37. & 1577. art. 38.
H ry IV 1596.* Voyez l'Arrest rapporté par M. Peleus liur. 4. de ses actions
Iurenses action 45. du 4 Decembre, 1602.

Ne court aussi la prescription contre le gendarme ou soldat, estant affe-
ctuellement employé en l'expedition militaire, & faction de sa charge, *d. l. 1
2 & l. ab hostibus. C. quib. non obiic. long. temp. præscript. & l. 1. l. quo tempore. C.
de resit. mil.*

Ny contre l'Eglise en temps de schisme, *c. cum nobis de prescript.* non plus
que contre l'Eglise vacante, comme euant destituée de son legitime deffendeur, *ne sede vacante aliquid innou per totam gl s. in verb. si autem non fuerit, c. 1.*

Ne peut aussi auoir cours contre la femme, pour la reception de ses deniers dotaux, pendant la vie de son mary, sinon qu'elle fust separée de biens
d'auec luy, *l. in rebus. § omnis. C. de iur. dot. l. cum notissimi, §. illud. C. de præscr.
30. vel 40. ann.* non plus que contre les affligez de contagion pestilente, ou
chassez de leurs maisons par la violence de la guerre, suiuant l'axiome, *non
valenti agere non currit præscriptio, Bart. in l. naturaliter. §. 1. ff. de vsuc. c. ex
tra fuissa, extra. eod c. 1. altio. 16. qu. 3. l. post limin um, ff. de c. & post lim reuer.*
Mais cessant le peril, la prescription continue. *vt ibi d. notant. Innoc. & Abbas.*

La prescription est non seulement interrompuë par l'aage pupillaire, &
minorité, comme cy-dessus a esté dit: mais aussi par litiscontestation, quand
la cause a esté legitimement contestée par deuant le Iuge competant, *l. nec bona fide prescr. long. temp. l. 2. C. vbi in rem actio exerc. l. notissimi. C. de præscriptio-
nibus 40. annorum.*

D'auantage, par force & violence de brigands & voleurs, qui detiennent
le legitime possesseur, ou quand il est prisonnier entre les mains des Pirates,
l. cum vius. §. fin. de bon. au h. Iud. poss.

Et quand le possesseur ne peut estre conuenu par le proprietaire, pour estre
de difficile contention, à cause de la dignité, en laquelle il est constitué, *l. vt
si instius. C. de iurisd. omn. p. l. generaliter §. fin. autem. C. de rebus cred. & inre-
na. l. 2. C. bis qui propt. mei. iud. non appellant.*

Le Lecteur curieux, qui aura desir de voir plus au long le discours des
prescriptions, voye ce qu'en ont escrit D. Roger, Dynus de Mugillo, Francis-
c & le A illius, où toutes sortes de prescriptions, tant ciuilles, que canoniques, sont tres amplement traictées.

EXCEPTION DE DOL. II.

L'Exception de dol est subsidiaire à toutes autres, pour y auoir peu d'actios où elle ne puisse estre opposee, voire aux plus iustes, comme le peuuent tesmoigner les exemples rapportez en la Loy, *Nesennius.ff.de re iud.* & en la Loy *si retiario.de pig.& hypoth.* pour la donation, constitution de dot, gage mis en depost entre les mains du creancier, qui demāde sa debte, sans le restituer, & autres cas infinis, espars en diuers lieux du Droict, que nous restreindrōs neantmoins sous les six chefs de la table suiuante.

Ceste exception, qui est du nombre des peremptoires, est ou du dol.

1 Qui a donné occasion de contracter.
2 Qui est incidemment suruenu au contract.
3 Qui est dressé apres le contract.
4 Qui resulte d'obligation sans cause.
5 Quand il y a dol reel, ou *delus re ipsa.*
6 Ou qu'on excipe du dol subsidiaire.

Q Vand par astuce, ou finesse malicieuse du creancier, le debiteur a esté induit de s'obliger à ce, dont apres il est conuenu, lors ceste Exception est produite, auec le cōtract, ou obligation qui luy a donné estre & origine. Partant peut estre vallablement repoussé celuy, qui ayāt fait croire à autruy, que pour s'acquitter, ou le deliurer de peine & ennuy, il a fourny pour luy certaine somme, s'en fait obliger pour prest, la cause estant faulse, attendu qu'il n'en a rien touché, & que chose aucune n'a esté conuertie à son profit. *l 2.§.ff.de doli mali except.* Et est telle action perpetuelle comme les autres, *l.puré.§ fiu.h.t.*

Le mesme doit estre tenu, quand le dol, ou circonuention, qui occasionne le contract, procede d'ailleurs que du creancier, comme s'il prouient de la legereté, erreur, ou timidité du debiteur, *§.vlt.in princip.tit.de except. Institu.l. si quis cum aliter.ff.de verb.oblig.l.1.de doli mali, & met.except.vlt. l. metum autem. ff. quod metus causa.*

Le dol interuient incidemment au contract, suiuant l'exemple rapporté par la Loy, 2 §.circa primam speciem.de doli & met. except. quand le debiteur sous la promesse que son creancier luy a fait, passe obligation à son profit, en bonne forme, & neantmoins apres la stipulation de l'obligation, sans faire numeration d'aucune somme, en retient l'obligation en valeur; car le dol apparent luy peut estre obiecté, s'il en poursuit le payement, *l.30.si certum petatur.l.si quasi de pignor.actio.* le cas de laquelle sert pour replique contre le debiteur, qui ayant desrobé son instrument obligatoire à son creancier, refuse de le payer, alleguant qu'il a esté rendu.

Le dol est dit interuenir apres le contract, en la forme que l'exemplifie le Iurisconsulte, en la Loy *si opera creditoris. ff. de dol. mal. & met.* comme quand le debiteur estant prest de payer la somme deuë, le creācier la refuse, & apres luy faict souffraire, ou autrement perdre sa somme. Ou quand le creancier estant poursuiuy de payer vne somme, dont il est debiteur, son debiteur la paye en son nom, & apres s'acquit par luy fait, il ne laisse de le vouloir contraindre pour la somme deuë, sans ratifier, ou aggreer le payement fait en son nom: Car telle poursuitte est pleine de dol, *quod enim richter*

*peſſum eſt neceſſe eſt pro rato haberi l. 10 ff. de neg. geſt. l. ſolitum. §. ſolutum de pi-
g. ... act. Et ſe peut tel payement vaillablement faire par le debiteur, ſans*
l'expres commandement du creancier, quand la debte les regarde tous deux:
còme quand le Souſfermier paye au maiſtre locateur, non au Fermier general
ou le locateur qui acquitte la penſion deuë ſur le fonds, par luy tenu à loüage.

L'exception de dol, qui reſulte d'obligation ſans cauſe, demeure aſſez decidée par la Loy 2. §. *circa primam ſpeciem, ff. de dol. mal. & met. except.* Car ſi
croyant que le negotiateur de vos affaires, qui eſt à Rome, a preſté à mon
facteur quelque ſomme de deniers, i'en paſſe obligation à voſtre profit, ſe
trouuant en apres qu'il ne luy ait rien preſté, l'obligation demeure nulle &
inutile, & ne vous en pouuez aider ſans dol, comme expreſſement eſt remarqué *in l. 2. C. de nom. num. pec. & ibi vide gloſſam Accurſii.*

Nous auions aſſigné la cinquieſme eſpece de cette Exception au dol reel,
nommé *dolus re ipſa*, qui n'interuient par la faute du creancier, mais quand le
dol eſt en la choſe venduë, ou acheptée: comme eſt la leſion, ou deception
d'oultre moitié du iuſte prix, qui compete auſſi bien à l'achepteur qu'au vendeur, *l. 1. §. ſi quid in fraudem patr. ff. l. ſi quis cùm aliter de verb. oblig.* eſtant
l'vn & l'autre reſtituable contre telle leſion, moyennant qu'il vienne dans les
dix ans apres la majorité, ſuiuant les Ordonnances de Louys XII. & François I. ſus alleguées, ores que les Empereurs l'ayent eſtendu plus auant, *l. rem
majoris pretii. C. de reſcind. empt. l. apud Celſum §. penult. ff. de dol. mal exceptione,
l. Falcinius, §. penult. quibus cauſ. in poſſ. eat. l. exceptione. ff. de exceptionib. vbi lege
dece tuo non ſit, in re, non iure vt habent plerique Cod.*

Voire ſi ſont veus des mineurs releuez pour achapt de meubles ſuruendus,
ſuiuant la Loy, *l. quæ tutores C. de adminiſt. tut.* Sont à ce notables les Arreſts
obtenus par le Conſeiller Corbin, pour vne mulle. & par le ſieur d'Aigleure,
pour l'achept d'vn diamant de quatre mille liures, rapportez par Papon.

La derniere eſpece de cette Exception, eſt ſemblable à ſa definition, à ſçauoir ſubſidiaire: d'autant qu'elle ſe peut meſler tant par les Exceptiõs peremptoires, dilatoires, que anomales, puis que tous temeraires plaideurs & de-
mandeurs, ne ſe peuuent excuſer de dol, demandans choſe induë: comme a
remarqué le Iuriſconſulte, *l. qui ætate ff. de dol. except. l. ... lam §. generaliter eod.*
Comme au pact interuenu ſur iniures verbales, deſquelles neantmoins l'in-
tereſſé veut faire pourſuitte, *l. non ſolum. §. 1 ff. de iniur. l. ſi tibi decem §. quædam
ff. de pact.* Ou en compenſation de debte liquide, quand les deux parties ſont
reſpectiuement debiteurs liquidement l'vn à l'autre. *§. bonæ fidei Inſtit. de act.*
Ou quand la choſe controuerſée a deſia eſté decidée entre les meſmes parties
ou leurs deuanciers & neantmoins eſt pourſuiuie par l'vn, *l. ſi vnus. §. pactus
ne peteret. ff. de pact. l. res indicata. ff. de reg. iur. Accurſ. in l. ſi non ſortem. §. hæ-
redi, de condict. indeb.* Ou bien quand l'vne des parties s'eſt rapporté du different au ſerment deciſif de l'autre qui a iuré: & neantmoins veut pourſuiure
l'action, ou le dol peut eſtre obiecté, à cauſe de la dignité du ſerment. *l. 2. ff. de
iniur. l. aduerſus de except. rei iud.* De meſmes ſont les Exceptions du Velleien,
du Macedonien, de tranſaction, & autres qui ſeront cy apres deduites.

Bref en toutes choſes où le dol peut interuenir, ou contre leſquelles l'on
ne peut ſinon douleuſement proceder, ceſte Exception ſubſidiaire à lieu: cõ-
me quand l'on oppoſe tranſaction, renonciation au proces, promeſſes d'atten-
dre & patienter la ſomme deuë à temps non eſcheu, quittance, promeſſe

du

IV.
... en l'obli-
gation ...
... antable.

I.
Dol reel, ou
dolus rei, la, p.

II.
Quand on
excepte de
dol,

de ne iamais rien demander de la chose contentieuse, fausseté, nullité du contract, sur lequel est appuyee l'intention de l'vne des parties, ou qu'il est vsurai-
re, feint, & simulé ou prescript: ou que le demandeur est luy-mesme garand de
la chose demandee, pour auoir, ou ceux desquels il est heritier, vendu suiuant
l'axiome, *quem de euictione tenet actio, eumdem agentem repellit exceptio.* En tous lesquels cas susdicts, en procedant, l'on à loy d'opposer l'exception subsidiaire
de dol.

EXCEPTION DE CHOSE IVGEE. III.

CEste Exception a lieu, quand le differend de nouueau meu & intenté entre les parties, a desia esté terminé par iugement, Sentence ordinaire, arbitrale, ou Arrest.

'A ceste Exception est requis.
1. Que le Iugement soit rendu sur mesme chose, dont lors sera question.
2. Sur vn procez instruict entre mesmes personnes ou leurs deuanciers.
3. Que le mesme droict, sur lequel la partie s'appuye, ait esté llegué, & mis en auant.

Contre chose iugée peut estre opposé.
1. Qu'il y a appel de la Sentence renduë, & alleguée.
2. Requeste ciuile.
3. Proposition d'erreur contre l'Arrest.
4. Que l'Arrest est rendu par Iuges souuerains, mais incompetans.
5. Que le iugement rendu est nul.

Quand au premier poinct, pour vallablement opposer ceste Exception, il est
certain que le deffendeur ne se peut ayder d'aucun Iugement, Sētence, ou Arrest, qui aye passé en force de chose iugee, que le iugement qu'il voudra proposer ne soit decisif de mesme chose que celle, dont sera question au dernier
procez, sans difference quelconque: *si que idem corpus, quantitas eadem, idem ius,
eademque causa petendi. l. quaritur & l. quantitas. §. eadem. ff. de except. rei ind.*

Au second, afin que ceste mesme Exception aye lieu, est requis que le iugement opposé par le deffendeur, soit interuenu sur vn procés instruict entre
mesmes personnes, ou leurs predecesseurs, & non autres: autrement ce seroit,
res inter alios acta: Car comme veut le Iurisconsulte au §. *eadem,* sus allegué, *si
hæc omnia non concurrunt, alia res erit:* & ne peut autrement estre repoussé le demandeur, si luy, ou ses predecesseurs, ou autheurs n'ont esté ouys, *l. sæpè consti-
tutum ff. de re ind. l. 2. C. de except.*

Et à ce propos la sentence renduë contre le garand ou vendeur, sert pour
faire debouter celuy, contre lequel elle est prononcee, ou son predecesseur:
mais si elle est prononcée contre l'achepteur ou garenty, elle ne peut nuire à
son autheur non ouy, *l. si à te hæreditatem. §. Iulianus, de except. rei ind. l. cùm
mater. §. vlt. eod.* où est le cas de la seruitude obtenuë par iugement de deux

possesseurs de fonds contigus, lesquels depuis vendans leurs fonds, les achepteurs se peuuent ayder de telle sentence.

Si vn fonds est hypothequé pour certaine somme, & que le vendeur tiré en instance par vn tiers succombe, l'achepteur fondé en l'hypothecaire ne peut estre repoulsé par le iugement rendu contre son vendeur, si son hypotheque est creée auant l'instance entr'eux intentée, qu'il n'expetisse de son droict. Mais si lors de la creation de l'hypoteque, le procez estoit desia meu, le iugement rendu contre son autheur luy peut estre vallablement opposé, *l. si mater, & l. exceptio ff. de except. rei iud.*

III.
Mesme droit
s'alegue.

Pour le troisiéme faut que l'intention de celuy qui s'ayde de cette exception soit appuyée sur le mesme droit, sur lequel estoit fondee l'instance premiere, dont l'exemple est rapporté au propre texte de la loy *duobus de except. rei iud.* sous la personne de celuy qui veut deposseder vn creancier d'vn fonds qui luy est premier hypothequé: car s'il en est debouté par sentéce, sans qu'il soit fait mention de la priorité ou posteriorité de l'vn ny de l'autre, & qu'en apres le fonds soit vendu & subalié à la requeste d'vn tiers, ou le condamné soit opposant, afin de la collation, sans s'aider d'autres raisons que des allegations precedentes, la sentence premiere luy peut valablement estre opposee, veu que s'est rafraischir la mesme question ja decidée.

Iugemét sur
vne mesme
question
pour plu-
sieurs droits

Et se peut recueillir du texte de la mesme loy, que le iugemét rendu sur vne question, n'empesche d'agir sur la mesme chose pour autres droicts: Comme celuy qui est debouté de la reiuendication d'vn immeuble, n'est empesché d'agir pour hypotheque qu'il a sur le mesme fonds. Ainsi celuy, qui comme heritier de son pere poursuit la relaxation d'vn fonds, dont *causa cognita,* il est debouté, n'est empesché de le repeter par nouuelle instance, pour autre cause, ou cóme heritier de sa mere, ou autrement, *a.l. si mater en § denique de except. rei indic.*

Ainsi estant le demandeur debouté de la reiuendication par luy poursuinie, du fonds qu'il cuidoit luy appartenir, n'est empesché de recommencer sa poursuitte, si depuis il iustifie qu'il luy a esté vendu, ou eschangé par le deffendeur, *l. vlt ff. eodem.*

Pareil cas est, quand en la relaxation requise d'vn fonds, estant monstré qu'vn autre en est proprietaire, la sentence sur ce interuenuë en faueur & liberation du deffendeur, n'empesche le demandeur, si apres le vray proprietaire mourant laisse ce deffendeur son heritier, ou qu'il aye depuis acquis l'heritage, qui estoit contentieux, pour quelque raison que ce soit, d'en faire poursuitte, *l. Modestius ff. de excepti nibus.*

De mesme ne preiudicie le Iugement rendu contre celuy qui a mal à propos intenté son action, comme quand il a agy possessoirement, pource qu'il deuoit poursuiure au petitoire: ou autrement qu'il ne puisse intenter sa legitime action contre le deffendeur, *l. sciendum ff. de nou. oper. nunc. c. exhibita, de Indic.* Notandum, qu'en faueur des pupils, furieux, prodigues, où d'vne Republique mal deffenduë, l'on peut faire retracter tous iugemens, *l. Imperatores, & l. sub spec. C. de rei iudic.*

S'il y a sentence renduë sur faux instrumens non impugnez, sur depositions de faux tesmoins, ou sur faux serment: & qu'apres la fausseté vienne en euidence, ores que la sentence soit executée de toutes parts le condamné peut neantmoins soy inscrire, faire reuerser le Iugement, & entrer en son plain droict, voire repeter ce qu'il a payé en consequence d'iceluy, *l. qui agitis de*

except.l. admonendi de iureiur. Ce qui toutesfois n'a lieu au faux ferment deci-
fif. Telle recherche de faux fe prefcript par vingt ans, *l. querela. 1. Cod. ad l.
Carneliam de falf.*

REMEDES CONTRE CHOSE IVGE'E.
IV.

NOus auons pofé en noftre table cinq remedes contre cette exception: {1. Appel de la chofe iugée,} le premier eft l'appel de la fentence du Iuge inferieur, de la defertion duquel l'appellant eft toufiours reftitué par benefice du Prince, s'il n'a releué dans le temps de l'Ordonnance, rendant fon appel plus fauorable, s'il a ti-tres ou enfeignements de nouueau trouués, lefquels produicts en premiere inftance, luy euffent apporté gain de caufe, *l. argentarius. in fin. ff. de edend.* qui y eft formelle.

Le fecond, par retractation d'arreft fous propofition d'erreur alleguée {2. Propofition d'erreur côtre l'Arreft.} dans les deux ans apres l'arreft prononcé, en baillant caution de double amende enuers le Roy, & des dommages & interefts de la partie, Louys XII. 1479. où le deffendeur peut produire les titres nouuellement trouuez : mais non le demandeur.

Le troifiefme eft, par requefte ciuile, quand le condamné par dol, faute {3. Requefte ciuile.} du Procureur furprife de fa partie aduerfe, minorité du condamné, ou par corruption paruient à la reuifion de fon faict par deuant les mefmes Iuges, qui ont iugé, *d. l. argentarius. de edend.*

Le quatriefme, quand l'Arreft eft *quidem.* rendu par Iuges fouuerains, in-{4. Par Iuges incôpetents.} competents neantmoins, & qui n'ont pour le faict decidé leur Iurifdiction fondée, foit d'ordinaire, ou par commiffion.

Le cinquiefme, ores que les Iuges foyent competents, pour n'auoir tou-{5. Quand le Iugement eft nul,} tesfois obferué les formalitez requifes, ont rendu vn Iugement nul : & en ce cas l'on peut recourir au Prince, pour auoir Iuges qui en cognoiffent, *Guid. Pap. quæft. 294.* Voyez l'Arreft de Taboüié.

Eft à noter, que cefte exception peut eftre propofée en tous les endroicts du procés, voire en caufe d'appel, *Bart. in l. fi eius, §. idem Iulianus ff. de iureiur.*

EXCEPTION DE TRANSACTION.
V.

LA Tranfaction, qui eft vn affoupiffement du procés meu, ou à mouuoir, {Tranfaction quoy.} peut eftre oppofée pour fin peremptoire, & n'a moindre force que les Iugemens fouuerains, puis que par icelle l'on a renoncé au procés intenté, qui ne peut apres eftre renouuelle, fous quelque pretexte que ce foit, fors de minorité, ou force violente, *l. non minorem. Cod. de tranfact. l. poft quam lit. C. de pact. l. quamuis. & l. cùm tranfegiffe. C. de tranfact.*

Eft neceffaire pour   1 Que la tranfaction foit paffée entre mefmes perfônes
valablement op-   2 Qu'elle foit faicte de mefme chofe.
pofer cefte exce-   3 Que fur la mefme inftance nouuelle ayt efté {1. Que la trâfaction foit entre mefmes perfonnes.}
ption: tranfigé.

IL eft neceffaire en cefte Exception, que la Tranfaction foit faicte entre les mefmes perfonnes, ou entre celles, a qui les litigans ont fuccedé autre ment telle transaction ne vaut pour pouuoir valablement estre oppresée par exception, *l. debitorum. C. de pact. l. de re filiorum. ff. de transact. l. transactione. C. e. d. cap. veniens extra de transact.*

Soit dec siue du mesme. fu. 2. De mesme est requis qu'elle soit decisiue du mesme differant, dont il s'agit, sans difference: comme la transaction passée sur vn testament, où il y a deux legats au proffit d'vn mesme, exclud le legataire d'en demander en apres l'vn, sous l'allegation de dire, qu'il n'a entendu transiger que de l'autre: autrement seroit, si quelque chose luy estoit laissée par codicille: car la transaction du testament ne l'empescheroit de le repeter, *l. non est ferendus de transactionibus.*

Qu'il aie esté transige sur la mesme instance. Et que la mesme transaction se ende sur l'instance nouuellement intentée, qui y doit nommément estre comprise, & ne peut estre entenduë sous vne transaction generale de tous differents, si expressément le faict controuersé n'y est decidé, *l. qua cum incoribus. ff. de transact. Iason in l. qui Roma § duo fratres. ff. de verbor. oblig.* où est posé le cas de deux freres, l'vn desquels tire le Tuteur de leurs biens, en reddition de compte pour son chef, dont il transige, qui ne peut estre apres repoussé par ladicte transaction, si ayant succedé à son frere, il agit contre le mesme pour mesmes fins.

Exceptió de nõ numerata pecunia, L'exception de *non numerata pecunia*, n'est receuë contre la transaction, *l. § transactionis. C. de non num. pec.* sinon qu'elle soit passée sous faux instrumens, & autres cas, que nous auons cy-dessus touché, en l'exception de chose iugée, *l. penult. si ex falsis. C. de transact.* La transaction differe seulement en ce des iugemens, qu'ils sont forcez; & elle volontaire.

Ceste exception à lieu autant aux poursuites criminelles, comme aux actions ciuiles, veu qu'il est licite d'en transiger pour l'interest ciuil seulement, forts de l'adultere, *l. transigere. C. de transactionibus.*

EXCEPTION DE SERMENT DECISIF.
VI.

Serment deçisif, que c'est, LE serment decisif n'a pas moindre force, qu'vn iugement ou transaction, d'autant que celuy qui le defere, fait partie aduerse Iuge de sa cause: & partant n'est plus receuable à reprendre, ou recommécer l'instance terminée sur iceluy, *l. 2. & 2. l. admonendi: ff. de iureiurando. §. si quis deferente. Instit. de actionib. l. non criçratum. §. dato. ff. de iureiurando. l. aduersus. C. de exceptionibus.*

pour valablement opposer ceste Exception, faut:

1. Que le serment ayt esté deferé par la partie, auec qui le procés a esté intenté.

2. Que ce soit entre mesmes parties.

3. Qu'il soit fait sur la chose, sur laquelle la delation a esté faicte.

4. Que l'instance, sur laquelle elle sera opposée, soit de mesme action.

5. Que celuy qui defere le serment, soit maieur de vingt cinq ans.

Il est d'autant plus necessaire, que le serment soit deferé pour la decision
de l'instance par la partie, que s'il n'estoit deferé que par le Iuge, pour ser
ment suppletif, au deffaut de valable preuue, où à la requisition de la partie,
sans s'y vouloir arrester, tel serment ne vaudra pas appuyer exception, *d.
parag. dato, & parag. fin d. l. admonendi de iureiur.*

[marg.] II. Serment deferé par la partie plus valable.

Qu'il soit deferé entre mesmes parties, parce que deferé par autres, il ne
porte preiudice ny consequence, *l. sed si possessor, l. ait prætor .parag. Marcellus eod. l.
nam postea. in fin. & l. sequenti eod.* où est le cas de la femme, ayant deferé le ser
ment à celuy qu'elle asseure pere de son fruict, parce que la denegation qu'il
peut faire, ne nuit au fruict, ny à la verite.

[marg.] III. Et entre mesmes parties.

Que le serment soit fait sur la chose, sur laquelle il a esté deferé, & non
sur autre suiet, comme seroit celuy, auquel estant demandée vne somme de
deniers qu'il doit, iureroit qu'il en doit demeurer quitte, pour luy estre deuë
pareille, ou plus grande somme par le demandeur, *l. insiurandum quod a debitore, & l. duobus parag. I. ff. eod.*

[marg.] IIII. Et sur la chose, sur laquelle il a e-sté deferé.

Que la nouuelle instance, sur laquelle le serment sera proposé pour exception, soit de mesme cause, matiere, & action, que celle, en laquelle a esté iuré, *d. l. duobus. parag. exceptio iurisiurandi* : car autrement n'est vallable telle exception, *vt l. si actor. ;6. eod.*

[marg.] V. Et que l'in-stance soit de mesme actio.

Finalement que celuy qui defere le serment decisif, soit maieur de vingt
cinq ans, ou duëment authorisé, *l. nam postea, parag. si minor. l. insiurandum quod
ex conuentione. parag. pupillus. eod.*

[marg.] Qui defere le serment doit estre maieur.

EXCEPTION DE PAYEMENT.

VII.

Cette exception, pour estre des plus peremptoires aux contracts & actions
de prest, de depost, &c. n'a besoin d'autre definition, que de celle que
luy baille l'Empereur Iustinian au tiltre: *quibus mod. toll. oblig. l. solutionis verbo,
ff. de verb. & rer. signific. l. solutionis verbum. ff. de solut. solutione eius, quod debetur
tollitur omnis obligatio*, soit que le payement soit faict au creancier, ou à celuy auquel il doit contre sa volonté, par ordonnance du Iuge, ou quand les
deniers sont saisis. *tanquam pignu prætorium, l. nomen. C. quæ res pign.*

[marg.] Sa definition

Ce n'est au choix du creancier de mettre payer la somme qu'il reçoit de
son debiteur sur telle obligation qu'il luy plaira: ains au debiteur, la volonté
duquel il est tenu suiure pour le liberer de telle debte qu'il voudra effacer,
ll. I. 2, 3. 4. & 5. ff. de solut.

[marg.] Le debiteur a choix d'ac-quitter l'obli-gation qu'il veur.

Le mesme ne se practique pas entre vn Receueur general des aydes & deniers Royaux, & vn Receueur particulier, payant la taille qu'il a leué: parce
que le Receueur general peut mettre payer la somme receuë sur telle taille
escheuë que bon luy semblera, sans s'arrester à celle qui a esté leuée par le
leueur particulier.

[marg.] Non de mes-mes aux tail-les,

Quand par la mauuaise volonté du creancier, l'on est contraint agir
Iudiciellement, pour sçauoir en acquit de quel debte aura esté receuë la
somme payée, six considerations doiuent mouuoir le Iuge en faueur du debiteur.

<table>
<tr><td rowspan="6">Considera-
rations au
Iuge pour
ordonner
payemrnt.</td><td>1</td><td>La premiere de contraindre le creancier de compter la som-
me receuë, sur ce que le debiteur luy doit purement en
son nom, & non comme caution d'vn tiers.</td></tr>
<tr><td>2</td><td>La seconde sur la debte, qui porte peine, interest, ou autre
importance, plustost que sur celle qui est sans peine au
deffaut de payer.</td></tr>
<tr><td>3</td><td>La troisiesme, plustost sur vne obligation, où le debiteur a
baillé caution, que sur vne, où il est seul obligé, l. magis ff.
de solut. qui sert pour ces trois poincts.</td></tr>
<tr><td>4</td><td>La quatriéme sur les debtes, dont les termes sont escheus,
plustost que sur ce qui est encores à escheoir, l. in bis
vero eod.</td></tr>
<tr><td>5</td><td>La cinquiéme, si tous les termes sont escheus, sur la plus
griefue obligation : comme s'il y a obligation ciuile, &
sentence, l. si quid ex famoso. eod.</td></tr>
<tr><td>6</td><td>La sixiéme, si toutes choses sont pareilles sur la debte plus
ancienne, d. l. in bis vero.</td></tr>
</table>

Vide ad hoc casum singularem;l. triginta, de solution. & decisif d'vne belle question.

EXCEPTION DE CONFVSION.

VIII.

ORes que cette exception dépende de la precedente, elle se peut neantmoins proposer à part, pour perimer la debte, ou l'instance intentée sur
la poursuite d'icelle, tirée du propre texte de la loy *verborum de solutionibus.*
où le Iurisconsulte Pomponius dit, que par quittance, ou confusion, la debte
est effacée, estant la confusion, equiualente à la quittance, *Si debitor hæres creditori extiterit, confusio hæreditatis perimit petitionis actionem, l. sicut acceptilatio.
l. Stichum §. ad.litis.eodem.l. debitori. C .de pactis.*

DE COMPENSATION.

IX.

AVcuns ont estimé cette exception n'estre du nombre des peremptoires, comme tenant de la reconuention. Toutesfois d'autant que par
icelle le deffen leur satisfaict comme par vn certain payement aux pretentions du demandeur, elle a esté receuë pour peremptoire, *l. si debitor.ff. qui
pori re in ignore habeantur. l. 1. de compensationibus. l. si constat. & l. 2. 3. & vl-
tima. endem.*

En com- | faut ob- | feruer

1. Quelle foit faicte de liquide à liquide: car il eſt certain que le debiteur ne peut oppoſer vne choſe non liquide à luy deuë, à la debte liquide de ſon creancier, *l. fin. de comp. l. quæcunque eod.*
2. Que les debtes, que l'on deſire compenſer, ſoient de pareille qualité quant au temps, les termes eſcheus, non autrement, *l. 6. eodem quod in diem debetur, non compenſabitur, antequam dies veniat, etiamſi dari oporteat.*
3. Que la qualité des denrées ſoit pareille, comme le vin a vin, froment à froment: non autrement, *l. 2. §. mutui datio. ff. ſi cert. pet.*
4. Que ceſte exception ne peut eſtre oppoſee d'vn debte commun, contre deniers Royaux ou priuilegiez, *l. ſi velut C. compenſ. l. ob negotium copiarum ff. eod.*
5. Qu'elle ne peut ſeruir au debiteur contre vn depoſt, ou preſt commodataire, *l. rl. ſupr. alleg.*
6. Quand le Tuteur demande la debte de ſon pupil, ne peut eſtre requiſe compenſation de ſa propre debte, *l. pen. eod.*

Ceſte exception n'eſt receuë, ſi expreſſement y a eſté renoncé par les parties.

EXCEPTION DE DENIERS NON NOMBREZ.
X.

CEtte-cy n'eſt autrement receuë en ce Royaume, ſinon qu'on en faſſe apparoir par eſcript, ou ſi elle n'eſt fondee ſur minorité, ou force violente, ou ſur lettres de Prince par reſtitution en entier, *l. in contractibus C. de non num. pecun. & §. idem iuris eſt de excepto.*

EXCEPTION DV PRIX DE LA VENTE NON PAYEE.
X I.

CEtte-cy eſt plus fauorable, que la precedente, en tant qu'elle n'a beſoin de lettres du Prince pour eſtre receuë. Elle a lieu, quand l'achepteur qui n'a payé le prix de ſa vente en tout, ny en partie, conuient ſon vendeur, pour la relaxation de la choſe venduë, ou pour la garantie & plaine maintenuë d'icelle, quand il eſt inquieté par vn tiers. Voyez le cas formel de cette fin de non receuoir en la loy, *Iulianus §. efferri ff. de act. emp. l. quod ſi nolit. §. Marcellus quoque de Ædilit. Edict.* *Cette exception quand a lieu.*

Par meſme raiſon l'achepteur ſera debouter le vendeur, comme non receuable, s'il demande & pourſuit le payement du prix de la choſe venduë, ſans la luy deliurer actuellement & s'en ſaiſir, *Gloſſ. in §. pretium in verbo tradatur. In tit. de empt. & vend. Bart. l. ff. de act. empt.* *Conducteur quand ne peut agir pour la maintenuë.*

Le conducteur, qui n'a payé le prix de la choſe louëe, le terme eſcheu, n'eſt receuable eſtát troublé par vn tiers, à s'addreſſer pour la maintenuë à ſon locateur, veu qu'à faute de payement il le peut expulſer hors, *l. æde. C. de loca. & cond.* mais ayant payé, il peut agir vt *l. ſi quis d. muu ff. locat. & cond. & ibi B. &c.*

Le Seigneur
direct ca-
ne's son em-
phiteote.

Le Seigneur direct repousse par mesme fin son emphitheote, qui l'appelle
pour discepter de sa directe contre vn autre Seigneur, qui pretend son fond
mouuant de la sienne, s'il doit les arrerages de plus de vingt-neuf ans : car il
n'est tenu prendre en main pour luy, iusques à ce qu'il aye payé les arrerages
veu que le Seigneur direct à loy de se mettre en possession tediale , faute de
payement, *l. 2. de iur. emphyt. l. 1. & 2. ff. si ager vect. & ibi Bart.*

EXCEPTION DV CONDVCTEVR CONTRE LE LOCATEVR.

XII.

Locateur
quand peut
expulser le
conducteur.

SI pour n'auoir le locateur où habiter ailleurs auec sa famille, pere, mere,
enfans, qu'en sa maison loüée ; ou si pour la faire reparer, ou pour l'vn des
cas de la loy *æde. C. locati*, il conuient son conducteur pour la luy vuider, il luy
peut opposer au premier cas , qu'il n'est rien suruenu de nouueau , puis le
loüage passé , veu que lors de la passation d'iceluy le locateur estoit en aussi
grande & pareille necessité, sur laquelle il a contracté. Au second, concernant
les reparations, qu'il n'en est non plus de besoin que lors du loüage:& s'il y a
necessité, elle y estoit lors pareille, *Accurs. Bald. & Salicet. in d. l. æde.* & si la
faute de reparer vient du locateur, il ne peut expulser le conducteur, *l. sine hæ-
reditaria. ff. de neg. gest. l. si merces. §. culpæ ff. locat.*

DV CREANCIER CONTRE CELVY QVI REPETE LE GAGE.

XIII.

Qui ne peut
contraindre
à rendre le
gage, ou vne
partie , que
tout ne soit
payé.

ORes que par la loy *pignoris causa. C. de pign. act.* le creancier puisse estre
contrainct de restituer le gage qu'il a receu de son debiteur, si est-ce que
s'il n'est entierement payé, il n'est tenu de le rendre , & peut repousser le debiteur, le repetant du deffaut de payement, suiuant le propre texte de la Loy,
Si rem §. omnis pecunia. ff. de pign. act. l. qui pignori. ff. de pign. voire quand le
debiteur auroit donné en gage diuerses pieces de marchandises, bagues ou
vaisselles d'argent, delaissant apres plusieurs heritiers , l'vn d'eux ne peut
en desgager vne partie, s'il ne paye toute la debte, *lib. 1. de luit. pign. l. vnus ex
multis. C. de distract. pign. ll. 1. & vlt. C. si vnus ex pluribus credit. hæred.*

DE RECONVENTION.

XIV.

reconuen-
ti-n quand
a lieu.

BIen que par la Loy *cum Papinianus, & Ambent. & consequenter. C. de sentent.
& interloc. omn. iud.* la reconuention soit permise de Droict, elle n'a
toutesfois lieu en ce Royaume, pour seruir de fin peremptoire , comme remarque Imbert. *Instit. for. lib. 1. cap. è diuerso exceptiones,* où il allegue Monsieur
Boyer: fors, quand *inhæret ipsius causæ visceribus*, n'en pouuant estre separé: car
lors elle refute & confond l'action du demandeur: comme quand au demàdeur ı

en lettres de garde en forme de plaine maintenuë, le defendeur oppose qu'il
l'a violemment extrus de sa possession, où il doit estre auant toute œuure re-
integré:ou quand l'achepteur est conuenu pour le prix de la vente, & qu'il est
en procez auec vn tiers, ou pour la proprieté de la chose venduë , ou pour les
seruis,& pensions deuës sur icelle,dont elle a esté venduë,franche,*cap.vlt.ext.
de ordine cognitio.l.1.§ venditor.ff.de actione emp.* Ne peut toutesfois cette action
auoir lieu en action d'injures verbales.

EXCEPTION D'ADVLTERE.

XV.

QVand l'adultere est notoire , la femme demandant sa dot peut estre repousse e comme non receuable par le mary, ou ses heritiers,*cap.plerunque
de do..at.inter vir.& vxor.l.consensu de repud.Cod.& Authent.vt lic.matr.& aniæ,§.
quia vero.*

Exception d'Adulte-re a lieu.	**1** S'il y a diuorce entre le mary & la femme qu'elle repete la dot, & le mary oppose l'adultere, cette exception est tellement fa-uorable,que rien de vallable ne peut estre obiecté au contraire si ce n'est le maquerelage du mary, ou l'exemple d'vn mutuel adultere.*cap.tua fraternitas de adult.c.significast.de diuort.l.vxor.§. Index ff.ad l.Iul.de adult.l.viro a que vxore.ff.solut.matr.*

2 S'il n'y a point eu de diuorce,& le mary estant mort,elle repete
son doüaire, l'heritier du deffunct s'en peut seruir, s'il en est
ressenty pendant sa vie,*d.l.consensu.* Mais s'il ne s'en est plaint,
l'heritier ne la peut opposer,*arg.l.vl.Cod.de reuoc dot.quam vide
propter rationes ibi allegatas.§.hoc tamen.* Et sur ce fut debouté de
pareille poursuitte & accusation vne fille pretendant verifier
l'adultere , impudicité & mauuais gouuernement de sa belle
mere du viuant de son mary,pour la priuer de ses conuentions
matrimoniales , par Arrest du 7.Iuin 1589. rapporté par M.
Loüet chapitre 4.lettre I. parce que le mary de son viuant ne
s'en estoit plaint.

3 Si les heritiers de la femme deffuncte repetent la dot le mary
suruiuant, il peut s'ayder de cette exception, si pendant la vie
d'elle il a fait semblant de s'en ressentir.*Bald.in l.vltim.de adult.*

4 Si la dot se trouue constituée par vn estranger,à qui la restitution en appartient,en cas de dissolution le mary conuenu par
luy à ces fins,la luy peut vallablement opposer au cas sus posé,
l.si dotem marito. Cod.de iur.dot.& ibi.Bald. sinon au cas contenu
par la mesme loy.

5 Si la femme accusee est poursuiuie d'adultere par le mary,elle
luy peut opposer (si la verité est telle)ou qu'il a luy-mesme esté
son maquereau,ou que par son mauuais exemple il l'a incité à
lubricité par le moyen de ses concubines,*l.cum mulier.ff.solut.*

EVICTION CONTRE LE VENDEVR.

XVI.

CEtte exception est des plus peremptoires, & repousse le vendeur, donateur ou leurs heritiers intentans l'action sur la chose, de laquelle ils sont eux-mesmes les garands, par le general axiome de droict, *Quem euictione tenet actio, eundem agentem repellit exceptio.*

Euiction contre le vendeur opposee valablement en ces cas :

1. Le premier soit en instance possessoire, ou de reiuendication de la chose venduë, le vendeur ou son heritier est notoirement non receuable de s'opposer, ou poursuiure la maintenuë, ou relaxation du fonds par luy vendu, suiuant l'axiome sus posé, *l. vendicantem ff. de euict. improbè enim rem à se distractam euincere conetur.*

2. Le second regarde le donateur, querelant la chose donnee auquel est valablement opposé, que la donation a esté receuë, stipulée en bonne forme, acceptée par le donataire, faict entre vifs, & deuëment insinuée dans le temps de l'ordonnance, partant non receuable, pour n'estre du cas de la loy, *2. Cod. de euict.*

3. Le troisiesme est, pour celuy qui a constitué vn fonds en dot, qui n'est en apres, ny son heritier, receuable à quereler le mary ou la femme sur la proprieté d'iceluy, *Selæ ff. de euict.*

4. Le dernier, quand le fonds est remis pour le payement de la debte, *contractus vicem venditionis obtinet*, & à la mesme exception que la vente, *l. si prædium tibi pro soluto Cod. de euict.* Ou s'il est remis par eschange, *l. si permutationes eod.*

EXCEPTION D'INCAPACITE'.

XVII.

L'Incapacité peut estre valablement opposee, pour fin de non receuoir, à diuerses personnes.

Incapacité peut estre opposee.

1. Au Religieux profez qui est incapable de succeder.

2. Au Paye demandant droit de disme, s'il ne l'a acquis.

3. A l'Officier ou Seigneur Haut Iusticier, cessionnaire.

4. A celuy qui tend à accepter l'hoirie d'vn financier sous benefice d'inuentaire, qu'il doit repudier, ou accepter purement & simplement suiuant l'ordonnance.

5. A l'estranger pretendant benefice en France, sans lettres de naturalité, *Paul. de Castr. & Bald. in l. vir bonus ff. cap. l. d. fol. causam de præscr. sacrosanctæ de electione.* Et encores quand l'on appuye le fondement de la poursuitte de quelque instance sur vn ou plusieurs instrumens passez hors le Royaume, veu qu'ils n'y peuuent estre exequtoires sans authorité de Iustice, ainsi qu'il fut iugé par arrest du mois de Iuillet 1598 Peleus liure 5 actie 5.

DENEGATION DE QVALITE'. XIII.

C'Est l'vne des plus peremptoires exceptions, soit aux actions réelles, personnelles ou mixtes : comme à celuy qui pretend vne hoirie ; s'il luy est desnié qu'il soit heritier, il ne peut passer outre, qu'il n'aye iustifié de sa qualité, *l. 1 ff. de sum. excise.* voire s'il se dict heritier par benefice dinuétaire, sera contrainct communiquer l'inuentaire qu'il a faict, & la sentence, en consequence de laquelle il a receu à accepter l'hoirie en telle qualité.

NVLLITE' DE TESTAMENT. XIX.

PEut estre obiectée, quand le laig testamentaire est pretendu contre vn heritier qui de son chef vient à succession ab intestat, & que le Testament est fait par vn moine profez, vn fils de famille, vn pupil, interdict, furieux, ou mainmortable decedé sans enfans, *casuis in l. 4. si quae amus, ff. de testam. & qui testam. fac poss.*

CAVTION DE PAYER LE IVGE. XX.

ELle est abrogée en France, & en son lieu est prattiqué de faire constituer Procureur, & eslire domicile par l'Ordonnance de l'an 1539. L'estranger doit donner caution. Par Edict de Henry II. Tous deuolutaires sont tenus de bailler caution de payer le Iuge, autrement sont deboutez, côme non receuable à faute de le vouloir, ou pouuoir faire. *Auth. gener. de Episc. & Cler. C. Auth. offerat. de litis Accursij gl. §. sed hodie. Instit. de satisdat. Edict de Blois. art. 46.*

CENT LIVRES SANS ESCRIT XXI.

L'Ordonnance de Moulins, art 54. publiée l'an 1566. exclud tous demandans, ou se pretendans faire alloüer sommes excedans cent liures, sans en faire apparoir par escrit, soit pour debte ou payement : & contre ce n'est receuë aucune preuue par tesmoins. Peleus neantmoins liure 3. act. 91. rapporte vn Arrest du 25. Nouembre 1599. par lequel vn nommé Morel piedmontois, ayant emprunté de Cotu deux cens cinquante escus sur cinquante perles de vingt escus piece, luy ayant Morel rendu deux cents escus sans en retirer quittance, & la reception ayant esté desniee par Cotu, Morel fut receu à la preuue par tesmoins du payement, mais ce fut en consideration de ce que le prest auoit esté fait sur gage, qui est vne sourde & muette negociation.

NVLLITE' DE CONTRACT. XXII.

C'Est vrayement vne exception peremptoire, si le contract, sur lequel le demandeur appuye son intention, a quelque nullité visible, comme s'il n'a esté receu par Notaire Royal, ains par personne n'ayant pouuoir de ce faire, qu'il n'y a suffisant nombre de tesmoins, qu'il n'est signé par les parties, suiuant l'ordonnance d'Orleans : ou n'ont esté sommées de ce faire suiuant la loy, *Contractus. C. de fid. instrum. non aliter vires habet contractus, nisi sub-scriptionibus testium confirmatus.*

DEFAVT D'INSINVATION.
XXIII.

Contre le donataire & le substitué.

IL peut seruir d'exception peremptoire contre le donataire, & le substitué, lors que leur donation, testament, ou condicille soyent auec toutes les formes requises de droict, & de l'Ordonnance. Car à faute d'auoir fait insinuer la donation entre vifs dans quatre mois, & la substitution, soit testamentaire, codicillaire, ou contractuelle, dans six mois, l'on ne s'en peut ayder par l'ordonnance de Moulins, artic. 57. & 58. & à faute d'icelle demeure le proffit de la substitution ou donation, au proffit de l'heritier du donateur, *arg. l. vn. C. de ca.l. tollend. vide Nouell.* 108. La donnation des meubles specifiez n'a besoin d'insinuatiõ mais celle de la moitié, ou du tiers des meubles du donateur doit estre insinuee. Voyez à ce les Ordõnances de François I 1539. & Hẽry II. 1549.

SIMVLATION DE CONTRACT.
XXIV.

Exemple des contracts si-mulez.

ORes que le contract aye toutes les marques requises pour le rendre valable, si neantmoins il est simulé & feint, il doit estre rejetté comme vicieux & esloigné de la bonne foy requise aux contrahans : comme quand celuy qui veut fuyr hors le Royaume, pour quelque cause qui le presse, vend simulément à vn sien amy ou parent : ou quand l'on constituë dot fort aduantageuse à vne fille, qui moyennant ce, quitte tous droicts, & apres le mary puisse quittance de plus qu'il ne reçoit, *Bart. in l. Lucius Titius, ff. depos. l. si sub specie. C. de postula. to.tit. C. plus valer. quod agit.l. si voluntate. C. de do. promiss.*

Quatre mar-ques de la vente simulee. Opposée a de lettres du Prince. Pas sans lettres.

Cette exception est tres valable contre la vente simulée, faicte seulement pour l'asseurance du creancier, qui a quatre marques : à sçauoir la vilité du prix : la faculté de reachepter : la coustume du creancier d vsurer, & prester tous telles asseurances : & la cense, ou loüage de la chose venduë dont le vendeur n'est dessaisi. Ne peut toutesfois estre opposée par les contracts ou deux ayans cause, sans lettres du Prince, *Bald. in l. ab Anastasio.C. mand. cap. illo vos de pig. glos. in c. conquestus de vsur.* peut neantmoins estre opposée sans lettres par le Seigneur, auquel pour faire perdre les lods, les contrahans ont fait eschange de leurs fonds : ou faict contract, par le moyen duquel il ne leur peut rien demander.

EXCEPTION DE CRAINTE.
XXV.

Exception de crainte qu'a lieu …

Elle a lieu lors que par la force & impression, le deffendeur presente contraint à la reconuention, ou obligation, dont le demandeur pretend s'ayder, mais elle peut estre proposee sans lettres du Prince : ioinct qu'elle est plus reelle que personnelle, & peut estre opposée contre toutes perseu-nes, pour conioinctes qu'elles soyent, voire contre le pere, pourueu que le deffendeur ne soit son heritier, pour les raisons deduictes par Vlpian, *l. apud Celsum. §. metus causa. & § vlt. ff. de dol. mal. & met. exceptione.*

Et côtre qui peut estre proposée.

EXCEPTION DE FAVX.

XXVI.

ELle peut estre ciuilement & criminellement poursuiuie : ciuilement par exception, & criminellement par accusation. Laissant donc la poursuitte criminelle, pour le Procés criminel suffira de dire icy, que proposé pour exception, elle est de diuerse durée, d'autant que quand de plain abord le def-fendeur est conuenu, pour voir declarer le testament, donation, ou obliga-tion, que l'on presume qu'il y a faux, telle action se prescript par vingt ans, *l. querela. C. ad l. Corn. de falf.*

Et si le faux est opposé pour exception sur l'impugnation de l'instrument, iudiciellement produit, en l'instance ja pendante, telle exception ne se pre-scrit par moindre temps que de trente ans, *l. purè mihi decem. §. vlt. ff. de dol. mal. except. Accurf glosf. 1. d. l. querela.*

Que si l'action est seulement fondée sur Arrest, iugement, ou sentence, ren-duë sur faux tesmoignage, ou faux contracts, elle se prescript par quatre ans, *Iason in l. agnitis, & excep. l. diuus Adrianus de re iud. Bald. in d. l. querela.*

La forme de proceder en cette exception est assez cogneuë : car apres auoir faict declarer au demandeur, s'il pretend s'ayder de l'instrument que l'on veut impugner, le deffendeur s'inscript, requiert que la note soit rapportée au Grefe & paraffée, *ne varietur.* Ce qui doit estre faict à la diligence du pro-duisant: & apres l'inscription deuëment faicte au Greffe, le deffendeur donne les moyens de faux : lesquels veus, ioinct auec luy le Procureur du Roy, est in-formé sur iceux & procedé à la facture du procés du produisant & du No-taire, suiuant le texte des loix, *vbi examen. & l. damus. C. ad leg. Cornel. de falf.*

Exceptiõ de faux double sa durée par exception.

Forme de en proceder de exception de faux.

EXCEPTION DV MACEDONIEN.

XXVII.

ELle est vrayement peremptoire, quand elle est opposée par le fils de famil-le mineur, viuant & entretenu aux despens de son pere, en la puissance du-quel il est, contre le creancier, qui fauorisant ses debauches, luy a faict prest de deniers, ou marchandise, dont il luy a passé obligation, cuidant par le decez du pere en tirer asseuré payement. Et en haine de tel creancier ce Senatuscon-sulte est introduict, suffisant pour le faire debouter de ses pretentions, nonob-stant que le côtract, sur lequel il s'appuye, soit en forme probâte authentique, & contiéne expresse renóciation au priuilege octroyé au debiteur par iceluy.

Toutesfois ce Senatusconsulte comme odieux reçoit plusieurs excep-tions, qui peuuent estre reduictes à seize poincts.

Quand peremptoire.

	1	Quand le fils de famille est emencipé, & mis hors la puissance paternelle.
	2	Quand il est taisiblement emencipé.
	3	Si lors du prest il est hors la puissance paternelle, & apres y retourne.
	4	Quand le prest n'est en deniers, ains en denrées, ou marchandises.
	5	Quand l'emprunt ou achapt est faict de choses necessaires.
Exceptiõs du Mace-donien ne peuuent estre,	6	Quand il est contrainct payer ce qu'il doit hors le Macedonien.
	7	Quand il a bien mesnagé la chose empruntée.
	8	Quand le creancier l'a peu croire pere de famille.
	9	Quand le pere a approuué le prest.
	10	Quand deuenu pere de famille, il saisit le creancier du gage.
	11	Aux cas posez en la loy *Zenodorus*.
	12	Quand il est coustumier d'emprunter, & le pere de payer.
	13	Quand il suppose le consentement du pere.
	14	Quand il est soldat, Aduocat, Medecin, &c.
	15	S'il est escholier, & a emprunté pour ses estudes.
	16	S'il est Ambassadeur, & a fait l'emprunt pendant sa legation.

i.
Le fils de fa-mille estant emencipé.

Quand au premier, il est certain que le seul fils de famille, *in sacris parentum constitutus* (comme parle le Iurisconsulte) peut s'aider de cette exception, ayant en ladicte qualité fait l'emprunt de la chose deuë: & non celuy qui par l'emancipation est mis hors la puissance paternelle, *l. 1. & vlt. ff. ad Macedonianum l. quod si filius. ff. de captiuis & post lim. reuers. instit. de patr. pot. tot. tit. l. cum oportet. & l. vlt §. vlt. ff. de bon. quæ lib.*

II.
Fils de fa-mille taisi-blement emencipé.

Le fils de famille est tainblement dit emencipé, *cùm degit seorsùm à patre*, estant marié hors la maison & compagnie d'iceluy: ou faisant à part le train de sa marchandise: ou suiuant les armes: ou faisant profession de la Medecine, Iurisprudence, ou Theologie, se preualant du gain de ses labeurs, le pere le voyant approuuant, non conduisant, qui par là semble approuuer les emprunts qu'il faict: partant ne peut opposer cette exception, suiuant le texte formel de la loy, *Iulianus. ff. ad Macedon. ostat enim tantum ei qui scit, aut scire potuit eum esse filium familias, cui credidit.*

III.
Fils de fa-mille non emancipé, mais nego-tiant.

Quand le prest est faict au fils de famille non emencipé nommement, mais seulement negotiant à part: & qu'auant le terme de payer expiré, il r'entre en la puissance paternelle, reprenant les erres du vray fils de famille, il ne peut opposer le Macedonien attendu le temps des deniers comptez, qui seul est en ce faict considerable, comme est decidé en propres termes, *l. contra. ff. ad Maced. Expressa est enim numeratione substantia obligationis.*

IV.
Prest en de-niers ou ar-gent au fils de famille.

Cette exception est seulement octroyée aux enfans de famille pour le prest de deniers à eux faicts, non pour les denrées & marchandises à eux vendues & conuerties à leur vtilité, *l. si filius familias. §. is. autem hoc tit.*

V.
Prest de cho-ses necessai-res commandé de famille.

Quand le fils de famille, ou pour paroistre aupres du Prince, ou pour s'equiper pour luy faire seruice, achepter cheuaux, armes, vestemens, &c. il ne peut s'aider du Macedonien contre l'obligation qu'il en aura passée, cõmme estans choses necessaires, *d. l. si filius familias*, pourueu qu'il ne soit fait en fraude du Macedonien, suiuant le cas des loix *si pro mutuo. C. si certum pet. & r'gressi.*

ff. eodem. car s'il y a de la fraude, l'exception ſera valable, *vi d. l. ſi filius familias.*
§. is autem. l. Iulianus. §. Mutui dationem verſ. ſed ſi fraus.

L'emprunt qui aura eſté fait par le fils de famille, pour payement des deb- **6.** *Preſt pour payement non ſubiect au Macedonien.*
tes qu'il auoit creez non ſubjects au Macedonien, ne peut eſtre repouſſé par
cette exception: comme ſi pour ſuruenir à la debte du pere, ayder à marier ſa
fille, fournir aux frais de ſes nopces, &c. il emprunte deniers, *l. ſi filius familias.*
ff. ad Macedonian.

Si le fils de famille a ſi bien meſnagé la choſe empruntée, qu'il apparoiſſe **7.** *S'il a fait profit de la choſe empruntée.*
viſiblement des acquetts, ou proffits qu'il en a fait: qu'il ſoit encor ſaiſi des de-
niers, ceſte exception ceſſe, *l. ſed & ſi pater §. hoc ſenatuſconſulto. ff. eod.*

Si le creancier preſtant a creu ſon debiteur vray pere de famille, pour l'a- **8.** *S'il a eſté creu pere de famille.*
uoir veu traffiquer, negocier, vendre, achepter, exercer eſtats & dignitez, te-
nir fermes publiques, ou particulieres, il ne pourra eſtre repouſſé, par cét
Edict, *l. ſi quis patrem familias credidit. ff. ad Maced. Iuſtin. Nouell. conſtit. quæ dignit.*
& Epiſcop. ſi liber. à pat. poteſt. §. nunc autem.

Le meſme ſera, ſi le pere a approuué la debte faicte par le fils, entrant en **9.** *Si le pere a approuué la debte.*
payement de partie d'icelle, ou le fils l'a approuuée eſtant pere de famille. *l.*
ſed & Iulianus. in ſi. ff. eod. d. Nouell. ſup. alleg.

Autant en doit-on eſtimer, le fils de famille obligé, deuenu pere de famille **10.** *Fait pere de famille donne gage.*
au lieu de payement, ſaiſit ſon creancier de gage, pour la ſeureté de ſa deb-
te, qu'il ratifie par cét acte iuſques à la valeur du gage. *l. ſed ſi pater famil. ff. ad*
Maced. & ibi gloſſ. Accurſ. d. l. ſed Iulianus, Argum. Ambent. ſed & ſi teſtator l. ad
l. Falc.

Il eſt certain que les baſtards, *cùm non ſint filiiſam.* ne ſe peuuent ayder de **11.** *Baſtards ne ſe peuuent aider de ceſte exception.*
ceſte exception, ny ceux qui ſont au cas de la loy, *Zenod. C. de ſenatuſc. Maced.*

Quand le fils de famille eſt couſtumier d'emprunter, & le pere de payer **12.** *Si le fils de famille eſt couſtumier d'emprunter*
ſes debtes: ou que le pere a eſté preſent au preſt, & ny a contredict, la fa-
ueur de cét Edict ceſſe, *Paul. l. vlt. ff. quod cum eo qui in al. pot. l. vniuerſ. ff. de pign.*
aſt. d. l. ſed. & Iulianus. §. quanquam: Permiſſe enim videtur, ſi non nominatim pro-
hibuit.

Quand le fils de famille ſuppoſant le commandement, ou conſentement de **13.** *S'il ſuppoſe le commandement ou conſentement du pere.*
ſon Pere, emprunte, & le creancier en donne aduis au Pere qui n'y contredict,
le Macedonien ne peut apres eſtre appoſé, *argum. l. vn. in ſin. ff. fort. adverſ.*
nant. cap. ſi ab. l. 1. §. magiſtram. ff. de exercit. Ce que toutesfois ſe doit entendre
du fils qui n'a que ſon Pere: Car s'il a ſon ayeul viuant, le conſentement tai-
ſible, ou exprés du Pere, ne ſeruiroit pour repouſſer le Macedonien, veu que
tous deux ſont *in aui poteſtate, l. filium haber, & ex eo nepotem, ad Maced. Bald. in l.*
ſi permittétis, C. eodem.

Ceſſera auſſi le priuilege de ceſte exception, ſi le fils de famille eſt Gendar- **14.** *Si le fils de famille eſt Gendarme, Aduocat. &c.*
me, Aduocat. Medecin, Procureur, Notaire, &c. faiſant ſon propre des preſts
de ſa profeſſion, *l. 1. in ſin. & 2 ff. ad Maced. l. fori. C. de a luoc. diverſ. l. vlt. eod.*

Le meſme a eſté tenu, par tous les Iuriſconſultes, du fils de famille, ennoyé **15.** *S'il eſt Eſcolier, pour ſes eſtude.*
pour eſtudier en quelque profeſſion que ce ſoit: car pour les deniers par luy
empruntez au deſceu du pere, il ne peut s'ayder de cét Edict, moyennant que
le preſt n'excede la ſomme que le Pere a accouſtumé de l'y fournir, ou que le
creancier ſceuſt qu'il eſtoit notoirement desbauché: *& ſi credidit inſtitu-*
ra litura, l. ſed lul §. quod di itur. ff. ad Maced. & ibi Accurſ. l. Ria c. C. eodem.

Finalement le preſt eſt bon & valable, & non ſubiect à ceſte exception, **16** *Preſt pour la demande* qui est faict au fils de famille Ambassadeur, ou delegué pour le public, pendant sa delegation, *Ant. de Tremoll. in addition. sup. Bonaccurs. d. l. Macedoniani, in verbo vel legationis causa.*

EXCEPTION DV VELLEYEN.

XXVIII.

Exception du Velleyen en quoy peut estre opposée.

Elle a esté introduite en faueur des femmes, & peut estre par elles vallablement opposée, toutes & quantes fois qu'elles se trouuët obligées pour le fait d'autruy, voire de leurs maris propres, & pour quelque raison que ce soit, mesmes pour debtes priuilegiez, soit en fideiussions, obligations, pures ventes, permutations, & autres contracts, qui par ce moyen peuuent estre impugnez. *l. 2 §. quæ à si leiussiones ff. ad Velleian. Authent. si qua mulier C eod.*

Elle reçoit neantmoins les neuf limitations suiuantes, esquelles elle n'a lieu.

L'Exception du Velleyen n'a lieu.

1. Si la femme en s'obligeant a touché les deniers.
2. Quand elle a expressement renoncé au Velleyen.
3. Si deux ou trois ans apres s'estre obligée pour le fait d'autruy, elle ratifie l'obligation.
4. Quand empruntant elle a vsé de ruse.
5. Si elle a pris recompence pour s'obliger.
6. Si elle a payé & deliuré les deniers sans obliger.
7. Si elle a fait obliger son debiteur au creancier de son creăcier
8. Si elle s'est obligée en diuers cas de pieté, comme liberté, aumosne, & mariage, &c.
9. Si elle est marchande publique, faisant train de marchandise, ou tenant hostellerie.

I. La femme occasionnant le prest.

SI la femme a occasionné le prest, ou qu'en s'obligeant elle reçoiue les deniers contenus en l'obligation, qu'elle emprunte pour satisfaire à la debte d'autruy, soit qu'apres elle les perde ou conserue, elle est indubitablement non receuable à s'ayder du Velleyen, *l. sed si ego cum muliere, & l. bona fide. in princ. ff. ad Velleian.* Arrest de Paris du 25. Nouembre, 1545.

II. Renonçant expressément au Velleyen.

Quand ne s'obligeant, ou autrement contractant, elle a renoncé au Velleyen: & (si elle est mariée) à l'authentique, *si qua mulier.* moyennant que le tout luy ayt esté donné à entendre par le Notaire stipulant, elle ne peut plus opposer ceste exception. *Accurs. in l. 1. C. ad Velleian. l. vlt. §. vl. ff. eod. c. ex rescrip. extr. de iureiur.* qui est remarquable. Auiourd'huy telles renonciations ne sont point necessaires ayans esté abrogees par l'Edict de Henry le Grand. Toutesfois Barthole & les autres Docteurs sur la Loy derniere du Code & du ff. hoc titul. tiennent que telle renonciation n'est vallable, sinon qu'elle soit en Iugement, suiuant les termes expres de ladite loy derniere *ff. de hoc tit. §. vlt. Eadem enim est leuitas renunciationis quæ intercessionis.*

III. Si apres elle ratifie l'obligation.

Si apres s'estre obligee pour le faict d'autruy, *ex post facto*, elle ratifie l'obligation, elle est forclose de ceste exception: mesmes si lors de la seconde obligation, elle est maieure, *l. si mulier post facto. aratis. C. ad Vel. ciau.* Mais si elle est e ſt obligée pour le fait du mary, toutes les certifications qu'elle fait pendant ſa vie, ne là peuuent empeſcher de s'ayder de cette exception, *Accurſ. in gloſ. rubric. ne ſit deiuſſ. dot. dent c. cum cotingat, de iureiur.* qui eſt pratiqué auiourd'huy contre la femme. pour le ſerment par elle preſté.

Quand la femme procure par ruſes & tromperies de circonuenir ſon creancier, comme quand elle s'oblige au creancier de celuy à qui elle doit, moyennant la quittance qui luy eſt paſſée de ſa debte, elle ne peut s'ayder du Velleyen, *l. § ſed ita demum. ff. ad Velleian. l. ſi decipiendi. eod. infirmitas enim fœminarum, non calliditas, auxilium meruit.*

IIII. Vſant de ruſes enuers ſon creancier.

Lors qu'elle reçoit recompenſe pour entrer en obligation pour autruy, veu qu'elle n'y eſt entrée gratuitement, en cette exception ne luy pourra ſeruir. *l. antiqua. C. ad Velleian. & ibi Bart. Cyn. & Salicet.*

V. S'obligeant pour autruy auec recompence

Auſſi peu a elle droict de s'en preualoir, ſi ne s'eſtant point obligée elle a actuellement payé en deniers, dentées, ou marchandiſe, *l. 1. C. ad Velleian.* Accurſe apportant en la gloſe de ladicte loy, la raiſon pourquoy cette exceptiõ ne puiſſe eſtre oppoſée par la femme qui a payé & acquité les debtes d'autruy, *nulla interceſſione præcedente,* dit qu'en ce cas *videtur donare.* auquel cas n'a lieu cette exception, ſuiuant les raiſons d'Vlpian, en la loy, *ſed ſi ego in fin.*

VI. Ayant deliuré les deniers ſãs s'obliger,

Si la femme s'oblige pour payement de ſa debte au creancier de ſon creancier: ou ſi pour meſme liberation elle fait obliger ſon creancier à vn ſien debiteur, cette exception ceſſe, *l. 2. C. ad Velleian. quam vide.*

VII. S'obligeant à vn tiers, &c.

Les cas de pieté, comme liberté, aumoſne, conſtitution dotale, reſponce enuers vn mineur pour ſon creancier qui aprés deuient inſoluable empeſchent la femme y obligée de ſe couurir de cette exception, *l. veterum ambiguitatem. C. ad Velleian. l. ſi dotare. & vlt. eod. §. item ſi inſtit. de excep. Accurſ. in gloſ. illid. C. de ſacroſ. Eccleſ.*

VIII. Obligee en cas de pieté,

Celle qui fait train de marchandiſe, ou tient hoſtellerie, ne peut paſſer aucunes obligations que valables, & peut en conſequence d'icelles eſtre empriſonnée, *Bier dieiſ. 349. Rebuff. tract. de lit. oblig. num. 31.*

IX. Eſtant marchande, ou hoſteliere,

PROMESSE DE NE DEMANDER,
ny d'agir.

XXI.

CEſte exception n'eſt proprement peremptoire, ores qu'elle ſoit ſuffiſante pour exclure le demandeur de ſon action. Quand il y a eu conuention verbale entre parties de n'agir, ou ne demander par l'vne d'elles, ce en quoy elle pretend l'autre luy eſtre tenuë, choſe qui n'excede cent liures ou qu'en choſe de plus haute conſequence le pact eſt par eſcrit, ſi apres vn des contractans veut intenter action contre la teneur du pact, il peut eſtre repouſſé, & debouté des fins par luy priſes *l ſi vnus ex argentariis. §. pactus ne poteret. ff. de pactis. l. iuris gentium. § ſi paciſcar eod.*

Comment & en quoy cette exception eſt valable,

Vray eſt que tels pacts ne peuuent interuenir entre particuliers, de choſes qui concernent le public, comme au cours d'vne riuiere diuertir, ou edifce au preiudice du public, ſinon en tant que touche l'intereſt particulier du contractant, *d. l. iuris gentium. & d. §. ſi paciſcar.*

telles pactions sont personnelles, les heritiers ne s'en peuuent ay-
...est expressement conuenu, *l. si tibi decem. §. si quis pacifcatur, l. epistola,
s. vlt. eod.* qui est remarquable.

Le mesme se practique és actions infamantes, comme d'iniure, qui demeure esteinte quand l'iniurié reçoit l'iniuriant en sa compagnie, boit &
mange auec luy, *§. vlt. inst. de iniur.* sinon qu'il y eust desia requeste presentée
& assignation, *Panormit. & Hostiensis in c. olim de iniur.* mais si pact interuient, elles demeurent esteintes, *vt d. l. si vbas, §. pactus, vers. sed si pactum d. l. si
tibi decem, §. quædam.*

INIVRE PRONONCE'E, ESCRIPTE.

XIX.

Toutes iniures pour raison desquelles l'on agit, sont ou escriptes ou pro-
noncées en iugement ou dehors : Si en iugement par forme d'accusation, exception, deffense, reculation, reproche de tesmoings, pour empescher
quelqu'vn d'estre pourueu de quelque dignité, ou autrement, celuy qui met
en auant le propos iniurieux, est tenu d'en faire apparoir, ou en faire preuue
par tiltres, Sentences, ou tesmoins: & à faute de ce ne luy seruira d'alleguer
qu'il l'a fait pour la tuition de son droict, qu'il ne soit tenu de reparer le tout
honorablement & profitablement, *l. item apud Labeonem, §. si quis libello dato ff. de iniur.*

Si l'iniure est prononcée hors iugement reparation doit estre faite à l'iniurié, n'estant l'iniuriant receuable à la preuue, *l. quisquis Co. de postul. l. 3. de offic. Rello. Prouin. Ludouicus consf. 96.*

EXCEPTIONS DILATOIRES.

§. XIX. & XX.

Celle sorte d'exception tire sa definition de son nom. Elle ne perime, ar-
reste, ou esteint le cours de l'instance, comme la peremptoire, mais elle sert
pour dilayer & remettre à autre temps son effect, ou à faire effectuer ce qui
est necessaire, & requis de droict, selon l'ordre prescrit: comme celuy qui ne
peut estre conuenu pour plus que ne portoient ses facultez, opposant son
priuilege, ne deroge au surplus de l'action, mais il se sert de telle obiection
pour exception dilatoire, comme sont les nommez au *§. cùm autem, l. vnica.
C. de rei vxor. act. defunctus. C. de arbit. tut.*

Celle exception se peut estendre en dix sept remarquables poincts.

Exceptions dilatoires ont lieu

1 Au Pere, Mere, donateur, perſonniers, &c. qui ne peuuent eſtre conuenus pour plus qu'ils ne peuuent.
2 A la caution pour l'hypoteque fonds poſſedé.
3 En obligation de diuiſion, ordre de droiɛt, & de diſcuſſion.
4 Paɛt de ne demander iuſques à certain temps.
5 Quand le Iuge limite par ſon iugement le temps du paye-ment.
6 Quand l'heritier n'a accepté que ſous benefice d'inuentaire.
7 En lettres de reſpit annuelles, ou quinquenelles.
8 En la dot conſiſtant en deniers, &c. dans l'an du decez.
9 En dommages & intereſt, pour ſuiuis auant la choſe euincée.
10 En commodat, pour la iouyſſance de la choſe pour le temps accordé.
11 En loüage, où le conduɛteur eſt expulſé auant le temps.
12 Au tuteur conuenu auant le temps pour rendre compte.
13 En debte demandée auant le terme eſcheu.
14 Quand l'eſtat du pupil eſt controuerſé, auant ſa puberté.
15 En nullité de contraɛts, faute de ſignature.
16 Quand les lettres Royaux, bulles, teſtament, ou autre inſtru-ment eſt viſiblement vitié.
17 Quand le deffendeur eſt tiré en inſtance, pour vne choſe ja iugée, ou dont y a litiſpendance.

C'eſt vne choſe conſtante & aſſeurée en droiɛt: qu'il y a certaines perſon-nes, qui ne peuuent eſtre contenuës pour plus qu'elles ne peuuent : comme ſont conſors, pariers, ou perſonniers aſſociez en tous biens, le Pere, la Mere, le donateur, celuy qui a gratuitement conſtitué le dot, le mary pour là reſti-tution d'icelle, le ſoldat qui a contraɛté au camp, les aɛtions deſquels parce qu'elles n'abſorbent ou n'eſteignent pas la debte & eſtrouſſement, mais la dilayent, ou different iuſques à ce qu'ils ayent moyen de payer, s'appellent dilatoires, *l. ſunt qui. l. 17. & 18. l. inter eos. l. ſicut autem l. ſi cum procuratore. l. ſciendum. l. non tantum. l. ſed hoc ita accipiendum & l. ſideiuſſor. ff. de re iud. l. miles, eod. §. ſed & ſi onis l. ſtit. de Aɛtio. l. verum ff. pro ſocio.*

ii.
Perſonnes qui ne peu-uent eſtre conuenuës.

Celuy qui eſt conuenu comme caution d'vn autre, ſi l'obligation n'eſt ſolidaire, peut oppoſer que le principal debiteur doit premier eſtre con-trainɛt, *Au bent, præſente. C. de ſideiuſſ. & mandat.*

Celuy qui eſt inquieté pour l'hypotheque d'vn fonds à luy vendu apres l'hypotheque creée, oppoſera qu'il ne peut eſtre coňuenu auant que diſcuſ-ſion ſoit faiɛte de la perſonnelle, contre le vendeur par exception dilatoire: *numquam enim peruenitur ad tertium poſſeſſorem, niſi prius legitimè diſcuſſo prin-capali debitore.*

Ores que deux debiteurs ſoient ſolidairement obligez, ſi eſt ce qu'ils ne peuuent eſtre contrainɛts l'vn pour l'autre ſeul, & pour le tout, ſinon qu'en leur obligation ſoit expreſſement oppoſée la renonciation au benefice de di-uiſion, ordre de droiɛt, & de diſcuſſion, *l. vit. de conſtit. pec. C.*

Si le debiteur a moyen de iuſtifier d'vne prorogation de payement à luy accordée par le creacier, l'exception eſt dilatoire *l. 3. §. temporales. ff. de except.*

Quand le Iuge par ſa Sentence a preſiny le temps du payement, il requiert

iii.
Quand la caution ne peut eſtre contenue.
iiii.
Solidairement obligez.
iv.
Debiteur s'en pouuant iu-ſtifier d'vne prerogation.
v.
Le Iuge...

plus, se fait estre demandé que cette exception ne soit valablement opposée contrairement à la loy, *d. bonis ibus. ff. de re Iud. l. eos. C. de vsur. rei. Iud.*

VI

L'heritier qui n'a accepté l'hoirie à luy deferée, que sous benefice d'inuentaire, peut opposer cette exception au creancier qui le poursuit en ladite qualité, pour le payement d'vne debte, veu qu'il ne peut estre contrainct qu'apres le temps de droict expiré, & l'inuentaire parfaict, *l. vltim. §. donec tamen. C. de iu. delibe.*

VII
Qui a lettres d'atermoyement.

Quand le debiteur a obtenu lettres d'atermoyement, ou respit à vn, deux, trois, ou cinq ans, pendant l'interinement d'icelles le contract cesse, *l. quoties. C. de precib. Imp. offer.*

VIII
Mary conuenu pour la restitution de la dot.

Le mary conuenu pour la restitution de la dot, qui consiste en deniers, denrée, meubles, ou droict (non immeubles) se sert de la dilatoire du droict commun, de ne pouuoir estre conuenu dans l'an, *l. vnica, §. cum autem in exactione. C. de rei vxor. act.*

IX
Conuenu pour les dommages & interests auant la chose euincée.

Celuy qui ayant vendu vn fonds (auquel son achepteur est inquieté) est conuenu pour les dommages & interests, oppose valablement qu'il ne peut estre tiré en instance pour ce regard, iusques apres la chose pleinement euincée, & sentence renduë sur le procés instruict contre l'achepteur, *l. vtique. ff. de rei vend. l. euicta. ff. de euict. l. euictus, & l. si dictum. l. si per imprudentiam. eod. l. non dubitatur. & l. qui rem emit. C. de euict.* Sinon qu'il aye vendu le fonds d'autruy que l'achepteur ignoroit, ou qu'il fut ainsi exprés conuenu entre les parties, *l. serua quem §. vlt. ff. de action. empt. & vend. quam vid. l. sine in libertate. tem. C. de euict.*

X
Chose prestée à user auant le temps.

Le Commodataire semblablement, auquel la chose a esté prestée pour s'en seruir pour certain temps limité, peut exciper, si elle luy est redemandée auant le temps prefix, *l. si vt certo, ff. commod. l. l. 2. & 3. C. eod. in commodato. §. sicut ff. eod.*

XI
Locateur expulsé auant le temps.

Cette mesme exception sert au conducteur contre son locateur, qui le veut expulser sans suiet contre les quatre cas de la loy, *e le. C. locat,* qui sont pour rebastir & reparer: s'y retirer par necessité, si le conducteur y verse mal, & en abuse: ou ne paye le loüage, *l. quaero, § inter locatorem ff. locat.*

XII
Tuteur conuenu auant la fin de son temps.

Le tuteur conuenu auant la pleine puberté de son pupil, & la fin de sa tutelle pour rendre compte: repousse valablement le poursuiuant par cette exception (sinon quand les creanciers poursuyuent vn compte sommaire, qui ne peut estre desnié) *nisi sfaita ff. de tutel. & ration. distr. l. si tuor, reipubli. eod.* Le Curateur negotiant de mesme ne peut estre contrainct auant la pleine majorité de son mineur, sinon qu'il soit furieux, prodigue, &c. *l. aduersus. & l. ratio. C. de administ. tut. l. si plures, §. si parens, vers. assiduè igitur. ff. de administr. & peri. tut.*

XIII
Debte de ... auant le terme escheu.

La debte ne peut estre demandée auant le terme escheu, ny le debiteur contrainct de payer en autre lieu ou espece qu'il n'est conuenu, *§. bonis. de excep. tolli.* Le mesme peut estre opposé aux creanciers conditionnels, à qui aucune action n'est encor acquise, l'esperant neantmoins dans certain temps, ou à certaine condition: car il ne peuuent rien pretendre, le temps ou la condition pendante & non accomplie, *l. conditionales. ff. de verbis rei signifi. l. obligationum. ff. de act. & oblig. l. cedere diem de verb. & rer. signific.*

XIV
Fin de puberté.

En la question pour controuerser l'estat du pupil, soit de la legitimation, naturalité, droict de succeder, estate, noblesse, ou autrement, le Tuteur peut opposer que le demandeur ne peut agir auant que son pupil aye attaint la pleine puberté pour soustenir son estat & qualité. Et cependant requerra la iouyssance de la chose controuersée par prouision,à la caution,*l. 1. ff. de Carbon. edict. 1. C. eod. l. vlt. eod. Vlpian. l. Carbonianum. §. duæ autem sunt causæ. eod. vide circunstantias dictæ legis.*

Encor que selon l'article 84. des Ordonnances des Estats d'Orleans , de l'an 1561. le deffaut de signature vitie & annulle le contract : l'action toutesfois fondée sur tel contract ainsi nul, n'est esteinte, ny peric,mais doiuent les cent liures de l'ordonnance,*l. contractus. C. de fide instrument.*

De mesmes est dilatoire l'obiection que l'on fait, que les lettres Royaux, la signature ou la bulle obtenue , ont quelque nullité visible, soit en la datte, au texte, seau, ou signature : car pourtant le principal ne laisse de demeurer en son entier,*l. ad testium ff. de testam. d. l. testium. §. signum autem. cap. licet. extr. de crim. fal.*

Finalement ne peut vn deffendeur estre conuenu pour vne chose, dont y a litispendance, ou dont iugement a esté rendu ou contre l'achepteur de chose litigieuse: & sont les exceptions sur ce opposées dilatoires , *Iason in l. 2 C. vt lit. pend. cap. 1. de confirmat. vtil. vel inutil. cap. cum dilecta. cod.*

XV.
Defaut de signature,

XVI
Les lettres Royaux ayans quelque nullité.

XVII
La chose estant en litispendance,

EXCEPTIONS ANOMALES.

§. XXI.

CEs exceptions , qui sont entre la dilatoire & la peremptoire , ailleurs appellees mixtes , ne suyuent la regle des autres. Nous en auons cy-dessus touché plusieurs, comme l'exception de deniers non nombrez, l'action intentée sur l'obligation extorquée sous esperance d'vne contrepromesse de fournir la chose demandee, l'exception de dot confessée, quittée, & non payée,*l. vlt. cum Auth seq. C. de dot. caut. non num.* Celle de diuision , de discussion, de cas non accomply, & autrs bien que referées ailleurs Voyez Iean Papon, au second de ses Notaires liure 9. tit. lieux communs pour toutes exceptions.

Fin des Exceptions.

AVANT CONTESTER , LE DEMANDEVR DOIT FONDER ingement, & eslire domicile , s'il est forain.

§. XXII.

L'Ancienne rigueur de droict vouloir qu'autant contestation en cause le demandeur donnast caution de payer le iugé , qui est abrogée (comme nous auons ja cy-deuant dict) en ce Royaume,pour ne frustrer les estrangers, qui n'ont moyen de trouuer caution hors leur pays, des droicts qu'ils poursuiuent. Et sont reçeus tous estrangers de quelque nation qu'ils soyent constituant procureur , & eslisant domicile, suiuant l'ordonnance de l'an 1539. *l. b §. 2. de satisfact. Inst.* Nous auons cy-deuant deduict les raisons tant de droict, que de l'ordonnance, qui forcent le deuolutaire auant estre reçeu à rien dire, de donner caution *Iudicatum solui.*

Le deffendeur comparant à l'assignation doit promptement deffendre.

§. XXIII.

LA difference qu'il y a entre les exceptions & deffences, a occasionné que nous auons mis en ce §. en cét endroict. Cy-deuant nous auons dit, qu'exception proprement ne comprend que les fins de non receuoir, & de non valloir. Mais les deffences comme estans de plus grande efficace, fondées tant de droict que de faict, esteignent toute action, *tot. tit. de except. C.* C'est pourquoy lors que le deffendeur recognoit qu'il ne peut opposer aucune exception vallable, ou qu'il est debouté de celle qu'il a proposé, par ordonnance du Iuge, il doit deffendre à toutes fins.

DES DELAYS.

§. XXIV.

SI la demande n'est libellée, delay competant doit estre donné pour la fournir. Et si elle est libellée, le delay doit estre donné, pour deffendre

Le delay est le temps concedé par la Loy, l'ordonnance, ou le Iuge, aux parties, pour satisfaire aux occurences de la cause, que le Iuge, cóme vray maistre d'iceluy, peut d'equité proroger, abbreger, estendre, ou coarcter cóme il voit estre necessaire, eu esgard à la qualité de la matiere, & des personnes, *l. qui pro tribunali. ff. de re iud. Alciat. in l. verbum. ff. de verbor. signif.*

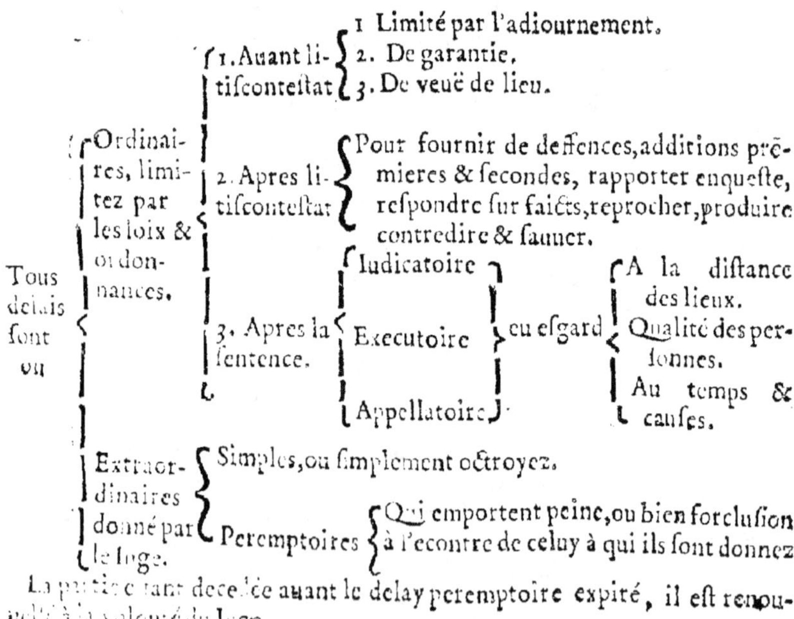

La partie tant decelée auant le delay peremptoire expité, il est renouuelé à la volonté du Iuge.

Quand au demandeur, il est certain de droict & de pratique, qu'il doit venir prest, sans espoir d'aucun delay. Si toutesfois quelqu'vn est appellé pour respondre à la demande, de laquelle copie n'aura esté donné ce an iour assigné, le Iuge ordonne aprés la presentation du Defendeur, que copie de la demande du Demandeur luy sera donnée : autrement il a congé, Pour le profit duquel il est licentié d'instance, auec despens. Non qu'il soit par là pleinement absous des fins du Demandeur, mais l'effect de l'adiournement contre luy fait demeure inutile, q. 3. cap. præterea. exir. de dilat. l. circa. ff. de probat. Auth. qui semel. C. quomodo & quand. Iud. Franc. l. 1537. art. 3. & 27. Rebuff. in tract. de contumacia, & defectu.

Demandeur n'a delay.

Le premier des delays ordinaires est contenu en l'assignation donnée par le Sergent, lors qu'il adiourne la partie deffenderesse, à laquelle il doit donner delay competant, eu esgard à l'aage & qualité de partie adiournée, distance des lieux, & importances de la cause. Que s'il est trop bref, le Iuge le peut prolonger, pour les circonstances susdictes cap. cum si Romana de appella. c. quoad conjultationem de re iud. cap. dilectus. de probat. suiuant les lettres qui enioignent au Sergent d'adiourner à certain & competant iour.

I. Premier delay ordinaire deuant la litiscontestation.

Le second est en sommation de garandie, quand en la cause il y a garandie formelle, ou contre garandie, car lors vn seul delay est donné au Deffendeur pour sommer le garand, & le faire venir en cause. Charles VII. art. 65. François I. 1539. art. 18. Rebuff. & Mensuer. tract de dilationibus. Que si dans le delay limité le garand n'a pris cause en main, le Defendeur est condamné de passer outre & deffendre aux perils & fortunes de son garand, sinon qu'il eust deffences pertinentes de son chef. Aduertendum que sa garandie n'a lieu, lors qu'il y a eu compromis pardeuant arbitres, & Sentence arbitrale, l. si dictum. §. si compromisero ff. de exect. Et que la Sentence renduë contre le garand est executoire contre le garanty. François I. 1539. art. 20.

II. Second delay ordinaire.

Garandie quand a lieu.

Icy le Lecteur sera aduerty, quand il aura vne fin de non receuoir à proposer, qu'il la mette en auant, & la face vuider auant intenter sa garandie: car si aprés auoir sommé le garand, il la propose, elle demeure couuerte, & sans profit au deffendeur. Pource qu'au troisiesme liure de ce Procés, nous esperons Dieu aydant, traicter amplement de l'euiction, & de toutes ses parties, nous n'en estendrons icy ces discours plus auant.

Le dernier des delays ordinaires auant litiscontestation est la veuë du lieu, pour laquelle est aussi seulement octroyé vn seul delay, suiuant les ordonnances de Charles VII. & François I. sus alleguées. Elle n'est practiquée ny receuë en plusieurs endroicts de ce Royaume. Quand il s'agit d'action reelle le Deffendeur l'ayant requise, assignation est donnée aux parties, à iour & heure certaine, pour se transporter sur la situation du lieu contentieux, auec vn Commissaire à ce delegué, où est faicte par le Demandeur ostention de la chose au Deffendeur. Et s'il ne compare, le Commissaire en presence des tesmoings en fait son procés verbal, argument l. 2. § si absens. ex nox. ca. agit. cap. significantibus de appell. Bart. in l. 1. col. 3. ff. de edendo.

III. Troisieme delay auant litiscontestation.

Aprés la veuë de lieu, le deffendeur n'est exclus de proposer la declinatoire, mesme quand le fonds est assis hors le district de la Iurisdiction du Iuge qui l'a ordonnée. arg. l. non videtur. ff. de iud. l. irrupti ne ff. si serm. vind.

Tous delays, de quelque nature qu'ils soyent, sont laissez, comme nous auons dit, à la liberté du Iuge, pour en ordonner selon les circonstances du faict, distance des lieux, & qualité des parties. Cuiacius. l. ...

ff. de Iudic. cap. cùm sit Roma. de appellat.

Et ores que la loy ne donne qu'vn seul delay, pour chacun acte particulier du procés. *l. sin in princ ff. de fer. & dilat.* le contraire toutesfois est practiqué, quand il y a cause legitime, *l. oratione ff. eod. l. interdum de Iudic.* Et encores qu'il y ait forclusion contre l'vne des parties, à faute d'auoir satisfaict dans le delay, en payant neantmoins les despens de la forclusion obtenuë, le forclos peut estre receu à satisfaire par tout le procés, fors quand il a forclusion de reprocher, & que l'enqueste est publiée & ouuerte.

Par la disposition du droict, & par l'expresse teneur de l'ordonnance, quatre mois apres la sentence renduë, le condamné peut estre contrainct par emprisonnement de sa personne, au payement de la chose adiugee, *Charles IX.* 1566. à Moulins art. 48. *l. eos. & l. sancimus. C. de vsur. res Iudic. l. si debitor. ff. de Iudic. c. quærenti. extr. de offi. deleg. c. quod ad consultationem de sentent. & re iud.*

Bien souuent la sentence mesme contient delay d'vn mois, de quinze ou dix iours, dans lesquels le condamné est tenu de satisfaire, & auant lequel expiré il ne peust estre contraint: ou le sergent par fois, faisant commandement, donne delay de satisfaire dans tel temps: mais ceste licence octroyée aux sergens, seroit de pernicieuse consequence.

Le delay de renoncer à l'appel interjetté est de dix iours, lesquels passez l'appellant peut estre anticipé. Et celuy de releuer l'appel est de quarante iours aux Iurisdictiós Royales & Presideaux, & de trois mois à la Cour, apres lesquels expirez, l'appel est desert, & est au chois de l'inthimé ou de tirer l'appellant en desertion, ou de presenter requeste tendant à ce que le iugement rendu soit executé nonobstant l'appel, *Philippe XI.* 1332. 1344. *Charles VII.* 1443. *id.* 1453 *art.* 15. *Felin. in cap. ex parte de rescript. l. & § sine. § sin. ff. de minor. Ouid. Pap. sing* 585. Voyez la forme du relief d'appel en Imbert *liu. 2. chap. 4 l. eos in sin. cum Authen ibi pass. C. de appell. cap. anteriorum. 2. quæst* 6. *ap. cùm dilectus. de elect. cap. significauerunt. de test.*

Les delais extraordinaires sont simples, ou simplement octroyez par le Iuge, sans adiection d'aucune peine, comme celuy qui est octroyé a celuy qui s'est deuëment fait exoiner, pour n'auoir pû comparoir, ou satisfaire dans le delay prefix, à cause de sa maladie, ou legitime empeschement, *Masuer. tit. de contum. Bart. in l. quæsitum, ff. de re iud.*

Les peremptoires emportent peine, comme d'estre descheu du droict pretendu, ou d'estre les faicts tenus pour confessez ou auerez, à faute de respondre sur iceux: Ou forclusion, comme quand le Iuge ordonne, que pour le profit de la forclusion, sera rendu droict sur ce qui se trouuera par deuers Cour.

DES FERIES ET VACATIONS.

Vtre les delays sus specifiez, cesse la poursuite de toutes matieres ordinaires, en temps de feries & vacations, ainsi dictes du verbe, *ferio, à feriendis hostis* (parce que pendant icelles les anciens Etheniques vaquoient aux sacrifices de leurs dieux) sont introduictes entre nous pour la reuerence à laquelle l'Eglise nous oblige, pour la celebration des festes solemnelles. Et encor pour donner loisir au laboureur de vaquer à la recolte de ses fruicts en temps de vendange : Pendant lequel temps ne sont traictées que les matieres sommaires, priuilegiées, causes des miserables personnes, recours d'exemptions, &c. *l. omnes. l. sin. l.*

omnes dirs. C. de fer. c. vnde relig. & venerar. Sanct. tot. tit. ff. de fer. & ibi DD. Voyez l'Arrest du 22. May, 1532. Papon liure 7. tit. 10. Charles VII. 1406. François I. 1519. & 1535. Charles IX. 1561. & 1563.

DES DEFFAVTS, ET CONTVMACES.

§. 25. 26. 27. & 28.

LA contumace est bien obtenuë par deux deffauts rendus en cause. Et le contumax est celuy, qui au lieu d'obeyr aux mandemens de Iustice, vie enuers elle de mespris, & contentement. La peine de telle desobeyssance es matieres ciuiles, est la perte de la cause, *l. contumacia. ff. de re iud.*

Toute contumace, est ou
- 1 Vraye.
- 2 Euidente.
- 3 Presumée.

S'accomplit par deffauts
- 4 Premier
  - En matieres sommaires:
  - &
  - En matieres ordinaires, qui emportent toutes deux readiournements
- 5 Second
  - Aux sommaires, condamnation.
  - Aux ordinaires, reglement en preuue.
- 6 Congé
  - Contre le demandeur, faute de fournir demande, communiquer pieces fondamentales, articuler, &c.

Defaillant est excusé, si depuis le deffaut obtenu, y a
- 1 Composition.
- 2 Compromis.
- 3 Continuation.
- 4 Emprisonnement, ou empeschement legitime de l'appellée.
- 5 Peril & difficulté des chemins.
- 6 Si la femme est enceinte, ou en couche.

Le Iuge qui se presente continuellement la presence de Dieu deuant les yeux, doit auoir l'œil autant ouuert à la conseruation du droict du defaillant, que du poursuiuant.

Nous appellerons celuy vray contumax, qui trouué iudiciellement apres auoir esté appellé, declare neantmoins qu'il n'est venu pour comparoir, ny satisfaire à l'assignation à luy donnée, estant refusant de ce faire, *cap. ex litteris, & cap. prout. c. extr. de dol. & contum.* Toutesfois si apres la sentence contre luy renduë par contumace, il se presente, il en peut estre receu appellant, *l. 1. & l. diuus ff. de in integr. rest. glos. l.*

La contumace euidente est en celuy, qui ayant seulement esté adiourné à domicile, est condamné faute de se presenter, qui est semblablement receu appellant le iugement venu à sa notice, *l. 1. in si. ff. quando appel. sit.*

La contumace douteuse, ou presumée est, quand l'appellé, quoy que trouué en personne ne dit mot, & ne deffend aucune chose contre le demandeur, & neantmoins ne laisse d'estre receu appellant du iugement, qu'il y

K

peut interuenir, *l. ex confensu§. eum qui ff. appella. & ibi Bart. Cya. in l. prope-rindum. § fin autem reus. C. de Iudic. Clem. 1. de dolo & contum.* Ce qui se doit toutesfois entendre, suiuant l'ordonnance, en obtenant au cas susdits lettres Royaux par le contumax, & refondant les despens: autrement il est non receuable appellant, *François I. 1528. art. 6. & 1539. art. 28.*

Deffaut premier en matieres sommaires.
Le premier deffaut, soit en matieres sommaires, ou ordinaires, hors feries. n'est considerable, pour arguer le deffendeur de vraye contumace, & desobeyssance, veu qu'il luy peut estre suruenu legitime empeschement & ne porte autre profit que d'indemniser le demandeur des despens qu'il a fait, iusques à l'obtention d'iceluy, & de ceux qu'il luy conuiendra faire, pour de nouueau appeller le defaillant, *Paul. l. 2. in fin. de in ius voc.*

Second deffaut.
Le second deffaut en matieres sommaires, apres que le demandeur a affermé sa demande à faute de se purger par semblable serment, par le deffendeur, ou apres sommaire verification de ses faits, emporte gain de cause, *l. si p ff. ttes ff. si quis caut. François I. 1539 art. 24.*

En matieres ordinaires, le second defaut exclud deffendeur de toutes exceptions declinatoires, peremptoires, & dilatoires, voire de tout ce qu'il eust peu alleguer auant l'obtention d'iceluy, & pour le profit, le demandeur receu à verifier le contenu en sa demande, tant par titres, que tesmoins, & à ces fins lettres octroyées pour la preuue. Et contient bien souuent la Sentence qui interuient sur le iugement des deffauts, teglemét entier de toute la cause, auec condemnation des despens des deffauts, & de tout ce qui s'en est ensuiuy, *François I 1539. art 26. de di, § plane ff qui satis. cog vid. Reb. gl 1. & 2. tit. contum. & deff.*

Congé deffaut,
Lors que le deffendeur s'est presenté à l'assignation à luy donnée, si le demandeur n'est prest de sa demande (comme nous auons ia cy deuant remarqué (ou ne communique les pieces fondamentales de son intention, ou iustificatiues de ses allegations, ou n'articule d'istinctement & separement les faicts par luy auparauant confusemen posez, selon l'ordonnance du Iuge, le deffendeur obtient deffaut congé, pour le proffit duquel il est licentié d'instance auec despens, *l. & post. edictum ff de Iudic § l properandum. §. & si quidem. Cod. eod. Rebuff rubr. de contum. & diff clu. num 3.* quand la cause est traictée en premiere instance à la Cour, comme de Regale Duchez, Comtez, pour voir comme les congez deffauts se iugent en audiance. Voyez vn Arrest du 14. Iuin 16 6. de M. Louet, au 55. chapitre lettre C.

Defaillant quand excusable.
Si depuis l'adiournement, il a eu entre les parties composition, compromis, continuation d'iceluy, empeschement du deffendeur pour le public, malade, absence legitime, peril, & difficulté des chemins par voleurs ou iniures du temps, emprisonnement violent, ou adiournement contre le deffendeur, pour aller comparoir, ou deposer ailleurs, le defaillant est excusable, *Vlp. l. 2. si quis caut. quam vide. Idem,* de la femme enceinte ou qui est en couche, *si p. ff partum decubue it, & c. l. contumacia. ff. de re ind. l p ætor. §. Paulus ff. de ind. sol. tit. ff. ex quib. cauf. maior. l. 1. ff. ne quis eum qui in ius voc. l. 2. ff. de in ius voc.* & ibi *Dict. Vide ad hoc Rebuff in tract. de contu. & deff. ctu, in præf. num 9. & 10.*

Contumace du Procureur & tuteur.
Est remarquable, que la contumace du procureur ne nuit à sa partie, pour luy faire perdre sa cause, ny celle du tuteur au pupil, *l. vn. §. vl. ff. si quis ius dic.* sinon en ce qui cócerne l'obmissio que le Procureur fait collusoirement, ou malicieusement, *Bald. in c. l. c. ll. 2 vt lit. non con. est.* De mesme la contumace du Prelat ne nuit à son Eglise, *cap. dilecto de verb. signifi. at. Innoc. in cap. 1. vt*

li. non contest. Ny celle d'vn Syndic à vne Vniuersité. *Bart. in l. vltim. in fin. ff. de in integ. restit. l. 1. Cod. de iur. Reipub. lib. 11.* Ny celle de l'vsufructuaire au proprietaire. *l'hoc. amplius. §. quasi tum. & siq. ff. de dam. infect. Vide Rebuff. loco. sup. alleg.*

D'vn Sindic.
De l'vsufru-
ctuaire.

IVGEMENT DV DEFAVT.

ENtre Maistre Philibert de la Font Notaire Royal, Iuge Ciuil & Criminel de Chamelet, demandeur en adiudication du proffit des deffauts par luy obtenus, d'vne part, & Noble Iean à la Blanche, Sieur du Broüillet, deffendeur, & deffaillant d'autre.

Veu la demande dudit demandeur, contenuë en nos lettres de Commission, en datte du vingtiesme Iuillet, année presente mil six cens seize, signées Constantin Conmis, l'exploit d'assignation mis au bas, signé Morlet Sergent Royal, l'acte & registre de nostre Cour, contenant le deffaut octroyé contre ledit deffendeur pour ne s'estre presenté à l'assignation deuëment Audiencée à la maniere accoustumée, signé Cusin : autre commission, & exploit contenant readiournement dudit deffendeur, pour voir iuger le profit dudit deffaut, aussi signé Constantin, & Morlet, le registre contenant la plaidoirie, & octroy du second deffaut, & l'Ordonnance, que sauf le delay de huictaine y contenu lesdits deffauts nous seroient remis pour estre iugez: Les contracts de mariage, donation, & transaction, produits par le demandeur sous les lettres, D, E, F, & tout ce qui faisoit à voir, & nous a esté remis de la part dudit demandeur à la forme de son inuentaire, signé Blondel son Procureur.

Il est dit, lesdits deffauts auoir bien & deuëment esté obtenus par le demandeur contre ledit deffendeur, iugeant le proffit desquels nous auons decheu & debouté ledit deffendeur de toutes exceptions & deffenses, tant declinatoires, dilatoires, que peremptoires, & de tout ce qu'il eust peu dire & alleguer auant l'obtention d'iceux, & receu, comme nous receuons le demandeur à verifier le contenu en sa demande, tant par tiltres que témoins, & à ces fins, luy auons octroyé lettres à ce necessaires. Et en outre condamné ledit deffendeur & deffaillant, aux despens desdicts deffauts, tels que de raison, la taxe d'iceux à nous reseruée.

Quand les parties ont écrit à toutes fins, & respondu par serment categoric sur les faicts l'vn de l'autre, s'il y a deuegation, ou contrarieté de faicts, le Iuge prononce sa sentence interlocutoire, comme s'ensuit.

Il est dit, le procez ne se pouuoit vuider, sans enquerir des faicts des parties par témoins, & à ces fins les auons declarées contraires, icelles receuës à verifier leurs faits discordez au mois : dans lequel temps elles rapporteront leurs enquestes, & reprocheront, produiront, contrediront & sauueront dans le temps de l'ordonnance, pour le tout à nous remis, estre rendu droict aux parties, ainsi qu'il appartiendra par raison, tous despens, dommages & interests respectiuement pretendus, reseruez en definitiue.

K 2

DEFFENSES A TOVTES FINS.
§. 30.

Partie legitime.

LE demandeur doit sur tout prendre garde, qu'il ait partie legitime, pour deffendre: car s'il attaque vn mineur, ou qui soit en puissance d'vn ayeul, femme en puissance de mary, &c. qu'il aye soing de les faire authoriser par ceux, de l'authorité desquels ils dependent : ou à leur refus par le Iuge , & pouruoir de curateur au mineur : autrement le iugement qu'il pourra contre eux obtenir, luy demeurera illusoire, *l. alia in fi. de re Iudic. Aduersus maisensos minores, tutores, vel curatores non habentes, nulla sententia proferenda est.*

Comme le Iuge procede au Iugement des matieres sommaires.

En matieres sommaires, apres que les parties ont proposé leur demande & deffenses , le Iuge les ayant respectiuement ouys par serment cathegoric sur les faicts l'vne de l'autre, iudicielliement, s'ils sont contraires en faicts, les reglera sommairement à verifier dans tel delay competant qu'il luy plaist, auquel ils produisent leurs tesmoins: desquels le serment receu, apres qu'ils ont esté sur le champ reprochez, leurs depositions sont separement escrites par le Greffier. Et apres la verification de part & d'autre, les parties sont assignees à venir plaider à la premiere audience suiuante, par Aduocats Où leur est sommairement rendu droict, sinon que la difficulté de la matiere , & des preuues occasionne le Iuge d'appointer les parties a corriger & remettre par deuant luy.

Comme en matieres non personnelles.

En matieres qui ne sont personnelles, ains reelles, possessoires, ou mixtes, le style de toutes les Cours de ce Royaume est , de proceder par demande, deffenses additions premieres & secondes, auec les delais de veuë de lieu, & garantis, communications de titres , ou terciers articulez, enquestes, reproches, productions, contredicts, saluations. Et apres estre Sentence renduë definitiuement sur le tout, sinon qu'il y eust fin de non receuoir proposée : sur laquelle l'instance se puisse vaider par plaidoirie verbal : auquel cas les parties sont assignees a plaider: Mais s'il y a contrarieté de faicts, celuy qui a requis l'assignation, doit estre condamné aux despens de l'incident.

Serment cathegoric.

Sur la contrarieté des faicts posez par les escritures, les parties peuuent se faire respondre l'vne l'autre par deuant le Iuge par serment cathegoric, sur chacun article d'iceux, ce qui doit estre faict auant la facture des enquestes, à fin que si par les responses cathegoriques des parties , elles demeurent d'accord de leurs faicts controuertez, il ne soit besoin d'aucune preuue testimoniale. Et doit sur tout la partie qui fait enquerir, prendre garde de n'etiqueter ses tesmoins sur faicts confessez par la partie aduerse (seroit le charger de frais inutiles) ains sur ceux qu'il a desniez.

Appointement de contrariete.

L'appointement de contrarieté , par lequel le Iuge regle les parties en preuue de leurs faicts discordez, doit estre commun entre elles , ores que le deffendeur n'eust vsé que d'vne simple denegation. Au surplus soit pour contrarieté de faict posez: ou pour le proffit de deffauts obtenus, doit suiure la preuue ou enqueste.

DE L'ENQVESTE. §. 31. 32 33. 34 35 36. & 37.

L'Enquefte doit eftre faicte par l'Enquefteur, en prefence d'adjoinct, non *Enquefté;*
fufpect, & du Greffier.   *quoy.*

L'enquefte, ou preuue qui fe fait pour la verification des faicts controuer-
fez entre les parties, peut eftre dicte pour fon importance, la vraye ame du
procez & force du Iugement : Et d'autant que c'eft fur elle que le Iuge affied *Enquefteur.*
le fondement de la fentence, felon les chofes verifiées, celuy qui procede à la
facture d'icelle, doit eftre homme de doctrine, preud'hommie, integrité, &
experience requife à telle charge, qui n'a pour but que la pure verité, laquelle ne peut eftre efclaircie, ny mife en euidence par vn ignorant prefomptueux
ou de mauuaife ame, qui abuferoit de fa charge.

```
                        ⎧ En Iugement.      { En perfonne verbalement.
                        ⎪                    { Ou par procuration fpeciale.
           1. Par con-  ⎨                    { Partie prefente.
           feffion;     ⎩ Hors Iugement.    { Partie abfente.

                        ⎧ Auant litifcon-   { Examen à futur, par crainte de la mort
                        ⎪ teftation.        { longue abfence des tefmoings, ou
                        ⎪                    { memoire perpetuelle de la chofe.
                        ⎪
           2. Par tef-  ⎨ En tourbe qui ne fert que d'vn tefmoin.
           moins.       ⎪
                        ⎪              ⎧ Deux tef-⎫      ⎧ Leur nó,⎫          ⎧ En termes
                        ⎪              ⎪ moins, au⎪      ⎪ fur nom,⎪          ⎪ clairs, &
                        ⎪  Par depo-   ⎪ moins.   ⎪      ⎪ aage, qua-⎪ doiuent⎪ rendre rai-
                        ⎩  fit, en en ⎨           ⎬ ou fur⎨ lité, de ⎬ depofer⎨ fon de leur
                           quefte de  ⎪ Dix, au  ⎪      ⎪ meure, co⎪          ⎪ dire affir-
                                      ⎪ plus, fur⎪      ⎪ gnoiffan-⎪          ⎪ matiue-
                                      ⎪ chacun   ⎪      ⎪ ce du fait,⎪        ⎪ ment fans
                                      ⎩ faict.   ⎭      ⎩ & des parties.⎭     ⎩ vaciller.

                        ⎧ Publics ⎧ Receus par perfonnes publiques,
           3. Par titres⎪         ⎨ Seelez authentiquement.
           ou inftru-   ⎨         ⎩ enregiftrez aux actes Iudiciels.
           mens.        ⎪         ⎧ Cedules,
                        ⎩ Priuez ⎨ Liures de compte,
                                  ⎩ Lettres miffiues.

                        ⎧ Volontaire,
           4. Par fer-  ⎨ Suppletif,
           ment.        ⎩ Neceffaires, ou decifif, auquel la partie s'eft rapportée.

   Vn tefmoin feul ⎧ Quand luy mefme execute fa commiffion,
   ne fait foy, fi- ⎨ Qu'il eft Greffier, & produict fes actes.
   non,             ⎩ Le ferment, auec commune renommée.
```

Toute preuue fe fait, ou

TOutesfois & quantes que la partie appellée, confeſſe iudiciellement le contenu en la demande, ou articles des eſcritures de ſa partie aduerſe, il n'eſt plus beſoin d'autre preuue, que de ſa ſeule confeſſion, ſuiuant laquelle doit eſtre prononcé, qu'elle fait pleine foy de la choſe demandee, ſoit qu'elle ſoit faĉte en perſonne, ou par procuration ſpeciale, *lib. proinde in fin. ff. ad lib. Aquil. Bald in l. ſi ex cautione. Cod. de non num. pec. l. poſt rem. in fin. ff. de re iud. li. 1 ff. de conf. l. vni. C. eod.* voire ſert plus que l'enqueſte en autres inſtances, *Guid. Pap. quæſt. 254* Mais par contre, eſt à remarquer que celuy qui ſe rapporte au ſerment deciſif de ſa partie aduerſe, n'eſt plus receuable à veriſier le faiĉt, ſur lequel le ſerment a eſté faĉt, ainſi qu'il a eſté iugé par Arreſt du mois d'Aouſt 1557 rapporté par Monſieur Loüet chap 4 lettre S.

La confeſſion faiĉte hors iugement, n'eſt pas de moindre energie, ſoit qu'elle ſoit faiĉte en preſence ou abſence de la partie moyennant qu'elle ſoit bien & deuë ne it veriſiée, par ſuffiſant nombre de teſmoins, quelle ait eſté legitimement faiĉte, & pour la cauſe, dont les parties agiſſent, & faiĉte par deuant les arbitres ſert deuant le Iuge, *lib. penult. in fin. Cod de recept. arbit. Abb. in cap præſentia. de teſtibus & ibi Inno. Larſranc. traĉt. de confeſſ. numero 40.* ſur tout ſera faiĉte par le creancier d'eſtre payé de ſon debiteur, car lors elle porte quittance, ſoit qu'il ſoit preſent ou abſent, *lib. Publica Mænia. §. final. ff. de poſſ. Faber. §. item ſi quis inſtit. de act. Arreſt de Grenoble, veille de Paſques Fleuries,* 1458.

Toutesfois la confeſſion faiĉte par erreur ne porte aucun preiudice au confeſſant, s'il peut iuſtifier de l'erreur *lib. non fatetur. ff. de confeſſ. lib. error. C. de iur. & fact. ignor. l. 1 C. d. de falſ. cauſ. adieĉt. leg.* Notamment ſi la confeſſion porte recognoiſſance de deuoir, ſans cauſe, comme fut remarqué par C. Aquilius au leg. eſtamentaire, faiĉt par C. Varro au profſit d'Octacilia. *Arreſt de Paris du 7 Septembre 1558.*

Ne preiudicie non plus la confeſſion incertaine & douteuſe, faiĉte par deuant Iuge incompetant, ou faiĉte par vn inſenſé, furieux ou lunatique, *leg. in negot ff. de reg iur. c. at ſi clerici de iudic. in præſentia. de confeſſ. cap. cum tempore de A bit.*

La confeſſion faiĉte par l'Aduocat ou Procureur en preſence de la partie, non contrediſante, luy nuit autant que ſi luy meſme l'auoit faiĉte, s'il ne la renoque ſur le champ, *cap. olim. extr. le cenſib.*

La preuue par teſmoins ſe peut faire auant litiſconteſtation, que nous appellons examen à futur, quand il y a crainte de la mort, pour la caducité de l'aage, ou longue abſence du teſmoin, ſoit qu'il s'achemine à la guerre, ou ailleurs, en voyage loingtain: ou pour perpetuer la memoire de la choſe. Mais tel examen n'eſt octroyé ſans lettre du Prince, *liber in leg. ff. liber ad Aquil. decret il. quoniam frequenter, extra. vt lit. non conteſtat.* Et ſi les teſmoins ouys en tel examen ſont viuans lors de la conteſtation, ils doiuent derechef eſtre ouys: ou autrement leurs premieres depoſitions ſont inualides. Pour les autres cas, où l'on peut faire ouyr teſmoins auant conteſtation, voyez *Specul. tit. de teſtibus & Alciat. in iudic. in ij proceſſus compendio. tit. de teſtibus.* Eſt à noter qu'apres l'examen à futur, l'action doit eſtre intentée dans l'an, autrement il ne ſert de rien, *cap. quoniam frequenter. vt lit. non conteſt. lib. 3. §. due cauſe ff. ad Carbon. gloſſ. liber leg. Aquil a. ff. ad liber Aquil. Maſuer. tit. d. teſtib. num. 1.*

Et ne peuuent eftre obtenuës lettres d'examen à futur apres conteftation
en caufe, & fi elles font obtenuës en ce temps, l'impetrant doit eftre declaré non receuable en l'obtention d'icelles, conformement à la refolution du
Docteur, *in d. l. Aquilia ff ad l. Aquil.* mais il fe faut pouruoir, comme l'on a de
couftume, par la pofition des faits que l'on veut verifier, comme fut iugé par
Arreft du 11. Ianuier, 1600. *vide Felinum, & alios in c. quoniam vt lit. conteft.*

Quand il eft queftion de verifier les couftumes anciennes d'vn lieu non
notoires, la longue poffeffion, vfage, ou ftyle d'vne Iurifdiction, ou priuileges
vfurpez, la preuue s'en peut faire par diuerfes tourbes: mai 1 tourbe ne peut
eftre moindre de dix tefmoins, & ne fert toutesfois quelque grande qu'elle
foit que d'vn tefmoin: Et s'il faut que les tefmoins d'icelle ne foiet point dif-
cordans, ains de mefme aduis & depofition. Ne peuuent eftre ouys tefmoins
en tourbe pour la verification des faits particuliers. *Voyez Papon lin. 9. tit. 1.
art. 10. de fes Arrefts.*

Faut remarquer que la preuue par tourbe ne fe peut faire que par ordonnance de la Cour, & ne la peut le Iuge fubalterne ordonner de fon authori
té, iugé par Arreft du 8. Iuin 1577. rapporté par Choppin. *tract. de communi
bus. Gall. confuetud. præcept. part. 1 quæft. 2. in fin.*

Et quant aux tefmoins qui fout ouys en enquefte feparement, ils doiuent
eftre adiournez pour venir depo'er verité, & produicts par la partie, non
s'offrir de leur propre mouuement, & eftre affermentez, autrement leurs depofitions ne vallent. Deux tefmoins fuffifent en matieres fommaires & legeres Et pour la plus ample verification ne peuuent eftre ouys plus de dix tefmoins fur chacun fait: ores qu'aux matires teftamentaires aucunes en ayent
requis plus grand nombre, que le Iuge doit refrener. *Charles XII. mille quatre
cens quarante fix article trente deux, & mil quatre cens cinquante trois, article
neufiéme, Lruy XII. mil quatre cens nonante buict, article traize. Frarç is premier,
mil cinq cens trente cinq, chapitre feptiéme, article quatriéme, & mil cinq cens
trente neuf. article fecond. Bartol. in l. quoties. Cod. de naufrag. l. 1 § quamquam.
ff. de teftib. l. obcarmen. § fin eod. olafuer. fubric. de teftibus. Spec. tit. eod. §. de num.
teftium lib. 1. l. Iurifiu a dt. C. eod.* Et doiuent eftre les tefmoins ouys feparément, & a part, & non enfemblement, *H ftienf. in cap. venerabilis, exit. de teftib. Archidiac. in cap præfentium. § teftes eod. in 6.*

Les tefmoins apres le ferment d'eux receu de dire verité, doiuent eftre in
terrogez de leurs noms & furnoms, pour obuier à la fuppofition de noms
qui fe pourroit faire, ou à l'equiuoque de noms & furnoms femblables De
leur aage, parce que l'impubere eft incapable de porter tefmoignage: comme
auffi celuy que l'extreme vieilleffe a priué de l'vfage de fes fens. De leur
qualité, vacation, & office, s'ils font parens, ou alliez des parties plaidantes,
& en quel degré d'affinité. Quelle connoiffance ils ont des parties, & du
fait entre elles controuersé. Et fur tout doiuent rendre raifon certaine, &
claire, & non ambiguë du fait duquel ils depofent, *Henry III mil cinq cens fp-
tante neuf, article deux cens trois. Louys XII. mil quatre cens nonante buict, article quinze. François I. mil cinq cens trente cinq, cap. 7. art. 6. Guidon. Papa quæft. 17. Imber.
inftit. for. lib. 1. cap. 47. Alexand. conf. 10. & 14. vol. 2. l. folam. Cod. de teftibus.*

Le tefmoin qui depofe contre fa propre confcience, & qui par ce moyen
offence Dieu (le nom duquel il prend à tefmoin à faux) le Iuge (qu'il em-
pefche par fon faux tefmoignage de prononcer iuftement) & le proch in

auquel par ce moyen, il rauit le bien iniuſtement, ayant vne fois eſté conuaincu de faux, ne doit plus eſtre ouy en teſmoignage, ny foy aucune adiou-
ſtée à ſon dire, *Lucius ſſ. de his qui not. infam. l. ſi quis u. ator. C. de tranſact. cap.
teſtes. & cap. horta mur. 3. qu. 9.*

La preuue literale, qui ſe fait par inſtrumens, ou contracts, eſt de deux
ſortes : car les vns ſont publics & authentiques, les autres priuez. Les inſtrumens publics ſont receus par perſonnes publiques , qui ont puiſſance de receuoir tous contracts, ſeruans à l'aſſeurance du negoce de la ſocieté humaine : comme ſont Notaires, Tabellions, Greffiers, & Secretaire des Princes.
Bourgs, Villes, & communautez. Et doiuent tels actes pour faire pleine foy,
eſtre ſouſſignez de celuy qui les expedie , & des parties en leurs originaux,
(fors les actes Iudiciels) ſcelez authentiquement, enregiſtrez, ou protocolez:
autrement ne font foy , *Charles IX 1560. art. 84. & 1572. Henry III. 1579. art.
165. l. 3. C. de tab l. leg. lib 10. Louys XII. 1510. art. 63. François I. 1535 chap. 19.
art 6. G. t'd. & Immul auth ſi quis in aliquo. C. de edendo. Authent. ad hæc. C. de ſid.
Inſtrum. ib. Bart. in Authen. ſi quis. C. qui pot. in pig. hab.*

Ores que les copies ne faſſent foy, quand neantmoins elles ſont deuëment
priuſes , & collationnées aux originaux, par le Commiſſaires à ce depute, ou
par ordonnance du Iuge, partie preſente, ou deuëment appellée, elles font autant de foy que les originaux meſmes, *Iunoc. in c. de fide inſtrum. gloſ. in l. 2. ſſ.
quemadm. eſt. apertant.*

La gloſe de la loy *notationem. §. inſtrumentorum. ſſ. de verb. ſignifi.* attendu que
l'inſtrument eſcript Iudiciellement par perſonne priuée , en preſence du Iuge
tient lieu d'inſtrument public.

L'ordinaire obſeruance Iudicielle eſt , que celuy qui veut inualider l'inſtrument contre luy produit, ſe doit inſcrire en faux, ou propoſer nullité euidente & la faire voir oculairement. Nous auons cy-deſſus dit comme l'on
procede en l'inſtance de faux. Voyez plus au long ſur ceſte matiere, *La franc,
de Aviadano. tract. de inſtrum. ſi le & productione, num. 1. 11. 17. 18.*

Les eſcritures priuées, ſoyent cedules , liures de compte, ou miſſiues, font
foy diuerſement : car ores, que la promeſſe ſoit eſcripte & ſignée de la propre
main de la partie conuenuë elle ne fait non plus de foy qu'vne ſimple miſſi-
ue, qu'apres qu'elle eſt deuëment reconnuë, & ſi la partie ne la veut recon-
noiſtre, ouy luy v uant dans le delay qui luy eſt prefix, elle doit eſtre tenuë
pour reconnuë. Et ſi le cedulé eſt decedé & ſon heritier la deſnie, elle doit
eſtre verifiée par teſmoins, ou par collation, ou comparaiſon de lettres: & de
telle reconnoiſſance tous Iuges ſont competents, *François I. 1539 artic. 92.
Charles IX. 1563. art. 10.* Et e tant reconnuë, confeſſée, ou verifiee, fait pleine
preuue de la debte, emportant hypotheque dés ce iour : & peut la garniſon
d'icelle eſtre iugée, *François I. 1539. art. 62. & 93. Charles IX. 1563. art. 10. l.
ſcripturas, & Authent. quæ ſequitur. l. cum tibi. C. qui pot. in pignoribus habeantur.*
Et à remarquer qu'apres le delay de faire enqueſte expiré l'on peut eſtre receu
à verifier les teſmoins, le ſeing & l'Eſcriture d'vne cedule deſniée, comme
fut iugé par Arreſt du 22. Decembre 1609. rapporté par Corbin chap. 11.

Quant au liure de raiſon, ou de compte, il fait pleine foy contre celuy
qui tient & l'a par eſcrit : mais il ne preuue pleinement pour luy , ſi celuy
qu'il tient pour debteur , ou quelque teſmoins n'ont ſouſſigné aux parties
tirées en ligne en iceluy, *gloſſ. in l. quædam. §. nummularios , & ibi Angel ſſ. de
edend.*

edend.l.exempla, & rationes, lib.C. de probat.l.cum iadebito. § si.ff. ecd. l.Nesennius Appollinaris ff. de neg. gest.

Et quant à la lettre missiue, elle fait pleine foy, quand elle est reconnuë, ou verifiée, escrite, souscrite, ou cachetée du cachet de la partie, contre qui elle est produite, *l. si contra calumniam. C. de Episcopo. & Cler.l. in bona fide. C. de reb. cred.* Et si elle est desniée, faut recourir à la comparaison & confrôtation des lettres, qui sert de deuë preuue, autrement ne fait foy, *Bart.l. admonendi. ff. de iur. Alex. consi. 74. & 76. Lanfranc. tract. de fid. instr. num. 59. & 60.* *Lettre missiue.*

Quand l'vne des parties respondant sur les faicts de l'autre, confesse le contenu en iceux, il n'est plus besoin d'autre preuue, pour les faicts confessez, qui doiuent estre tenus pour tels, par faute de respondre, suiuant l'Ordonnance ja cy-deuant alleguée. Mais quand faute de meilleure preuue, la partie se rapporte au serment decisif de son aduersaire, il peut estre contraint de iurer pour la decision de l'instance, dependant de son serment, soit que la somme excede les cent liures de l'Ordonnance, ou non, mais celuy qui l'a deferé n'est plus receu en preuue testimoniale de ses faicts, *l. insiurandum, ff. de iureiur.l. delata. C. eod. Arrest de Paris du 10. Octobre, 1512.* *IV. Preuue par serment.*

PROCES VERBAL D'ENQVESTE.

L'An mil six cens & seize, & le Samedy cinquiesme iour du mois de Mars, l'heure de huit heures de matin, à Mascon, au deuant des grands Greffes Royaux dudit lieu, est comparu par deuant Nous Hector Morel Enquesteur, & Examinateur, au Bailliage du Masconnois, M. Anthoine de Chaumont, Procureur de Noble Philibert de Nergues, Escuyer, Sieur du Coin, en la Paroisse de Cenne, lequel nous a dit, & remonstré, qu'en l'instance pendante au present Bailliage, entre ledit Sieur du Coin sa partie, & Noble Anthoine de Tardy, Escuyer, Sieur haut-Iusticier de Sainct Pierre le Vieux, tant auroit esté procedé, que les parties auroient esté declarées contraires, & receuës à verifier les faicts par elles posez & articulez par leurs escritures : comme il nous fait apparoir par l'Ordonnance du sieur Lieutenant General de ce Bailliage, inseré au registre du vingt-deuxiéme Feurier dernier, suiuant laquelle Ordonnance, & en vertu des lettres de commission sur ce obtenuës, ledit Sieur du Coin a fait assigner M. Iean Reuel, Notaire Royal, demeurant à Belle ville, M. Anthoine Versad Notaire Royal de Iarnoist, M. Etienne Deschal Notaire Royal de Iullie, M. Claude Durize, Procureur audit Belle ville, & honnorables Claude & François Aujaz Marchands de Iuillenas, à ce iourd'huy, lieu & heure presente, par deuant nous, pour dire & deposer verité sur lesdits faicts : ensemble ledit sieur de S. Pierre, pour voir produire, iurer & receuoir lesdits tesmoins, ainsi qu'il nous a fait apparoir par les exploicts de M. Iean Vachet sergent Royal, des second & troisiéme du present mois de Mars, A l'encontre desquels partie & témoins adiournez, non comparans, il plaide, & demande deffaut, & pour le profit, quand ausdits tesmoins, qu'il soit dit qu'ils seront readjournez à peine de dix liures d'améde, contre chacun d'eux. Et quant à la partie, qu'il sera passé outre à la confession de son Enqueste, tant en presence qu'absence. SVRQVOY, Nous Enquesteur & Examinateur susdit, auons donné & octroyé acte audict Chaumont de sa compa-

rition, & octroyé deffaut à l'encontre defdictes parties & tefmoins adiournez fauf l'heure de midy de ce dict iour, & pour le proffit, icelle paflee, ordonné que lefdicts defaillans, à ladicte heure, feront readjournez à peine de dix
liures d'amende contre chacun d'eux, & quand à la partie à faute de comparoir aufli à ladicte heure, ou Procureur pour luy, il fera par nous procedé à la
confection de ladicte enquefte, tant en prefence qu'en abfence, fait les an, iour
lieu & heure que deflus.

Laquelle heure de midy aduenuë & expirée, eft derechef comparu par deuant nous Enquefteur & Examinateur fufdit, ledit M. de Chaumont, comme
aufli font comparus lefdits freres Aujaz, deux defdits tefmoins, par ledict de
Chaumont cy-deuant à nous produits, qui a requis en la prefence de Monfieur
de la Charme, Procureur dudit fieur de Sainct Pierre, qu'il nous pleft de prendre, & receuoir leur ferment, & ce faict proceder à leur audition, & examen,
fur les faits pofez par ledit Sieur du Coin, communiquez dés le vingt-fixiefme
Fevrier dernier. Surquoy ouy ledict de la Charme, qui eft demeuré d'accord
de la communication defdicts faicts, & a declaré qu'il protefte de la nullité
de ce qui fera par nous faict & de reprocher lefdits tefmoins, & apres que ledict de Chaumont a protefté au contraire, nous Enquefteur fufdict auons
donné acte aufdictes parties, & audict Aujaz de leur comparition, communication defdicts faicts, de ladicte production, & defdictes proteftations, fauf
& fans preiudice defquelles, fuiuant la requifition dudict de Chaumont, nous
auons à l'inftant, en la prefence dudict de la Charme, Procureur dudict fieur
de Sainct Pierre, & de Maiftre Benoift Bariot adjoinct Royal, aux en-
queftes audict Bailliage, & en l'abfence, & par vertu du deffaut donné contre les non comparans, par faute de s'eftre prefentez à ladicte heure de midy
ou Procureur pour eux, fait iurer & promettre aufdicts Claude &
François Auiaz, la main leuée, par la part qu'ils pretendent en Paradis
& fur la damnation de leurs ames de dire verité. Ce faict a efté par nous
en la prefence dudict adjoinct, procedé à l'audition, & examen de
chacun d'eux feparément & à part, ainfi que par leurs depofitions fera
contenu.

Depuis, & le Ieudy vingt-quatriefme iour defdicts mois & an, nous Enquefteur fufdict, à la Requefte dudict Sieur du Coin, & à caufe de l'indif-
pofition d'aucuns des tefmoins, qu'il entend faire ouyr, qui ne fe peuuent
tranfporter en la ville de Mafcon, nous eftans acheminez dudict Mafcon à
Iulie, diftant de deux grandes lieuës, auec lefdicts Maiftre Barjot adjoinct,
& le Commis du Greffier, au logis, où pend pour enfeigne la Croix Blanche, où eftans, & enuiron l'heure de neuf heures du matin, eft comparu par
deuant nous Enquefteur fufdit, ledit Monfieur de Chaumont, lequel nous a
dit que pour la continuation, & parachcuement de l'Enquefte, par nous en-
commencé, il a fait reaffigner par deuant nous à cedict iour, lieu, & heure, lefdictes Maiftres Reuel, Darize, Verfard, & Defchal, pour dire & depofer verité fur lefdicts faicts : Enfemble ledict Sieur de Sainct Pierre, pour les
voir produire, iurer, & receuoir, à l'encontre defquels il plaide & demande
deffaut auec le proffit de readjournement, à peine de vingt liures contre
chacun defdicts tefmoings, & d'eftre paflé outre à faute de fe prefenter
par la partie. Surquoy, apres que ledict de Chaumont nous a fait apparoir lefdictes affignations, par les exploicts de Vacher Sergent Royal, &

que lefdits Maiftres Reuel, Darize, Verfard, & Defchal, fe font prefentez, nous Enquefteur fufdit auons donné acte de leur prefentation, &
donné, & octroyé defaut contre la partie appellée, à faute de fe prefenter, ny Procureur pour luy, fauf l'heure d'vne heure apres midy, de ce
dict iour, & pour le proffit de ladicte heure paffée, ordonné qu'il fera
par nous paffé outre en fon abfence, ou paracheuement de l'enquefte dudict
du Coin, iufques à laquelle heure nous auons renuoyé lefdits tefmoins.

Laquelle heure d'vne heure aduenuë, & expirée, eft derechef comparu par deuant nous Enquefteur fufdict, ledict de Chaumont, où s'eft auffi
prefenté ledict Maiftre de la Charme, Procureur dudis Sieur de Sainct
Pierre, eftant & comparant auec luy, par la voix duquel il a dit, que
mal à propos il a efté affigné fur la confeffion de l'enquefte dudit Sieur
du Coin, d'autant que bien qu'il foit nommé au Procés, il n'eft neantmoins la principale partie, ains le Sieur d'Efcoüillettes fon frere à qui a
deu eftre affigné, & non luy, requiert partant qu'il foit renuoyé auec defpens de friuole affignation. Et en ce qui concerne la preuue, fouftient
par ledit Sieur d'Efcoüillettes, que la forclufion de verifier luy eft des
long temps acquife, purement & fimplement, mefmes depuis l'octroy de
la commiffion en la vertu de laquelle il a efté affigné, partant ne pouuons
proceder au faict de ladite enquefte, qui fait qu'il protefte de la nullité du tout, & de s'aider par fondit frere de fes forclufions acquifes.
Ledit de Chaumont, par ledit Sieur du Coin a dit, que ledit Sieur
de Sainct Pierre fe trouuera affez partie principale audit procez, attendu
la matiere, dont eft queftion, qui ne reçoit aucune garendie, & quant aux
forclufions alleguées n'en trouuera aucune. Au contraire par l'appoinctement qu'il a en main, rendu Mardy dernier en audiance en la prefence
des Procureurs des parties, delay de verifier fut prorogé audit Sieur du
Coin, iufques à la premiere audiance apres Pafques, partant il eft en fon
delay, pour pouuoir valablement faire proceder fon enquefte. Requiert partant qu'il nous plaife paffer outre à la confection d'icelle, nous
produifant à ces faicts en la prefence dudit Sieur de Sainct Pierre, & dudit de la Charme fon Procureur, lefdits M. Reuel, Darize, Verfard, &
Defchal, defquels il nous a requis vouloir rendre le ferment, ce fait
proceder à leur audition & examen. Ledit de la Charme perfifte, & protefte de fe pouruoir contre la pretenduë Ordonnance de prolongation
de delay, pour n'auoir peu eftre faite au preiudice de tant de forclufions geminées. Ce qui n'a efté moyenné, que pour pratiquer lefdits
tefmoins affidez audit demandeur, fans preiudice dequoy, & fans appro-
bation de ladite enquefte, il protefte de la faire rejetter, de la nullité,
d'icelle, & du reproche defdits tefmoins, & defe pouruoir fur le tout,
& fur la friuole affignation, & contre qui il verra bon eftre. Surquoy
& apres que ledit de Chaumont a protefté au contraire, & requis (comme deuant) qu'il nous plaife de prendre le ferment defdits tefmoins (Nous
Enquefteur fufdit, auons octroyé acte aufdites parties de leur comparition, dire, proteftations & remonftrances, enfemble de la production
defdits tefmoins, fauf, & fans preiudice defquelles proteftations, fui-
uant la requifition dudit de Chaumont, nous auons à l'inftant en la

preſence dudit de la Charme, & dudit Sieur de Sainct Pierre ſa partie, faict
iurer & promettre auſdits M. Reuel Durize, Verſad, & Deſchal, la main leuée par la part qu'ils pretendent en Paradis, & ſur la damnation de leurs
ame, de dire & depoſer verité ſur ce qu'ils ſeront par nous enquis. Ce fait,
a eſté par nous en la preſence dudit adioint procedé à l'audition & examen
de chacun d'eux ſeparement & à part, ainſi que par leurs depoſitions ſera
contenu: faict à luſlie les an, mois & iour ſuſdits, Morel Enqueſteur, Bariot adioint, de Chaumont, de la Charme, & Des-vignes, Commis du Greffier. Du Ieudy 24. iour de Mars, 1616. apres midy, au lieu de Iuſlie logis,
où prend pour enſeigne la Croix blanche, appartenant à M. Abel Micoud,
Greffier de Vaurenard, à eſtre par nous Hector Morel Enqueſteur & examinateur au Bailliage de Maſconnois, procedé à la confection de l'enqueſte
pour Noble Philibert de Nergnes, Sieur du Coin, demandeur à l'encontre
de Noble Antoine de Tardy, Sieur haut Iuſticier de Sainct Pierre le vieux,
deffendeur, en la preſence de M. Benoiſt Bariot, Adioint Royal aux enque-
ſtes, audit Bailliage, & du Commis du Greffier, comme s'enſuit.

Premierement, Maiſtre Claude Durize, Notaire Royal, & Procureur en
la Iuriſdiction de Belle-ville, aagé de quarante-huit ans, ou enuiron, teſmoin adiourné, & produit à la requeſte dudit Sieur du Coin, & moyennant
ſon ſerment cy deuant pris & receu en la preſence du Sieur de Sainct Pierre, & de M. de la Charme ſon Procureur, ainſi qu'il eſt plus amplement contenu par noſtre procés verbal, enquis ſur le contenu de la demande dudit
Sieur du Coin, & ſur les troiſiéme, cinquiéme, ſixiéme, & huictiéme articles de ſes additions premieres, enſemble ſur les ſecondes, cottez en marge
par teſmoins.

Dit, & depoſe connoiſtre les parties demandereſſe & daffendereſſe, deſquelles il n'eſt parent, allié, ſuiet, ny debiteur; moins eſtre leur ſeruiteur do-
meſtique, & eſtre bien ſouuenant que, &c.

REPROCHES DE TESMOINS.

§. 39. 40. 41.

D'Autant que lors de la production des teſmoins, celuy contre qui l'enqueſte procede, ou ſon procureur, a proteſté de les reprocher, l'Ordonnance a voulu, que dans la huictaine apres l'enqueſte faite, & auant la publication d'icelle, celuy contre qui eſt enquis donnera ſes reproches, ſans eſpoir
d'autre delay, *Charles VII. art. 34. & 99. Louys XII. 1512. art. 38.* nous auons
eſtimé n'eſtre hors de propos, d'en faire mention en cét endroit.

Et parce que le reproche qui ne tend qu'à inualider ou eneruer la depoſition du teſmoin, eſt de fait, ou de droict, faut que le reprochant prenne
garde de ne toucher par ſes reproches ceux qui ſont de droict, qu'il ne peut
valablement propoſer qu'apres l'ouuerture & publication de l'enqueſte:
ains ſeulement ceux qui ſont de faict.

<table>
<tr><td rowspan="12">Tous re-
proches
sont ou</td><td rowspan="12">De faict,</td><td>1</td><td>Ennemy de la partie.</td></tr>
<tr><td>2</td><td>Proche parent , ou intime amy de celuy pour qui il dispose, ou son seruiteur domestique.</td></tr>
<tr><td>3</td><td>Infame, condamné en amende pour crime.</td></tr>
<tr><td>4</td><td>Corrompu , ou suborné par argent.</td></tr>
<tr><td>5</td><td>Muet, sourd, fol, pupil.</td></tr>
<tr><td>6</td><td>De sordide & vile pauureté.</td></tr>
<tr><td>7</td><td>Qu'il a procés en semblable cause.</td></tr>
<tr><td>8</td><td>A esté Iuge Procureur, ou Aduocat de la partie.</td></tr>
<tr><td>9</td><td>N'a connoissance du faict, ny des personnes.</td></tr>
<tr><td>10</td><td>Depose en sa cause.</td></tr>
<tr><td>11</td><td>Iure pendant sa deposition.</td></tr>
<tr><td>12</td><td>N'a esté adiourné, & s'offre de luy-mesme.</td></tr>
</table>

<table>
<tr><td rowspan="6">De Droict, contre tesmoin, qui est</td><td>1</td><td>Vacillant.</td></tr>
<tr><td>2</td><td>Contraire en sa deposition,</td></tr>
<tr><td>3</td><td>Singulier.</td></tr>
<tr><td>4</td><td>Qui ne rend cause de science.</td></tr>
<tr><td>5</td><td>N'est fondé que sur oüir dire.</td></tr>
<tr><td>6</td><td>Depose choses impertinentes.</td></tr>
</table>

C'Est vne chose hors de doute, que celuy , *cum quo intercesserunt capi tales inimicitiæ*, ne peut porter teimoignage contre son ennemy, *l. testium, in princ. ff. de stib. l. si quis. C. cod. cum Auth. ibi posit. cap. repellantur. extra. de accusat. cap. quoties. eod. Arrest de Paris, rapporté par Papon sans datte.*

    I.
Ennemy de la partie.

Les peres, mere, freres enfans, parens, proches, & domestiques, ou commensaux de la partie, pour qui est faite l'enqueste, ne peuuent deposer en sa faueur, *d. l. si quis & l parentes. C. de testib. l. etiam. C. de probat §. testes. Instit. de testam. ord. l. quoniam. & l. si testis productus. C. de testib.*

    II.
Parens ou amis.

L'infame, ou qui a esté condamné en amende, pour crime, ne peut porter aucun valable témoignage, *l. 3. §. lege Iulia ff. de testib. cap. ex parte. & cap. super eod. l. testium , ff. eod. cap. testimonium. eod.*

    III.
Infames.

Celuy qui a esté suborné & corrompu par argent ou autres presents , qui luy ont esté donnez, ou promis , pour deposer, *l. si quis in fin. C. de testib. cap. licet causam. de prbat. Bart. in l. diuus? ff. de re iud.*

    IV.
Corrompu, ou suborné.

Si le tesmoin est tel, qu'il ne puisse deposer, pour estre muet, sourd, fol, furieux, ou insensé : auquel l'administration de ses biens est interdite, enfant, ou pupil, qui n'a atteint la puberté : Ou qu'il est en puissance d'autruy , comme Moine regulier, sans licence de son Superieur, *l. 3 §. in bello ff. de re mil. l. Deo nobis. C. de Epis. & Cler. auth. de Monachis §. illud. & §. si quis autem , cap. non magnopere extr. ne Clerici, vel Monachi.*

    V.
Muet, sourd, fol, &c.

Quand le tesmoin est pauure d'vne vile & sordide pauureté , iointe à vne mauuaise reputation de sa legereté , & facilité à deposer volontairement en toutes choses, & pour toutes personnes qui l'en requierent, *Authent. de testibis. §. i. vers. saneimus . l. testium ff. eod. vide Specul. & Alex. consi. 237. vol. 6 glos. in l. 3. in verbo egens, de testibus. Arrest de Paris du mois d' Aoust 1532.*

    VI.
Tesmoin de vile pauureté

Qu'il a procés en semblable matiere , & peut fauoriser sa cause encor indicite, & auoir preiugé . s'il a deposé du faict, *l. quoniam. Cod. de testibu. cap. personas. extr. eod. l. 2. de iud.*

    VII
Qui a procés en semblable matiere

    VIII
Qui a esté Iuge en la cause.

Qu'il a esté Iuge, Aduocat, ou Procureur de la partie en la cause dont est question, & partant ne peut deposer en sa faueur, c. *Romana. de testib. lib. 6. l. fin. ff. eod.*

Qu'il n'a aucune cognoissance du faict, ny des personnes, & ne peut rendre raison de son dire, pour n'estre du lieu, ny cognoistre les parties, & qu'il n'habitoit lors en la Prouince, quand le faict contentieux est aduenu, *l. scimus. §. fin autem dubius. in fin. Cod de iur delib. l. alii. ff. de accus.u. cap. licet ex quandam de testib.*

Qu'il depose en sa propre cause, pour auoir notable interest au faict controuersé *l. omnibus. C. de test. cap. si testes. § item omnibus 4 qu. 3. l. nullus, ff. de test.*

Qu'il est suiet à s'enyurer ordinairement, estoit yure, ou furieux pendant qu'il a deposé *c. 1. extr. de testib. Specul eod. tit.*

Qu'il est venu deposer de son propre mouuement, sans estre requis, ny adiourné, ains s'est offert de luy mesme, pour manifester son animosité, *Auth. nt. de testibus. §. & licet & cap quamquam. 14 quest. 2.*

Les reproches de droict regardent le tesmoin qui vacille, ou varie en sa deposition, *cùm sibi non constet*: Ou depose choses contraires, & repugnantes en plain diametre, ou la deposition dúquel contraire à celle des autres tesmoins. S'il est singulier Ou qu'il ne rende raison de son dire, ou cause de science, appuyant seulement sa deposition sur l'ouyr dire, & sur la voix publique, sans autre plus particuliere specification: Ou qui depose sur faicts confessez, impertinents, ou autres que ceux qui sont posez au procez: car à tel tesmoin foy ne doit estre adioustée. Mais ces obiections, comme nous auõs dict cy-dessus, ne doiuent estre inserées aux reproches, ains gardées pour les contredicts.

Le reproche fourny contre vn tesmoin, qui a esté reprins de Iustice pour crime infamant, est bon pour inualider sa deposition, ainsi qu'il a esté iugé par Arrest, rapporté par Monsieur Loüet sans datte, au chap. 4 de la lettre R. & au chapitre suiuant, il rapporte vn autre Arrest du 24. Iuin. 1532. par lequel fut debouté vn qui poursuiuoit d'estre receu en cause criminelle, à reprocher les tesmoins ouys en vne enqueste sur faicts de reporoches, *raprobatoria reprobatoriorum non admittuntur ex antiquo Curiae stylo, nisi in arduis ex magna causa, & ex religione Iudicum, & eorum officio.*

Est à noter, que le tesmoin qui a deposé pour les deux parties, n'est reprochable, sinon que le reprochant vueille inualider la deposition qu'il a faicte en sa faueur. Au surplus les tesmoins ouys en enqueste precedente en compromis, en recreances, ou que le Iuge a ouy de son office, ne sont reprochables.

Apres les reproches des tesmoins fournis (qui peuuent estre sauuez par contraires escritures aux reproches) suit l'appointement à produire par les parties par inuentaire, entre les mains du Greffier, qui est tenu en faire registre, & ne peuuent estre produictes pieces qui ne seruét au Iugement & decision du procés, ny employé aucune chose en l'inuentaire, que ce qui sera escrit, & designé en iceluy, *Charles VII. sur le style de la Cour. art. 38. Louys XII. 1499. art. 95.*

CONTREDICTS.
§. 24.

APres que les parties ont produict, suiuant l'appointement en droict, elles doiuent respectiuement contredire, & sauuer. Ce qui se doit faire

de huictaine en huictaine. Se donnent contredits, tant sur le principal, recreance, que prouision, & ne doiuent contenir choses qui ne soient deduites,
ou escrites au procez. *Charles VII. sur le style de la Cour, art.36.ed.1454.art.53.* Ne
sont plus recens contre tesmoins. *François I.1539.art.36.* suiuant la Loy, *nequic-*
quam, ff.de edendo. Doct.in cap.præsentia.de probation.cap.series de testib.Bart.in lib.
lucius de his qui not.infam.

Et parce que la preuue des faicts posez par les parties, ne se fait pas moins
par tiltre que tesmoins, comme nous auons dit cy-deuant, est requis de sçauoir comme les titres, documens & enseignemens produits, se peuuent vallablement contredire.

```
                                          ⌠ Noms des contractans.
                                          │ Du iour,
                       ⌠ Et clauses sub- │ De l'an,
            ⌠1 Pour la │ stantielles,com- ⟨ Du mois,
            │ fausseté │ me les            │ Signature,
            │ qu'ils cõ-┘                 ⌊ Scel,
Tous con-   │ tiennent, ⟨
tracts  se  │ par les ra-┌ Ou non substantielles, ⌠ Interpretées par autre,
peuuent    ⟨ tures.     ⌊ sinon qu'elles soient   ⌊ non raturé.
contredi-   │
re, ou      │ 2  S'ils ne peuuent estre leus par la vieillesse.
            │ 3  Pour la datte non exprimée.
            │ 4  Qu'ils contiennent choses contraires.
            │ 5  Par vice de l'article principal.
            ⌊ 6  Par la cancellation.
```

```
               ⌠1  Octroyees par non ayans pouuoir de ce faire.
Lettres de     │ 2  Impetrées auant le procez.
priuilege      │ 3  Quand le temps de l'octroy est amorty.
se contre     ⟨ 4  Les conditions y contenuës ne sont purgées.
disent,        │ 5  Que le contraire a esté iugé.
               │ 6  Que le priuilege y conuenu est reuoqué, ou que l'impetrat y
               ⌊      a renoncé.
```

```
Copies, &      ⌠1  Faites en absence de la partie.
autres a-     ⟨ 2  Par autre que par Commissaire.
ctes se cõ-    ⌊ 3  Non escrites, ou signées par le Greffier, ou Notaire, ou ayant
tredisent.          pouuoir de ce faire.
```

LE contract est éuidemment faux, les signatures duquel tant des parties cõ-
trahantes, que du Notaire, se treuuans contrefaites & falsifiées, ou quand y
a transposition des noms, *l.Paul.ff.de fals.gloss.in l.1.§.qui rationibus in verb. falsi.*
ibid. La peine des faulseres & faux témoins est de la mort. *Françoi I. 1532.*

Le faux se commet aussi, quand la principale substance du contract est
changée, & qu'il se trouue en autre forme que les parties ne l'ont passé, ou
quand le contract est raturé, ou corrompu par ratures és lieux suspects, cõmme au nom des parties, au iour, an, au mois, signature, ou apposition de faux
seel, qui sont choses, où le faussaire encourt la mesme peine que dessus,

l.quid sit falsum quæritur.ff.de fals.1. §.qui in rationibus, & §.ad testamenta. lib.lege Cornelia esd. Arrest de Paris.

III.
Vieillesse des contracts.

Quand les contracts pour leur extréme antiquité sont en tout ou en partie effacez, & ne se peuuent lire, & partant ne peut estre reconnu le fondement de l'action, telle defectuosité rend l'instrument de soy nul *Bald. Ias. Alex. & Salic. in l.si ex falsis. C.de trans.Felin.in c.fraternitatis,extr.de Alex.consil.42.part.4.*

IV.
Ratures en clauses qui n'importent.
V.

Que si les ratures ne sont faites és clauses, qui importent à la substance du contract; ou que ce qui est raturé soit interpreté par autres clauses saines & entieres, telle rature ne nuit, *innocent.in d.cap fratern.Bald.d.l.si ex falsis.*

Le mesme peut estre dit du tesmoin, qui deposant faux en chose de consequence, illide entierement sa deposition, comme quand il nie estre parent, ou allié de celuy pour qui il depose, & le contraire se iustifie apres, *locis sup.alleg.*

VI.
Instrument cancellé.

L'instrument cancellé de quelque nature qu'il soit, est nul, de nul effect & valeur, *Cancellatio enim parit liberationem.l. Labeo.ff.de pact.l.inductum. C. de solut. Bart.in l.sin.rem ratam habere.ff.l.1.& 2.de his qui testament.d.l.vide Rebuff tract.de cancel.instrum.pet.art.1 gloss.oppositionis.*

I.
Lettres de priuilege.
II.

Lettres de priuileges ne peuuent estre dites telles, quand elles ne sont fondées que sur le droict commun, duquel vn chacun se peut ayder sans telles lettres Mais si elles contiennent priuilege particulier, & qu'elles soient octroyées par personnes n'ayans pouuoir de ce faire, elles sont inutiles à l'impetrãt d'icelles, ou si le priuilege a esté sobrepticement obtenu, est inciuil, ou contre le droict, *l.rescripta.de precib Imp.ff.l.fin. Cod.si contrarius Bald l.puniri.*

III.
Temps de l'octroy expiré.

Que le temps concedé par l'octroy de telles lettres est dés long-temps expiré: partant ne peuuent seruir, comme les lettres de Iustice surannées, lettres d'attermoyement, ou de respit, *cap.si autem.& c.plerumque de rescript. Guid. Pap. quest.135.Rebuff.in proœm.reg.constit.tom.1.num.44.*

IV.

Que les conditions y contenuës, ne sont encor purifiées, *Alex. consil 95. Decius cons.421.arg.l.vnic.C.de plus petit.*

V.

Que le contraire a esté iugé par Arrest, & iugement dernier. Que le priuilege a esté reuoqué par le Prince, ou que l'impetrant y a expressement renoncé, *cùm quilibet inri pro se introducto renunciare possit, l.penult. C.de pact. capite diligenti de for.compet.*

VII.
Copies, & autres actes qui se contredisent.

Quand aux copies, ou extraicts produits, qui n'ont esté faits partie presente ou deuëment appellée, ils peuuent estre contredicts, pour ne faire aucune foy: non plus que ceux qui sont faicts par autre que le Commissaire à de plus specialement delegué, ou non signifiez par le Greffier, Notaire, Secretaire, Procureur ou autre, ayant pouuoir vallable de ce faire. *l.de vnoquoque de re iud.Arrest de Paris du 10.May 1521.*

SALVATIONS.

§. 43.

Saluations, quoy.

LEs saluations sont proprement les deffences & solutions des argumens contenus és contredicts & reproches des tesmoings, que celuy, duquel la production est contredicte, propose, pour sauuer & iustifier sa production, tant par la validité des contracts par luy produicts, que par la foy des tes

moins

moins , ou en son enqueste,ou preuue testimoniale , & peuuent ces dernieres escritures estre fournies,que le procés ne soit plainement instruict, & qu'a-
pres auoir eu copie de contredicts de partie aduerse,*l. stit de repir.l.2 ff.de except. Guid. Pap.q.500. c.licet de testib vide Rebuff.in tract.de reprob.& ja.at.test.*

Apres que les parties ont respectiuement contredict, & saué leurs productions , le plus diligent fait signifier le port du procés qui est remis entre les
mains du Iuge,pour decider la cause par son Iugemét seul, ou auec Assesseurs,
& où ne seroit remis par l'vne des parties , il peut ordonner , qu'à faute de
remettre dans tel brief delay, qu'il ordonnera, qu'il sera par luy rendu droict
sur ce qui se trouuera par deuers Cour, sans autre forclusion, ny signification
de requeste *Charles VII. touchant le style de la Cour ,art. 35. Paul.in l. inbemus.C
de iudic.& l. 1. C. de inueiur.propt.Cal. dand.*

Sentence
quoy

LA sentence est l'equitable iugement, que le Iuge, ou celuy qui a puissance de iuger,prononce pour derimer le different des parties , & mettre fin
à leur controuerse, *Specul. tit. de sent. §. Hstiensis in summa eiusdem tit. Rebuff.
in præfat. tractat.de sententiis execut. nonob.num.2.*

Toute sentence est ou	1 Iterlocutoire	{	Prononcée de viue voix. Ou Inserée aux actes iudiciels.
	2 Prouisionelle	{	Qui regle les parties au principal. Ne condamne qu'en caution.
	3 Deffinitiue	{	Prononcée par Iuge , seant au tribunal Iudiciel. A l'heure accoustumée des plaids. La partie appellée pour ouyr droict.
	4 Toutes sentences se peuuent corri- ger, fors	{	La deffinitiue, les lieux obscurs de laquel- le peuuent estre interpretez par le Iu- ge qui l'a renduë.
	5. Ne doit la senten- ce contenir les cau- ses du iugé,fors	{	L'interlocutoire. Le congé. Demande de despens.

LE Iuge, auquel le procés instruict est remis pour iuger, n'est tenu d'appeller autres Assesseurs,que les Conseillers de son Siege, s'il en a ou ceux
qu'il a pour Assesseurs necessaires,sinon quand il s'agit de matiere prouisionnelle,comme de creance,sequestre,garnison, &c. Ne peut neantmoins appeller Assesseurs que ce ne soient Aduocats graduez, qui ayent trois ans entiers
postulé en son Siege,ou ailleurs,qu'il prendra esdites matieres en nombre de
cinq ou sept,à fin que son iugement puisse estre executé : nonobstant l'appel,
Louys XII. 1512. & Henry. I. 1549.

Asseeurs
que le Iu-
ge peut appel-
ler, & seront
bien.

I.
Sentence interlocutoire.

Si la Sentence interlocutoire, le Iuge la prononce de viue voix, ou la fait rediger aux actes iudiciels, sans la faire solemnellement prononcer, comme les definitiues, & n'est telle sentence suspenduë pour l'appel, se pouuant reparer en definitiue, *Charles VIII. art* 53.

II.
Sentence prouisionnelle.

La sentence prouisionnelle contient communement reglement pour le reste de la cause, sinon qu'elle fust reglée par vn registre, ou appointement procedent, & ne peut estre faicte condamnation par icelle, sinon en baillant bonne & suffisante caution. Telle sentence est executoire nonobstant l'appel, en matiere d'alimens, medicamens, & salaires, iusques à vingt cinq liures comme aussi en reception de dot, d'action de tutelle, confection d'inuentaire, interdiction de biens aux prodigues & furieux, & refection de ponts, & passages, *Loys XII. 1499. art. 80. Charles VIII. art. 51.*

III.
Sentence definitiue.

La definitiue doit estre solemnellement prononcée à iour d'audiance, les plaids tenans, par le Iuge, ou son Greffier, partie presente ou appellée, pour ouyr droict, ou en presence de son Procureur, & apres la prononciation doit estre deliurée par le Greffier aux parties qui la requierent, *Charles VII. art. 17.* & ne doit estre differée la prononciation pour le delay requis par les parties, *idem art.* 8.

IV.
Que les Sentences se peuuent corriger, & comment.

Nous auons dit en nostre diuision, que toutes Sentences fors la definitiue, se peuuent corriger. Ce qui ne doit estre entendu de la substance de la sentence: mais seulement des accidens d'icelle, le mesme iour qu'elle est prononcée, & auant qu'elle soit expediée aux parties. La seule sentence definitiue prononcée ne reçoit aucune correction, bien peut elle estre interpretée aux chefs, qui semblent contenir quelque obscurité, ou ambiguité: mais il faut que ce soit auec connoissance de cause, & la partie appellée pour cest effect, *l. Iudex. ff. de re iud. cap. in litteris. & cap. venerabili. de off. & potest. Iud. de reg. cap. si compromissarius, §. si vero. de elect. lib 6 l. quod iuß. ff. de re iud. cap. cum cessauie. extr. de appell.* Si toutesfois le Iuge apres la sentence prononcée, descouure vne manifeste surprise sur luy auoit esté faicte, sur laquelle a procedé son Iugemét, il la peut renoquer, & ainsi fut iugé par Arrest de Paris, rendu au profit de Madame de Guise le 13. Feurier 1602. rapporté par Peleus liur. 5. act. 20.

La sentence interlocutoire, le congé desfaut & demande de despens contiennent communement la cause du iuge, non les autres Sentences. *Aduerte lecteur,* que les Sentences prouisionnelles sont executoires par corps, s'il n y a à ce obligation speciale, ou declaration precedente, Iugé par Arrest du mois de Mars, 1602. rapporté par Peleus liu. 6. art. 8.

Ne peut estre renduë aucune sentence definitiue sur desfauts & contumace, que la demande du demandeur n'ait esté verifiée par tiers ou tesmoins, *François I. 1539. art. 72.*

La sentence prononcée par Iuge ressortissant à la Cour, *omisso medio,* portant condamnation d'amande, non excedant vingt-cinq liures, est executoire nonobstant l'appel, *Loys XII. 1465. art. 72.*

Sentence definitiue en matiere pure personnelles non excedant dix liures, peut aussi estre executée, nonobstant l'appel. *Charles VIII. art. 52.*

Sentences executées à lettres de Chancellerie.

Est à remarquer, que toutes Sentences, qui peuuent estre executées nonobstant l'appel, ne sont suiectes à lettres de Chancellerie, ou authorisation des Cours, *Loys XII. 1519. art. 87.*

Ores que l'vne des parties deffaille, le procés estant appointé en droict,

le Iuge neantmoins peut iuger le procés, & prononcer fon iugement, *Fran-*
çois I. 15. 39. art. 80. contre la difpofition de la l.y 2. fi reus vel accurf. mort. & l.
penult.ff. quæ fentent. fin. appel. refcind.

SENTENCE PROVISIONNELLE.

ENtre Maiftre Iean Bouquin, Procureur en la Iurifdiction de Belle ville
demandeur en parachevant d'execution, par Muguet fon Procureur,
d'vne part, & Iean Mettrat le ieune, deffendeur & oppofant par Noël l'aifné
fon Procureur d'autre, ledit Muguet pour le demandeur, remonftre que le
faiziefme iour de Nouembre de l'année mil fix cents douze, ledit Mettrat paf-
fa obligation au proffit dudit M. Bouquin fa partie, de la fomme de quatre
cents foixante liures pour les caufes contenuës en ladite obligation, receuë
par Amand Notaire Royal, pont auoir payement de laquelle apres vne longue patience de quatre années, il a efté contraint en vertu de nos lettres de
faire faire commandement audit deffendeur de luy faire payement de ladite
fomme, & à refus faict proceder par faifie fur fes meubles, dont il a luy-
mefme fourny la main de Iuftice, & fur les fruicts de fes immeubles, aufquels
il auroit fait eftablir de Commiffaire pour le regime d'iceux, & comme il a
voulu proceder à la vente des chofes faifies, le deffendeur a formé oppofition,
dont il a depuis defduit les caufes, n'alleguant neantmoins rien par icelles
de confidei able, qui a efté le fujet que la caufe a efté reglée à plaider. Ledit
Muguet fouftient, que veu fon obligation faire & entiere, & en bône & probante forme, en deduction de laquelle l'oppofant n'allegue aucun payement,
ains feulement quelque voyages qu'il dit auoir faicts pour les affaires du demandeur, auant la paffation de ladite obligation qu'il doit eftre dit, que l'execution, comme ayant bien & deuëment procedé, fera parachevée auec defpés,
dommages & interefts. Ledit Noyel l'aifné pour le deffendeur, dit qu'il perfifte au contenu de fes caufes d'oppofition, qu'il offre verifier. Ledit Muguet
conclud à garnifon pendant procés, en fe rendant par fa partie depofitaire de
la fomme deuë, ou baillant bonne & fuffifante caution. Surquoy dit a efté par
nous Claude Charreton, &c. lecture faicte de l'obligation, de l'execution de
laquelle eft queftion, que le deffendeur eft condamné à garnir pendant procés
la fomme contenuë en ladite obligation, entre les mains du demandeur, en
cautionnant par luy deuëment d'icelle rendre, s'il eft dit cy-apres que faire
fe doiue, & reglant les parties au principal, que le demandeur refpondra aux
caufes d'oppofition dudit deffendeur, dans trois iours, efcriront les parties
par additions premieres & fecondes de huictaine en huictaine, pour apres
eftre reglées ainfi qu'il appartiendra. Faict iudiciellement le 6. Decem. 1616.

Et fur le champ, pour auoir par ledit demandeur execution de noftre iugement, il a prefenté pour caution Sieur Nicolas Defchamps le ieune, Marchand de Ville franche, notifié de fuffifance, par Sieurs Philippes, & François
Turrin freres, auffi Marchãds, contre lefquels apres que ledit Noyel n'a fçeu
dire aucune chofe, & qu'ils ont prefté le ferment en tel cas requis nous auons
reçeu ladite caution à la notification fufdicte, & les promeffes dudit Bouquin, de les garder de perte, & fuiuant icelle fera noftre iugement prouifion-
nellement executé comme deffus.

M 2

LES ESPICES.

Salaire à
ceux trauaux.

PAr toutes loix diuines, & humaines, il est permis en quelque profession que ce soit, à celuy qui trauaille, de viure de son labeur. Et côme les chefs de Iustice ayans la principale peine à rendre droict, leur salaire qui depend de leur seule taxe, doit estre plus grand qu'aucuns des autres membres, *quantoratem qui temperat, anteit remigis officium.* Ioinct que pour ne se rendre pauures, vils, & abiects, il faut qu'ils soyent honnestement entretenus en la splédeur & grandeur, esquelles leurs estats sont consacrez. Toutesfois leurs vacations, & de leurs Assesseurs ont esté reglées cy-deuant, tant par Ordonnance de *Louys XII. art.* 58. & 69. & autres Roys ses successeurs, iusques à Charles IX. que par diuers Arrests des Cours souueraines, & tel reglement se peut rapporter à la consideration des articles suiuants.

1. Qu'elles soyent taxes par le Iuge, & ses Assesseurs, au proces iuge, auant rompre l'assemblee.

2. Que la taxe en soit moderee, eu égard à la qualité des parties grandeur, ou mediocrité de la matiere, dont sera question au procés vuidé.

3. Que la taxe soit escrite au pied du *dictum*, de la main du Iuge, pour sçauoir à quelle somme elle reuient, & par qui elle est payable.

4. Les Baillifs, & Seneschaux de robbe-courte, quoy qu'assistans à la vuidange des procés, ne doiuent signer, ny prendre part aux espices.

Aux espices il faut,

5. Si la sentence du Iuge d'appel porte sans despens de la cause d'appel, & condamne es despens de la cause principale, doit les espices de la cause d'appel.

6. Et si la sentence porte sans despens des deux instances, celuy qui prend même l'Arrest ou Sentence, paye les espices, & neantmoins à executoire pour la moitié.

7. Les espices des crices seront payees par l'adiudicataire des biens subhastez, *Henry II. art.* 12. mais celles des reglemens, Sentence de diuention entre les poursuiuans, opposans, & les proprietaires, & du decret, doiuét estre payees par le proprietaire.

8. Le *dictum* ne peut estre retenu, ny dilayé à prononcer, faute de payer les espices, quoy que le contraire s'obserue.

APPEL DE LA SENTENCE
DV PREMIER IVGE.

§. 50. 51. 52. 53. 54. &c.

Appel quoy.

SI par la Sentence, renduë sur le differend des parties, portant absolution au profit du defendeur des fins du demandeur, ou condamnation à la forme de la demande, l'vne ou l'autre est greuée, la voye d'appel leur est ouuerte.

L'appel, à proprement parler n'est autre chose que l'impetration du Iuge Superieur, pour la reuocation d'iniquité, ou ignorance commise par le Iuge

inferieur, en la Sentence par luy prononcee, ou pour fuppleer à ce qu'il a inept-
tement obmis, que Balde appelle, Theriaque des oppreffez contre le venin
des Iuges, *Bald. in l. C. 1. fi à moment. poff. fuer. appell. l. 1 ff. de appell. Hoft. &*
Azo. in l. præfecti. ff. de minor. & in fumma. de appell. §. quare app. llatio fit intro-
ducta. Alexand. conf. 113. vel. 5.

Eft à con-
fiderer en
l'appel.

    1 Comme il doit eftre receu.
    2 Dans quel temps l'on doit appeller.
    3 Par deuant qui l'on peut appeller.
    4 Appel par acte, la partie abfente.
    5 L'appel contenu au relief, où doit eftre.

        1 L'adiournement à la partie, & inthimation au Iuge.
        2 Deffenfes de rien innouer pendant l'appel.
        3 Commandement au Greffier de porter ou enuoyer le procés.
        4 Relief de *illico*, ou de ce qui aura efté obmis.

Le Iuge fur l'appel peut eftre pris en partie formel les és cas de

    1 Concuffion.
    2 Entreprife de Iurifdiction.
    3 Iugeant de fon mouuement fans pourfuite.
    4 Nonobftant l'appel, en matieres qui excedét fa cognoiffáce
    5 Appel du deny de Iuftice.
    6 Appel comme d'abus.

Le Seigneur doit eftre inthimé, non fon Procureur d'office:

Reglement de la caufe, apres l'appel releué, & inthimé.

Appel du Sergent, conuerty en oppofition.

I.
Appel com-
me doit eftre
receu.

LOrs que la partie condamnée, ou fon Procureur, fe porte pour appellant
à la prononciation de la Sentence, foit qu'elle foit par le Iuge iudiciellement prononcée fur la plaidoirie verbale des Aduocats, ou Procureurs des
parties, ou qu'il aye faict lire fon *dictum*, il doit receuoir l'appel reueremént,
& le faire enregiftrer, cóme chofe legitimement permife de droict. La bien-
feance toutesfois, & modeftie du barreau requerroit, que l'appel ne fuft formé qu'apres l'audience, *onni appella tam defertur in hoc regno (dicit Rebuff. in*
prœm. Regiar. conftit. gloff. num. 99) ob fuperioris reuerentiam, niti fententia fit per
ordinationem regiam executoria: glo. in §. 1. verf. iniufta de friuol. appel. in prag.
mat. & in ftylo Parlam. prima parte rubric. quoram appel. non.

Que fi la partie n'appelle à l'inftant de la fentence renduë, ou prononcée,
il eft bien receuable de former fon appel dans dix iours apres qu'il peut faire
auec fon Procureur enregiftrer au Greffe fans qu'il foit tenu en declarer les
caufes. De mefmes il a dix iours pour renoncer à fon appel interjetté, *Amb*
hodie autem. C. de appell. gi. f. in l. 1. de temp. & repar. appell. Charles VII. art 16.
doit la renóciation eftre ecrite au pied de l'acte. *Arreft de Paris du 18. No. 1566*

II.
Dans quel
temps l'on
doit appel-
ler.

Souuent il aduient, que pour n'auoir la partie: ny fon Procureur efté
prefens à la prononciation du Iugement, l'appel ne peut par eux eftre formé, que lors que la pourfuite fe fait pour l'execution d'iceluy, & lors il peut
eftre interjetté, fi toft que la Sentence eft venuë à fa notice. Vray eft, que s'il
y auoit plus de quarante iours que la Sentence fuft renduë, pour eftre receu
appellant, il feroit neceffaire d'obtenir lettres, afin d'eftre releué d'iceluy, &

III.
Par deuant
qui l'on peut
appeller.

le procés verbal de l'executeur de telle Sentence, estre fuiey dudit appel c'est le texte formel du chapitre *concertationi. de appell. in 6. vbi tempus tantum currit à die venie, contra dissositionem Authent. hodie. C. de appell. vide Rebuff. in prœm. constit. Reg. tom. 1. glos. 5. num. 93.*

Quelquesfois ne pouuant la partie auec seureté se transporter ou enuoyer au lieu, où il est besoin interietter l'appel, il le forme par deuant Notaire & tesmoings, de tout ce qui a esté iugé & ordonné, auec protestation des attentats: mais telle forme d'appel doit estre signifiee à la partie, pour estre valable, autrement n'empesche que l'appellant ne soit condamné aux despens *Arrest de Paris du dernier May* 1590. *des grands iours de Moulins du* 7. *Octobre* 1540 *& du* 10 *Ianuier* 1563.

Et manquant toutes ces obseruations suffit à l'appellant d'inserer son appel aux lettres de relief, pour les Bailliages, ou aux lettres Royaux pour la Cour & Senechaussées, qui ont autant de force pour la validité de l'appel, que s'il estoit enregistré.

Si toutesfois l'appel est contenu au relief ou lettres, sera necessaire d'y obseruer quatre poincts principaux qui necessairement y doiuent estre. Sçauoir d'adiourner la partie, en faueur de laquelle a esté renduë la Sentence, dont est appel, à iour certain: & inthimer l'appellation au Iuge, pour se trouuer au iour & lieu assigné, s'il cuide que l'affaire luy touche. Qu'il contienne deffenses generales tant au Iuge, qu'à la partie de ne rien innouer ou attenter pendant l'appel au preiudice d'iceluy. Commandement au Greffier de porter ou enuoyer le procés au Iuge superieur, auquel la decision de la cause d'appel appartient dans le delay qui y sera prefix. Et s'il y a quelque obmission, soit de n'auoir appellé *illico*, ou que l'appellation interiettée fust deserte, que l'appellant soit releué par lesdictes lettres à ce que sans y auoir esgard le Iuge d'appel procede au Iugement de la cause, *Charles IX. en Ianuier,* 1575. *vide Imbert. Instit. for. lib.* 2. *cap.* 4.

Faut remarquer que toutes appellatious resortissantes à la Cour, doiuent estre releuées dans trois mois, & aux Bailliages & Seneschaussées dans quarante iours: autrement sont les appellations desertes, & permis au Iuge (le dict temps passé) de faire executer son iugement nonobstant ledit appel, s'il est requis par la partie qui a le choix de ce faire, ou de faire appeller l'appellant en desertion, *Felin. cap. ex parte de rescript. Charles VIII.* 1493. *art.* 59. *François I.* 1535. *chap.* 16. *art.* 3. *Arrest des grands iours de Moulins,* 1540. *suyuant la glos. in l. eos. C. de appell. l. quoniam & l. si contra maiorem eod.*

Ores que le Iuge, qui a prononcé la Sentence, dont est appel, ait erré en fait & en droict, il ne peut neantmoins estre prins en partie formelle, sinon és cas suyuans: A sçauoir si instruisant le procés, ou faisans sa Sentence, il a commis fraude, dol, ou concussion, dont l'on puisse tirer preuue en consequence de la commission, qui pour ce doit estre insée aux relief, *tot. tit. & præsertim l.* 3. *C. ad leg. Iul. repetund. solent. in fin. ff. de offic. Proconf. & l.* 2. *in fin. ff. de condict. ob turp. cauf. vid. Rebuff. vol.* 3. *tract. de salar. tax. & c. num* 3. *& l.* 12.

Si sciemment & contre les remonstrances à luy faictes, il a vsurpé la Iurisdiction d'autruy, & entreprins par dessus ce qui est de sa charge, *François I.* 1540. *art.* 2. *Voyez Papon liure* 19. *en deux Arrests,* l'vn du 15. l'autre du 19. *Feurier,* 1529. *Charles VII.* 1453. *art.* 10.

Si sans aucune pourfuite, sous le nom emprunté par autry de son propre & seul mouuement, il a iugé, ou procedé, la partie supposée, declarant que rien n'a esté fait à sa requeste. Et si apres l'appel interiecté de son iugement il a iniurieusement attenté par dessus l'appel, par grief irreparable en definitiue, ou autrement, *Bald. in §. indices, col. 2. de pace im. firm. Dec. cap. inter cetera col. vult. de rescrip. Lanfranc. in rep. l. admonendi ff. de inreiur. vide Rebuff. tract. de sent. exec. non. bst. appell.*

Si l'appel est du desny de Iustice, lors que le Iuge fauorisant contre son deuoir l'vne des parties, se rend plus lõg qu'il ne doit à rendre droict apres trois solénelles sommations iudicielles, faictes par trois huictaines, l'appel est bien fondé, La forme est baillée par *Abbas, in cap. cum causam. de effic. deleg. in extr. Musuer tit. de appell. num. 4. Arrest de Paris du 18. Iannier. 1532.*

Quand l'appel est formé comme d'abus, qui ne peut ressortir ailleurs qu'en vne Cour souueraine, & a lieu. Quand le Prelat, ou Iuge Ecclesiastique entreprend au preiudice de la Iurisdiction layque. Quand il prononce, ou connoist au preiudice, & contre l'ancienne liberté & immunité des suiects du Roy en ce Royaume de France. Quand il entreprend contre les Ordonnances Royaux, & Arrests des Cours souueraines. Ou contre les saincts Decrets & Concilles, notamment celuy de Basle, Canons des Papes, & Constitutions des Prelats. Et quand les Iuges laics, ou officiers Royaux entreprenent, ou ordonnent quelque chose au preiudice, ou diminuation Eccleasiastique, & de la liberté priuileges, & authorité du Clergé, *François I. 1539. 6. 7. 8. & 1541. Henry III. Estats de Blois, 1579.* Pour cette matiere, voyez *Chopin. de sac. pol. lib. 2. Papon l. 9. tit. 2. de ses Arrests, les Arrests de Monsieur le President le Maistre. au tit. des appellations comme d'abus. Imbe. l. 2. de Instit. Forens. chap. 3. & en son Enchiridion.*

Ores que par les Ordonnances de nos Roys, les Seigneurs haut iusticiers soient responsables de leurs Officiers, si est-ce qu'en cas d'appel le Procureur d'office ne peut estre appellé, mais bien le Seigneur, parlant à la personne de son Procureur d'office, & n'est le Seigneur appellé sinon pour sçauoir s'il veut soustenir ses Officiers, §. si quis postulante. instit. de Act. Arrest de Paris. du 27. Aoust. 1542.

Pour le reglement de la cause, apres l'apel releué, & inthimé, faut noter que si l'inthimé ne se presente, est contre luy octroyé deffaut premier & second, sauf le delay competant, selon la distance des lieux, pour le proffit desquels peut estre le iugement reuoqué, ou ordonné, que l'exacution du iugé surseoira, iusques autrement soit ordonné, auec despens des deffauts. Que si l'inthimé se presente, non appellant, defaut congé luy est octroyée contre l'appellant (aux despens duquel le procés doit estre rapporté) sauf tel temps que la qualité des parties, granité de la matiere, & distance des lieux requerra. Et si le tout a bien procedé, pour le proffit du deffaut congé est ordonné, qu'il est tenu & reputé pour non appellant, & que le Iugé sortira son plain & entier effect, auec despens de la cause d'Appel. Ainsi deux d'effauts sont requis contre l'hintimé, & vn seul contre l'appellant, *Vide Rebuff. tot. tract. de centum. & defectu vtilit. cor.*

Si tous les deux comparent apres que l'inthimé a communiqué la sentence dont est appel (ce qui est tenu de faire) auant tout œuure, & que de conclurre en la cause, les fins de non receuoir doiuent estre proposées & vuidées: Comme de n'auoir appellé illico. D'auoir laissé tomber l'appel en desertion, pour n'auoir releué dans le temps. De n'auoir appelle de la sentence, ou appoinctement precedent, qui seruoit de preiuge à la sentence, dont est appel.

Ou si appellant n'a aucun interest en la sentence renduë, pour ne luy toucher aucunement. Si l'appel est d'vne personne priuee, non d'vn Iuge competant. Si l'appel est fondé sur vn grief aduenir. Que l'inthimation n'a esté faite a personne, ny à domicile. Si aux exploits il n'y a point de tesmoins, lieu, iour, ny heure. Si les actes, ou exploits sont faux. Si tous ceus qui ont interest en la cause d'appel ne sont appellez &c. Sinon que desdites fins de non receuoir, & non proceder, l'appellant fut relené par les lettres de relief.

Et si aucunes des fins susdites ne se trouuent en la cause, apres que les parties se sont de aémēt l'vne à l'autre respectiuement cōmuniqué toutes leurs pieces, si l'appellation est valable, elle est vuidée en audiances sur la plaidoirie des Aduocats des parties, & lors est prononcé sur le bien, ou mal iugé *Charles VIII. art. 33.* Que si c'est vn procés par escrit, apres qu'il est rapporté au Greffe, & que les parties auront conclu (ce qu'elles sont tenuës faire dans trois iours) l'inthimé, ou bien l'appellant, au mal iugé, les parties sont assignées à fournir de leurs griefs, & responsifs, dans le delay qui leur est limité par le Iuge. Sinon que l'vne des parties presentast requeste incidente, ou obtint lettres pour estre receuë à proposer faicts nouueaux, & iceux verifier, ou a produire pieces qu'il n'auoit produict en premiere instance &c. sur lesquels incidens des parties procedent auant le iugement du principal, vray est que la production nouuelle est tousiours contredicte aux despens du produisant.

Appel de Sergent conuerty en opposition.

L'appellation verbale, interiecté au commandement fait par le Sergent, est ordinairement conuertie en opposition, traictée pardeuant le mesme Iuge qui a ja cogneu du procés *Charles VII. 1446. art. 11. Masuer tit. de appel. n. 16. 17. 18.* principalement s'il excede les bornes de sa commission, *l. arbiter. ff. qui satisdat. cog. Arrest de Paris du 27. Iannier, 1555.*

Amende du fol appel.

L'amende du fol appel est à la Cour de soixantes liures parisis. En la Cour des Generaux, de dix liures parisis. Aux Bailliages & Seneschaussées, & pays coustumier de soixante sols, *François I. 1539. art. 16. Fab. in l. illustres. C. de mo to mulct. Masuer. tit. de appel. num. 4.*

NON RECEVABLES APPELLANS.

ORes que toute personne greuée par la Sentence renduë & prononcée, ou que la Sentence touche, & y a interest, en puisse appeller, *l. cum à sententia ff. de appel. cap. omnis oppressus, & cap. ideo. 2. qu. 6. c. vt debitus extr. de appel.* Si est-ce que celuy qui est condamné de son consentement, n'est receuable appellant, sinon qu'il opposast par lettres obtenuës de la Chancellerie, que le consentement, ou la confession par luy faicte, en consequence dequoy seroit ensuiuie la Sentence, auroit par luy esté faicte par erreur, fraude, circonuention, ou ignorance, *l. obseruare. & ibi Bald. C. quorum appel. non recip.*

Le condamné par contumace n'est receu en son appel, sinon en payant les despens de la contumace, comme preiudiciaux, & auant que d'estre ouy, lesquels, ores qu'il emporte gain de cause, il ne recouure iamais, *ex conf. §. cum qui ff. de appell. cui. concordat Textus l. & post edictum. §. sciendum est ff. de iud. & ibi Bart.*

De mesmes l'Officier condamné pour l'abus commis en sa charge, si ce n'est que la correction ou peine excedast limites d'equité, *l. ab executore. C. quorum appell. non recip. oute extr. de appellat.*

Celuy qui a acquiescé au iugement contre luy rendu, soit à la prononciation

ciation de la Sentence, ou a l'emologation d'icelle, & a requis delay pour y
satisfaire, ne peut non plus estre receu appellant, sinon que pour iustes & pro-
bables causes il en fust releué, *l. adsolutionem. C. de re iudic. c. gratum extr. de
effic. deleg.*

Le condamné par trois Sentences definitiues en diuerses Iurisdictions est
du tout non receuable appellant de la troisiesme, *l. vn. C. ne liceat in vna eademque causa tertio prouoc. cap. directé. de Appellation.*

Condamné
par trois
Sentences.

DE QVI ON PEVT APPELLER.

N'Est licite d'appeller du Pape, de l'Empereur, du Roy, ou du Prince souuerain en terre, si tant estoit qu'il est ordonné quelque chose sur le different de ses subjets (ores qu'il n'aye aucune Iurisdiction contentieuse) non
plus que des Arrests rendus par les Iuges souuerains, ou Commissaires, qui
peuuent faire executer leurs iugemens : nonobstant opposition, ou appellation, *l. 1 ff. à quib. appell. non lic.*

De qui on
ne peut ap-
peller.

N'est aussi licite d'appeller de la Sentence interlocutoire, *l. 2. ff. de appell.
recip. l. ante C. quorum appell. non recip. l. ante eo. l. 2. C. de Episcop aud. Charles VIII.
art 53 François I. 1519. art. 4. Rebuff. tract. de sent. exec. nonob.* sinon que par telle sentence fust fait grief, au condamné, qui fust irreparable en definitiue, *l. secundum, & l. 2. ff. de appell. recip. Dict. in l. quea iussu ff. de reiud.*

De la Sen-
tence inter-
locutoire.

Ny des Sentences prouisionnelles, où le Iuge peut ordonner, qu'elles seront executées nonobstant opposition, ou appellation quelconque, à caution,
ou autrement, comme sont les cas mentionnez és Ordonnances de *Louys
XII 1499. art. 81 82. & François I. 15. 16. art. 6. Arrest de Paris du 5. Mars. 1596.*
cité par *Rebuff. tract. de sent. exec. nonobstant appell. art. 7 gloss. 1. quem vide.*

Ny des Sentences de soy nulles, ou qui ont esté rendües, an & iour sont
passez, *l. si constat. l. si expressum ff. de appell. l. 2. C. quand. pronoc. non est nec. l. in
fin ff. ad. Tertul.*

Du grief & preiudice futur en mesme iugement, sinon qu'il y eust menaces euidentes.

Bien que l'appellant ayt quarante iours, pour releuer son appel aux Bailliages & Seneschaussées, & trois mois à la Cour : si neantmoins il n'a renoncé à son appel dans le temps de l'Ordonnance, l'intimé le peut faire antici-
per auant le temps, *Louys XII. 1512. art. 56. François I 1528. art. 7. Masuer. tit. de
anticip §. item similiter. Rebuff. tit. tract. de anticip.*

D'Antici-
pation.

L'effect de l'appel est qu'il suspend le Iugé, tellement que pendant l'appellation le Iuge qui a rendu la Sentence dont est appel, à les mains liées, &
ne peut proceder à l'execution d'icelles sans attentat, *l. vn. ff. nihil. non. appell.
interp l. 2. C. de appell. cap. bona. extr. eod.*

Si la Sentence contient diuers chefs, l'appellant auant conclurre, ou prédre
assignation à plaider (si c'est appellation verbale) doit declarer de quels chefs
il est appellant, autrement s'il y en a vn bien iugé, il perd les despens du mal
Iugé, s'il a releué son appel de toute la Sentence, *François I 1539 art 114. & 115.*

Sentence
contenant
diuers chefs

Apres les Sentences du premier & second Iuge rendües, & les appellations par deuant eux vuidées (quelquesfois plustost) les parties craignans
l'euenement du procés, & les frais qu'il faut soustenir à l'obtention d'vn

Compromis
pour estre à
Arbitrages.

N

Arreſt, compromettent de tous leurs differens, au dire & arbitrage de perſonnes, qu'elles nomment, au iugement deſquelles elles ſe ſoubmettent d'eſtre & comme s'il en auoit eſté dit par Arreſt de la Cour. Et ce bien ſouuent, à peine de certaine ſomme payable par le contreuenant à l'acquieſçant : & à ces fins remettent leurs pieces aux Arbitres nommez pour decider leurs controuerſes, dans le temps porté par le compromis, qui doit eſtre eſcrit, receu & ſignié par Notaire, en preſence des teſmoins, ſouſſigné des parties en forme probante.

Et parce que les appellations des Sentences arbitrales reſſortiſſent nuëment en la Cour, nous auons reſerué d'en traiſter en ceſt endroict.

L'ARBITRAGE. §. 73. 74 75. 76 77.

Arbitrage qu'est

ARbitrage (ſoit que les parties ſe ſoumettent au dire des arbitres côpromiſſaires, Arbitres de droict, ou Arbitrateurs, que l'on nomme autrement amiables Compoſiteurs) n'eſt autre choſe qu'vne amiable tranſaction, ou compoſition du different meu, ou preſt à mouuoir, entre les parties, ſuiuant le compromis entre elles ſur ce authentiquement paſſé, contenant le pouuoir donné aux Arbitres y deſnommez, *Gloſ. in Aut. vt different. iudices §. 1. aut. cum tempore, vers. gl. ſſ. 1. extr. de arbit. c. literas. gl. 1. de preſump.*

Ne peuuent eſtre arbitres.
1. Le ſourd, muet, aueugle, ſerf, pupil, inſenſé, furieux,
2. La femme, ſinon qu'elle ſoit en eminente authorité.
3. Tout vn corps de iuſtice.
4. Le mineur de vingt cinq ans.
5. Le Iuge en cauſes purement ſpirituelles.

Ne peuuent compromettre.
1. Le pupil ſourd, furieux, & mineur non authoriſé.
2. Le fils de famille non emancipé.
3. La femme ſans l'authorité du mary.
4. Ceux qui de droit ne peuuent tranſiger.
5. Le Procureur *ad lites*, ſans l'adueu de la partie.

N'eſt licite compromettre.
1. Des cauſes criminellement intentées & pourſuiuies.
2. Des ſpirituelles, qui concernent le peril de l'ame.
3. Des cauſes publiques, ſans adueu.

Il faut remarquer.
1. Les differences notables du Iuge & de l'Arbitre.
2. En quoy l'Arbitre, & le Iuge conuiennent.
3. Comme finit le compromis, ou arbitrage.

Puis que la force du Iugement arbitral depend, apres la volonté des parties, de la qualité & ſuffiſance des arbitres reſpectiuement nommez, faut remarquer, pour la validité d'iceluy, ſi les Arbitres ſont tels en la perſonne deſquels on puiſſe côpromettre : d'autant que de diſpoſition de droict, le ſourd, muet, aueugle, pupil, inſenſé, ou furieux, ne peuuent eſtre Arbitres. *L. arbitrum proferre §. cum. l. ʒ et ſi inſertus ſſ. de recep. arbit. aug. l. 1 eo. et neſ. in l. cacus ſſ. de reiud.* Les Canoniſtes y adiouſtent l'excommunié, *Bart. in l. vt a verba. ſſ. de verb. et rer. ſignif. l. Tacitus ſſ. de receptis arbit.*

Ne peuuent eſtre arbitres le ſourd, &c.

Les femmes ne peuuent eſtre arbitres ſous pretexte de quelque compromis que ce soit, *l.si.& ibi Bald. & Salicet. C.de recep.arb. c. dilecti. extr. de arbit.* & ainsi a esté iugé par Arrest de Paris du 14. Ianuier 1603. rapporté par Paleus liu.4. art. 30. sinon que ce fussent femmes de telle qualité & authorité, que le grade de leur prééminence leur attribuast quelque Iurisdiction, *d.c. dilecti vide ad hoc Specul.*

Ne peut non plus estre compromis au dire d'vn corps de Iustice, principalement au procez pendants par deuant eux, veu que l'on ne peut eslire Iuge & arbitre en mesme cause, ores que chacun d'eux separément puisse estre arbitre, *l. sed & si inseruum § si quis ina. si l. ff. de recep. arb. textus in c. infam. 3 quæst. 7.*

Ny du mineur de 25. ans, à cause de l'imbecillité de l'aage qui precede ce temps-là *l. cum lege ff. de recep arbit. c. 20. ext. de offic. & pot. iud. deleg.*

Des Abés, Prieurs, ou Moines claustraux, à cause de leur profession, qui les fait censer morts au monde, sinon qu'ils eussent Iurisdiction d'ailleurs, ou le Moine licentié de son Superieur, *l. si quis ex consensu. Cod. de Episcop. aud. & ibi cy. l. D ... nobis. C. de Episc. & Cler. l. quod attinet ff. de reg. iur.*

L'homme layc ne peut estre Arbitre és choses purement spirituelles, principalement, ny incidemment, sans speciale authorité du Pape, *§. verùm. 3 l. distinct. c. nos si. 2. q. 7. Bald. in l. non distinguamus. §. de liberali ff. de recept. Arbit. arg. c. cum te consulente. de offic. & potest. iud. deleg.*

Ne peuuent compromettre pour les mesmes raisons sus alleguées, les pupils, sourds, &c. comme ils ne peuuent estre Arbitres *d. l. diem profere*, ny le fils de famille s'il n'est emancipé, ou d'aage competant.

La femme sans l'authorité de son mary, pour les raisons deduictes par Chassan. *in cousuet. Ducat. Bur. tit. des droicts appartenans à gens mariez, § 1. in verbo. en puissance de son mary* nu. 19.

Le vassal au preiudice de son Seigneur feodal, *Specul. tit. de Arbit. §. restat.* *verte sed nunquid vasallus*, ny celuy auquel est interdit de transiger.

Le Moyne sans licence de son Superieur, & pour choses dependantes de son Conuent, ou Abbaye, *arg. c. cùm ad monasterium exc. de stat. monacho. c. non dicatis. 12 q. 1. c. placuit. 2. q. 1.*

Ny le Procureur *ad lites*, sans l'adueu de sa partie, & pour cet effect qu'il soit valablement fondé de procuration speciale, *c. per tuas. de Arbit.*

Comme il n'est permis à tous de compromettre auec toutes personnes: aussi n'est il licite de compromettre de toutes causes, comme des criminelles, ou criminellement intentées, & poursuiuies (sinon de l'interest ciuil) *l. non distinguemus. §. Iulianus. ff. de recep. Arb.*

Non plus que des choses spirituelles, ou qui concernent le peril de l'ame *c. contingit, &c. per tuas. extr. de Arb. Specul. lib. 1. part. 1. §. restat. n. 1. de Arbit.*

Ny moins les particuliers peuuent compromettre des choses publiques, sans adueu de tout le corps de la communauté, ou licence du Prince, *d. c. non distinguemus co d. §. Iulianus ff. de recept. Arb.*

L'Arbitre differe du Iuge en ce qu'il ne peut octroyer deffaut, ny iuger sur la contumace de la partie defaillante, *l. 2. §. vlt. ff. de iudic.*

L'arbitre ne peut, comme le Iuge, punir les tesmoins ont se sont parjurés pardeuant luy, parce qu'il n'a aucune Iurisdiction que des parties, *l. an prætor. ff. de iud.*

La puissance de l'Arbitre est limitée & coarctée par la volonté des parties, qu'il ne peut exceder & n'est estendüe comme celle du Iuge, *l. 3. ff. commun. diuid.*

gnemus. §. de offi: ff. de recept. a. b. cap fin. de refeript.

Deux ayans compromis en trois Aduocats, ils donnent leur Sentence, laquelle l'vn d'eux refuse de figner, difant que la Sentence n'auoit passé és termes, efquels elle eftoit conceuë, combien que deux arbitres l'eussent fignée par Arreft du 11. Decembre 1585. rapporté par Loüet au 3. chapitre de fon recueil en la lettre C. l'arbitre reftant fut condamné à figner & a fon refus, que la Sentence fignée des deux, feroit de pareille force & effect, que fi le troifiefme l'auoit fignée : l'equitté de cet Arreft eft fondée fur le texte de la loy, *duo ex tribus. ff. de re iud. Sed fi vnus adfit & contradicat, ftabitur duorum fententiæ, quid enim minus verum eft, quàm omnes indicaff?*

Vn Tuteur ayant en cette qualité compromis pour fes mineurs, auec peine au contreuenant, interjette appel de la Sentence des arbitres, on le souffle et non receuable, qu'au preallable il n'euft payé la peine, & que la Sentence n'euft efté executée, fuiuant l'Ordonnance des arbitres de l'an 1560. Il obtient lettres qui luy font entherinées par Arreft du 18. Mars, 1595 par lequel fut dit, qu'il pourroit pourfuiure fon appel, fans payer la peine, du payement de laquelle il fut abfous. M. Loüet chap. 4. de fon recueil en la lettre C, *qui non poteft alienare, non poteft cum pœna compromittere. vide Alexan. confil. 3 2. volum. 2.*

La reconuention n'a point de lieu deuant l'arbitre, qui toutesfois eft receuë de droict aux iugemens ordinaires, *d. l. & § cap. cum dilectus. de arbit.*

Les arbitres, ne peuuent mettre leurs Sentences a execution (*l. 3 ff. e d notat. in l. à diuo. Pio ff. de re iud. & Bar. bic.*) Comme les Iuges qui emologuent les Sentences arbitrales, & les font executer, *d. l. au prætor de re iud.*

Ne peuuent les Arbitres contraindre les tefmoings à depofer par deuant eux, & de leur Sentence ne naift, ny procede aucune action, comme des Sentences des Iuges.

Comme le Iuge & l'Arbitre different en quelques poincts, auffi en quelques autres ont ils grande conuenance: Car l'vn & l'autre procede ordinairemét & iuridiquement, donnans tous les membres aux iugemens qu'ils tendent force qui eft produit pardeuât eux, *Specul. lib. 1. part. 1. §. diffe. n. 12 tit. de Arb. & Arb.*

Prononce comme le Iuge fa Sentence, par efcrit, auec le vifis de toutes les pieces remifes, où le pouuoir à l'y donné tient le premier lieu, *l. penult. §. 1. C. de Sentent. ex periculo : vel vt Aluiato placuit lib. 1. difpunct. ex bicuiculo recitantis cap. ftatuits. 2 quaft 1.*

Tient pour fermes & agreables les depofitions faictes, ou produictes par deuant luy, *l. fin. C. de teft. cap. præfentata. extr. eod.*

Peut comme le Iuge condamner celuy qui fuccombe au principal, & aux defpens:& peut interpreter ce qui eft d'obfcur en fa Sentence, & icelle corriger, *Specul. lib. 1. § fequitur n. 64. de Arbit. & Arbitrat.*

Le compromis, ou Arbitrage finit, quand l'Arbitre a prononcé fa Sentence fur ce qui luy a efté remis: ou quand le temps apposé au compromis par les parties, eft expiré:& ne peut l'Arbitre eftre contrainct de prolonger, *d. l. diem proferre. §. fi plures ff. de recep. Arbit. c. 1. de Arb. in 6. & ibi Ancharanus.*

Quand il y a trois ans paffez, que le compromis eft faict, a l'exemple des inftances qui periffent par mefme temps de temps.

Quand l'vn des compromettans, ou des Arbitres nommez decede, fi du confentement des parties n'en eft nommé vn autre en fon lieu : quand l'vn se despart du compromis pour l'vrgente necessité de ses affaires : ou quand les parties s'en despartent d'vn mutuel contentement : ou qu'ils transigent, & accordent de la chose qui estoit entre eux controuersée.

Si deux Arbitres nommez discordent, ils peuuent conuenir d'vn tiers, non comme arbitre, mais comme assesseur, ou conseiller, l'opinion duquel neantmoins sera suyuie. Si l'vn des trois arbitres est absent, les deux ne peuuent valablement prononcer sans luy, *d. l. & cap. sup. al eg. l. si inter ff. de arbir. Arrest. de Paris du 9. Iuillet 1543.*

Si le compromis est passé à peine, l'appellant ou contreuenant doit payer la peine y apposée à l'acquiesçant auant tout œure, & y doit estre condamné, non par l'arbitre, mais par le Iuge, *Louys XII. 1500. art. 34. Arrest. de Paris en Feurier 1522. & 1548.* Vne mere toutesfois, ayant donné par procuration charge speciale à son fils de compromettre & transiger sans specification d'aucune peine, fut deschargée estant appellante de la Sentence arbitrale, de la peine de deux cens escus, stipulée par son fils, par Arrest de Paris du premier iour d'Auril. 1604

Quand les Arbitres ont accepté la charge du compromis, ils sont tenus de rendre droict sur iceluy, & ne s'en peuuent excuser, voire peuuent estre contraincts à la poursuite de l'vne des parties, *l. pomp. vin. ff. de neg. gest. l. 1. a se ram. C. de ir ff. est. l. 3 § 1 ff. de arbir. Arrest de Paris au 26 Ianuier 1534.*

APPEL A LA COVR,   §. 79. 80.

NOus auons dit cy deffus, que l'appel des Sentences arbitrales, comme de celles des seconds Iuges, ressortit immediatement à la Cour, voyons maintenant quel est l'effect de l'appellation.

Les Monarques souuerains ne pouuans rendre la Iustice qu'ils doiuent en personne, se deschargent de tel exercice sur la fidelle integrité de leurs plus capables subiects, ayans pour cet effect estably, apres les autres degrez de Iurisdiction, des Cours souueraines, ausquelles ceux qui se sentent greuez par les iugemens de Iuges inferieurs, puissent recourir, pour faire corriger ce qu'ils estiment auoir esté contre eux mal ordonné: & ce qui est par lesdictes Cours iugé & arresté, se nomme Arrest, le nombre desquels, à cause de la dignité de telles compagnies, est consacré à iamais à la posterité, & sont alleguez comme loix, ores que la raison ny le motif d'iceux n'y soit exprimé, suffisant la seule authorité de la Cour pour l'obseruation qui en doit estre faicte.

C'est aux seules Cours souueraines, notamment en celle de Paris, que les causes de Pairie, Domaine du Roy, droict de Regale, appellations comme d'abus, verification des Edicts, interpretations des Coustumes, &c. se peuuent traicter.

L'appel releué à la Cour dans les trois mois, apres qu'il a esté interjetté, si les parties ont à faire production nouuelle, ce doit estre auant purement & simplement conclurre: autrement faut qu'elles obtiennent lettres pour cet effect, addressantes à la Cour, qui ne sont receuës, apres que le proces est sur le bureau, & doiuent estre adioustées aux inuentaires principaux, *Louys XII. 1512 art. 30. stile du Parlement sur le faict des Griffes, art. 4.*

Notandum, que l'appel interjetté & releué à la Cour perit par trois ans, comme toutes autres instances, ainsi qu'il fut iugé par Arrest du 9. de May 1588. rapporté par M. Loüet chap. 14. lettre P, par lequel l'appellation seu-

Cours souueraines.

Arrest.

Production nouuelle en l'appel.

N 3

lement declaré pery, mais aussi l'appellant declaré non receuable , au second
appel par luy de nouueau interjetté, voyez l'Arrest qu'il rapporte au chapit.
suiuant du 7. Iuin 1607 *secus erit*, au procés par escrit conclu à la Cour qui
n'est sujet à peremption , comme le mesme Sieur Loüet confirme par diuers
Arrests au chap. 16. lettre P.

ARREST, §. 81.

Arrest quoy.

Le procés veu par les Commissaires , & pleinement examiné , sur l'Arrest, qui porte sur le bien ou mal iugé, condamnation de l'appellant , ou
absolution des jugemens , contre luy obtenus aux premieres instances auec
ou sans despens, dommages & interests , ou restitution des fruicts perceuz és
biens qui sont contentieux, entre les parties. Et d'autant que l'appellation suspend le iugé, nous n'auons peu plus commodement traicter cette matiere des
despens, qu'en ce lieu , où ils sont adiugez à celuy qui emporte gain de cause.

CONDAMNATION DE DESPENS. §. 82.

TAnt de disposition de Droict, que par les statuts , & Edicts de ce Royaume , celuy qui succombe , doit estre condamné és despens de l'instance
enuers celuy, au proffit duquel le iugement est rendu, *text. in l. 79 ff. de iudic.*
Philippes IV. 1302 Charles VIII 1493. art 50. François. I 1535. chap. 7. art. 8. &
chap. 12. art 22. Charles. IV. 1324 *l prope ardum C. de iud. l. 4 C. de fruct. & lit.*
expens. l. 87 § 2 ff. de leg. 3. & post a iurisdictionis expensarum taxatio, vt notant Doctores
in l. imperium ff. de iudic. Et doiuent estre taxez par le mesme Iuge qui a rendu
la Sentence, ou iugement Henry III. 1579 art. 145. *Arrest de grans iours d'An-*
gers, du 11. Septembre 1539 Vide. l. 1 §. dici aut. ff. quando appell. fit & limb. l. 1. cap. 52.

Tous des-pens sont ou	1	Contumaciaux.		Qui doiuent estre payez , auant que la partie soit receuë à dire rien, comme preiudiciaux
	2	Sur incidens.		
	3	Taxez sur pieces.		En presence de la partie , ou de son Procureur, sommé d'assister à la taxe.
	4	Compensez comme.	1	Entre pere & fils.
			2	Frere & frere.
			3	Mendians & personnes miserables.
			4	En cause egalement fauorable.

Des despens Contuma-ciaux.

QVant aux despens contumaciaux , ils sont de telle consequence , pour
le mespris & desdain de Iustice du contumax , qu'ils courent mesmes
contre le tuteur en son propre & priué nom , quand la contumace se trouue
bien & deuëment obtenuë contre luy , comme a esté iugé par plusieurs Arrests confirmatifs des Sentences des Iuges inferieurs. Et doiuent tels despens,
comme preiudiciaux, estre payez auant que le contumax soit receu à rien
dire, l. la icimus. Cod de Iud. cap. fin. de dolo & contum. Bartel. in l. contumacia. §. I.
ff. de re iud. Mais quer. in des despens, dommages & interests *num. 10. & 39* l'on a
reuoqué en doute , si en collocation par decret les despens estoient de pareil
priuilege que les interests des sommes, pour lesquelles l'interuenant est colloqué : mais ce doute a esté leué par Arrest du 6. Iuin, 1593. par lequel (dau-

tant que le contract est le fondement de l'action, la cause & origine des despens, ils prennent comme accessoires leur hypotheque du iour & d'atte d'i-
celuy, mesmes quand il porte à peine de tous despens, dommages & interests)
furent iugez les despens de pareil priuilege que les interests, & par autre du
21.Iuillet 1600. en vertu de la mesme cause fut dit, que les interests d'vne o-
bligatiõ sont deus, non du iour qu'ils sõt demãdez: mais du iour de l'obligatiõ

Les despens des incidents, soit aux plaidoiries verbales, ou Sentences in-
terlocutoires, doiuent à l'instant que les incidents, sont vuidez, estre taxez
iudiciellement par le Iuge, ou par vn bref, sans declaration, & non reseruez.
en definitiue, Cha. les VIII. 1493. art. 50. François I. 1423. chap. 12. art. 22.

II.
Despens des
incidents.

Mais quant à ceux qui sont taxez sur les pieces, il y a diuerses considerations. Car si le deffendeur ne fait aucun offre de ce qu'il est tenu, & qui est
deuëment verifié contre luy, il doit estre condamné en tous les despens de
l'instance. Que s'il fait offre de ce que le demandeur peut obtenir en definitiue, & soit accepté, le demandeur doit estre condamné és despens depuis
l'offre : & si elle est faicte à la mine in lieu le deffendeur est absous des despens
precedens, & son offre suiuie, l. obligatione. C. de iudic. 2. C. de iur. emphy. l. si
a vée comparauit C. de pact. inter emptor. & vendit. not. in fi. C. de iur. deub. text. &
gloss. Authent. de exac. §. illud. coll. 7. super verb. contestatur. Bagnei. tit. des paye-
mens compensé, & c. num. 24. & 31.

Mais en quelque sorte que soyent deubs les despens dés le iour du commandement faict en vertu de l'executoire d'iceux les prefints, ou interests
en sont deubs ores que le soixantiéme article de l'Ordonnance de l'an 1560.
ne parle que des sommes deuës par cedule, ou obligation, & ainsi fut iugé
par Arrest du 3.Iuin 1595. rapporté par M. Loüet, chapitre 6. de la lettre I. que
l'executoire des despens, a bien autant de force qu'vne cedule chm in iudiciis
quasi contrahuntur.

III.
Despens ta-
xez su piece

Il aduient bien souuent, que le deffendeur n'est condamné en aucuns despens, ores que le procés ayt esté entierement instruict auec luy, & que le
demandeur ayt verifié son intention, comme quand le deffendeur ignore, ou
a iuste suiet d'ignorer ce qu'on luy demande, pour n'estre de son fait, ains
des deuanciers, ausquels il a succedé, soit en general, ou particulier, ou de
ses agens, facteurs, ou negociateurs decedez auant qu'il aye eu aduis du fait,
& du tout doit le demandeur faire apparoir. Mais doit le deffendeur prendre
garde de faire offre, s'il voit qu'apres la publication des enquestes il conste
qu'il soit debiteur de la chose demandée. Bart. in l. properandum, §. fin autem al-
terum. C. de iuridic. Guid. P. p. quæst. Que s'il ne fait aucun offre, il encourt les
despens, l. 2. § circa speciem ff. de dol. mal. & met. except.

Quand & cõ-
me on conte
les despens

Comme en toutes Iurisdictions Royales & autres, le condamné au principal paye les despens de la temeraire contestation : de mesme és Cours
souueraines le delinquant appellant & sans grief, ou l'inthimé soustenant vn
iugement iniuste, sont côdamnez aux despens, Si toutesfois le procés est vuidé sur les mesmes pieces sur lesquelles il a esté iugé en premiere instance. Car
s'il y a production nouuelle en la cause d'appel de la part de l'inthimé, ou de
l'appellant, sur laquelle les Iuges superieurs ayant assis iugement, les despens
seront compensez Bald. in l. properandum § fin autem. C. de iudic. Bart. in l. generaliter aed. vred. A est à Paris du 2 A 1595. 57.

Quand à la compensation des despens, si soit plustost auoir lieu enuers

IV.
Compensa-
tiõ des des-
pen

le pere & la mere, qu'enuers personne du monde, comme ceux qui doiuent le plus estre respectez, *tex. in l. 2. & 4. ff. de in ius voc.* sinon que de la part de la mere y eust faute remarquable, comme de la lubricité ou conuolat inegal à secondes nopces. Le mesme doit estre dit de frere à frere, pour leur proximité, sinon qu'il y eust temerité euidente.

La mesme compensation peut estre faicte, & doiuent demeurer quittes de tous despens les Mendians, pauures Religieux, & autres personnes miserables, ores qu'ils succombent : & au contraire leur doiuent les despens estre adiugez contre ceux qui temerairement ont contre eux contesté.

Le pere plaidant comme legitime administrateur des personnes, & biens de son fils, & le Tuteur pour son pupil, n'euitent les despens en leurs propres & priuez noms, s'ils sont trouuez auoir temerairement, & contre raison contesté. Mais quand la contestation est legitime, ils ont droit de repeter les despens, quoy qu'ils succombent, *l. quoties § sicut ff. de administr. tut. d. 3. de contra. act. tut. l. sumptus. C. de administ. tut. Bart. in l. si pupilli. ff. de neg. gest.*

Compensation aussi peut auoir lieu, quand les choses du demandeur & deffendeur sont egalement fauorables, & qu'il y a eu iuste occasion de contester de part & d'autre, ou quand le demandeur obtient pour vn chef, & succombe pour l'autre. *d. l. generaliter. §. si autem iudex, in verbo dispendit. C. de reb. cred. l. cap. Reynutius. & cap. Rainaldus de testam.*

En toute taxe de despens par quelque Sentence qu'ils soyent obtenus, n'est besoin de faire appeller la partie, pour les voir taxer, ains suffit de signifier au Procureur d'assister à la taxe, & de luy donner copie du bref, ou deux iours, auparauant, afin qu'il vienne prest pour debattre ce qu'il fait croiser, rayer, ou diminuer, sinon que le Procureur fust decedé puis la Sentence renduë, auquel cas doit la partie estre appellée pour assister à la taxe, *Charles V. 1,64. art. 2. Charles VI. 1404. art. 2.*

Ne peuuent les diminutions, deffences, ou debats de despens, estre donnez par escrits : mais faut que ce soit verbalement, & d'article en article, où sera necessaire que le Procureur du condamné appelle sur le champ des articles qu'il prendra mal taxez, autrement apres la taxe, & son assistance receuë, ne sera receuable. *Arrest de Paris du dernier Auril 1521. Charles VIII. 1494. art. 16. François I. 1535. cap. 61. art. 27.*

Doiuent les despens estre taxez contre les condamnez, s'ils sont plusieurs, à taxe de ce qu'à chacun d'eux appartient par pretention en l'instant, soit par debte hereditaire, ou autrement, *l. iam tamen. §. repell. ff. iud. sol. l. 2 §. si ex b. ff. de verbo oblig. Arrest de Paris du 15. Iuillet, 1534.* Et ne doiuent en quelques taxes que ce soit estre alloüez, voyages, escriture, ou plaidoiries inutiles qui ne seruent qu'à consommer les parties en frais superflus. Et doit sur tout estre consideré la qualité des parties pour les voyages à pied ou à cheual. *Arrest de Paris en Auril, 1522.*

Les escritures faictes par la partie mesme ne viennent en taxe, sinon qu'il eust vn consort à plaider, auquel cas luy en doit estre taxée la moitié, *Bal. & Paul Castr. in l. si. C. de fruit. & lit. expens. l. si in rem commun. ctn. C. si cert. pet. Arrest de Bourdeaux, du 26. Ianuier, 1535.*

Les Procureurs du Roy aux Iurisdictions Royales, ou Procureurs d'office aux subalternes, ne prennent, ny payent despens, *l. fin. C. d. fruct. & lit. ex pend. l. moneate. C. eodem. lib. 10. Rub. ff. iudicat. de expens. dam. & interess art. 1. glos. vn. n. 19.*

Dom-

DOMMAGES ET INTERESTS.

§. 83.

Dommages & interests quoy.

LEs dommages & inthereſts que l'on a, ou ſouffre en quelque choſe que ce ſoit, pour auoir perdu, ou ſouffert diminution du ſien, plus que d'auoir perdu l'occaſion d'acquerir, ſont la fin & vray but du proces, ſans le ſuiect deſquels perſonne n'eſt receuable à faire demande, requeſte, pourſuitte, ny concluſion de quelque choſe que ce ſoit, *l. ſi procur. a. rem. §. mandati ff. mandati. l. ſtipulatio iſta habere licere. § alteri ff. de verb. oblig. l. ſi commiſſo. ff. rem. ratam. haberi. & ibi Accurſ. in verbo tecuti.*

Tous dõmages & inthereſts procedẽt ou

- De l'inſtance, où eſt conſiderée la
  - Calomnie, & Temerité.
    - Selon la qualité des perſonnes, ou de la cauſe.
- Du ſuject de l'action
  - 1 En obligations,
  - 2 Cedules.
  - 3 Reiuendication.
    - Mobiliaire, ou immobiliaire.
  - 4 Trouble en poſſeſſion.
  - 5 Execution & ſaiſie.
    - Perſonnelle, ou reelle.
  - 6 Choſe euincée que l'acheteur eſt contrainct relaſcher au tiers.

Es dommages faut cõſiderer la calomnie & temerité.

L'Ordonnance du feu Roy François I. publiée en l'année 1559 és articles 88 & 89. regle aſſez les dommages & intereſts, qui reſultent de l'inſtance: car ils ne peuuent eſtre adiugez qu'il n'y ayt de la calomnie, ou temerité de la part de celuy qui ſuccombe, pour le diſtinguer de ceux qui par iuſte cauſe d'ignorance n'ont temerairement ny calomnieuſement pourſuiuy, ou deffendu vne inſtance, comme l'heritier, le Tuteur, &c. contre leſquels ne peuuent courir dommages & intereſts. ſinon qu'il apparuſt de la calomnie ou temerité: & viennent les dommages & intereſts en taxe, ſelon la qualité des perſonnes & de la cauſe, *l. ædiles, §. item ſciendum ff. de ædilitio. edict. l. vſuræ vicem ff de vſur. Anton. Butrig. in ca. grauis de reſtit. ſpoliat.* Arreſt de Grenoble au dernier Mars. 1460.

Dommages & intereſts en obligatiõ

Dommages & intereſts d'obligations entre marchands eſtoient cy-deuant adiugez à raiſon du denier douze, à compter du iour de l'adiournement, ou execution entre autres perſonnes au denier quinze, par l'ordonnance *des Eſtats d'Orleans art. 6.* Mais par l'Edict exprés de l'année 1602. tous intereſts ſont reduits au denier ſeize, auec deffenſes aux Iuges de ne les adiuger à plus haute ſomme.

2. Cedules

Des Cedules n'eſt deu l'intereſt que du iour de la ſentence obtenuë apres la recognoiſſance d'icelles. ſuiuãt la meſme ordonnance d'Orleans qui ne s'entend que des debtes pecuniaires, non des denrées. comme bled, vin, huyle, &c. *d. l. vſuræ vicem ff. de vſuris & d. l. ædiles, §. item ſciendum. ff. de ædilit. edict.*

3.
Reiudica-
tion

En pure reiuendication, soit de mon beſtail, cheuaux ou autre choſe qui m'eſt retenuë par force, s'eſt deteriorée, ou empirée entre les mains du deffendeur. Ou d'vn immeuble qu'il s'eſt induëment attribué, en a iouy, l'a laiſſé tomber en ruïne, ou ruine ; en l'vn & l'autre cas ſera le deffendeur tenu aux dommages, & intherets des profits que i'en euſſe peu retirer, & de remettre le tout en bonne & deuë reparation, *Lud. Rom. conſ. 507. Vide Rebuff. tract. de expenſ. dam. & intereſſ. art. 3. gloſſ. vnic.*

4.
En cas de
trouble en la
poſſeſſion

Le meſme doit eſtre ordonné en cas de trouble, & de nouuelleté, ſoit par ſpoliation, ou autrement, ſi le demandeur en complainte, obtient la reintegrande en plaine maintenuë:eſtant le deffendeur tenu des dommages & intherets de la ſpoliation, ou du trouble/reel ſouffert par le demandeur, *d. l. adiles d. § ſciendum cap. graui. extra de reſtit. ſpoliat.*

5.
Executions
& ſaiſies

Sont grandement conſiderables les dommages & interets reſultans d'execution faicte tortionnairement, ou abuſiuement, lors qu'elle eſt reuoquée, ſoit ladicte execution, par empriſonnement de la perſonne du demandeur en reuocation, ou par ſaiſie de ſon beſtail, fruicts, grains, denrées, marchandiſes, ou vente d'icelles:par la perte que l'executé aura ſoufferte auec la valeur & eſtimation de ſes denrées & beſtail, & le dommage qu'il aura eu, pour en eſtre priué viennent en conſideration, *François l. 1539. art. 89. l. quatenus ff. de reg. iur. Rebuff. tract. de dam. & intereſſ. art. 4. gloſſ. vnic. num. I.*

6.
En choſe
euincée.

Finalement ſi la partie eſt pourſuiuie pour la relaxation d'vn fonds à luy vendu, ſon garand eſtant en cauſe, ne ſe peut dire quitte de l'euiction contre luy requiſe, par l'offre de la reſtitution du prix, ou le rembourſement des iuſtes frais:car il eſt tenu des interets, des meliorations, reparations, & de tout ce qui peut emporter à l'achepteur, pour l'auoir accommodée à ſon vſage, *l. ſi plus vel minus ff. de euict. ll. 13. 14. & 15. eodem.*

Le meſme ſera, ſi le fonds vendu eſt de moindre eſtenduë qu'il n'eſt deſigné & confiné par le contract, *l. ex mille iugeribus ff. de euict. l. 2 ff. de act. empt.*

Si le fonds eſt vendu franc, ou allodial, & apres ſe trouue chargé de ſeruis ou penſions, *l. pen. ff. de euict. l. 2 §. vend ſi cùm ſeruit. ff. de act. empt. l. 4. eod Franç. l. 1539.*

Le demandeur fera prudemment ſi dés l'entrée de l'inſtance, il comprend en ſa demande les dommages & interets qu'il pretend, ſpecifiant la quantité de grains, fruicts & denrées qu'il euſt peu recueillir és heritages, dont ſera queſtion, auec l'eſtimation d'iceux:enſemble des ruïnes & deterioratiõs aduenuës aux baſtimens & fonds contentieux, afin qu'ayant le tout verifié auec le principal, le Iuge luy rende droit ſur le tout:& euitera le circuit d'vn ſecond procez, ne luy pouuant eſtre adiugez, s'ils ne ſont demandez, *l. 4. § hoc autem iudicium ff. de dam. infect. c. fin. de reſcript. l. a ſon in l. vniuerſa C. de precib. Imper. offer.*

ORes que les Iugemens plus certains & moins controuerſez ſoient les Arreſts des Cours ſouueraines, auſquels (pour l'integrité & reuerence des compagnies, où ils ſont rendus) il eſt vtile & neceſſaire au public & particulier que l'on obeyſſe : ſi eſt ce que celuy qui ſe ſent greué enormément par iceux : a moyen de ſe pouruoir par ces derniers remedes, *l. fin. § fin. C. de ſid. inſtrum. Loy XI. 1479.*

<table>
<tr><td rowspan="6">Contre l'Arreſt rendu, le condamné ſe pour-uoit par</td><td>Reuiſion d'Arreſt.</td><td>1</td><td>Abrogée en France, pour obuier à l'immortalité des procés fors, où y a nullité ou incompetance.</td></tr>
<tr><td rowspan="2">Requeſte ciuile</td><td>2</td><td>Exceptions.</td></tr>
<tr><td>3</td><td>Productions nouuelles ommiſes par dol, ou faute d'aage.</td></tr>
<tr><td rowspan="3">Propoſition d'erreur</td><td>4</td><td>Par fauſſeté nouuellemét deſcouuerte.</td></tr>
<tr><td>5</td><td>Tiltres nouuellement trouuez.</td></tr>
<tr><td>6</td><td>Dol du Procureur ou Tuteur.</td></tr>
</table>

Quand à la reuiſion d'Arreſt, elle n'eſt licite en France, & n'y peuſt eſtre aucun receuable ſous pretexte de quelques lettres que ce ſoit : autrement n'y auroit iamais fin aux procés pour l'opiniaſtre pertinacité des pourſui-uans, *l. vnic. C. de error. calc. in verb. denuò tractari poſſe ſi res iudicatæ non ſunt.* Louys XI. *Arreſt de Paris du 6. May,* 1557, ſinon qu'en ce qui eſt ordonné par celuy qui iuge en dernier reſſort, aucune forme de proceder n'euſt eſté ob-ſeruée, & qu'il y euſt nullité euidente en ſa procedure, ou qu'il ſoit Iuge du tout incompetent, *l. 2. & l. venalis. C. quand. prouoc. non eſt neceſſ. Innoc. in cap vlt. de confirmat. vtil. Guide Pap. qu* 194.

La requeſte ciuile fondée ſur dol, fraude, ſurpriſe ou minorité doit eſtre preſentée dans ſix mois apres la prononciation de l'Arreſt. *Charles IX.* 1566. *art.* 14. contient exceptions & productions nouuelles, leſquelles venuës, tel Ar-reſt n'euſt pas eſté donné, comme de produire vne couſtume, ou tiltres qui auoient eſté recelez & cachez iuſques lors, *l. argentarius. ff. de edend. in verbis, poteſt probare ſe illo iudicio, quo victus eſt vincere potuiſſe, l. minor autem §. 1. ff. de minor.* Ne s'octroye toutesfois ſans grande apparence, veu qu'il n'eſt non plus permis d'appeller de ce qui eſt arreſté par telles compagnies ſouueraines que du Prince meſme. lors qu'il a prononcé ſur quelque different, *Vide legem integram vnicam. de offic. Præfect. Præt. C.* Et ores que par la Loy *ſi quis aduerſus. C. de precib. Imper.* L'octroy de telle requeſte ſemble facile, c'eſt toutesfois, à la charge, icelle vuidée, de n'y plus reuenir, comme eſt porté par la fin de la meſme Loy, en propres termes.

Requeſte ci-uile ſur quoy fondee.

Telle requeſte ciuile peut eſtre fondée ſur le bas aage du ſuppliant, ou ſur le dol de la partie, qui aura ſurprins la Cour: ou ſur la violence aduenuë au ſuppliant par incurſions d'ennemis, volleries, embraſemens, où il a perdu & adiré ſes contracts depuis recouuerts de protocoles, greffes des inſinua-tions, ailleurs: Ou ſur la nonchalance de ſes Tuteurs, ou Curateurs, ſi l'Arreſt eſt rendu *contra minorem indefenſum,* ou contre vn decedé auant l'inſtruction du procés, ou appointement en droict, *l. de quare. §. vltim ff. de iudic.* Et ne peut eſtre preſentée ailleurs qu'au Parlement, où l'Arreſt a eſté donné, *Arreſt de Paris du quatorſiéme Iuin* 1555. Depuis quelque temps ſur la remonſtrance de Monſieur le Procureur General, du nombre effrené des requeſtes ciuiles ob-tenuës ſans ſubject & conſultation.

La Cour a ordonné que à l'aduenir nulles requeſtes ciuiles ſeront re-ceuës au ſeau, ſans au preallable eſtre conſultées par deux anciens Aduocats,

& la confultation attachée aux lettres & veuë par le Secretaire, fignée des
confultans, lefquels feront tenus affifterà la plaidoire. Ce reglement eft au
13. plaidoyé de Corbin, fans datte.

Si l'Arreft eft rendu contre le mineur par la faute de fon Procureur, il a
fon recours contre luy, *idem* du Curateur, *l. in caufæ ff. de minor.*

A lieu en
furprife.

Q_e s'il y a furprife euidente, la requefte ciuile a lieu, comme il peut
aduenir, qu'vne partie ayant obtenu Arreft, & l'ignorant eft induite à tran-
figer, & apres auoir foufiert emologation de ladicte tranfaction par Arreft, le
premier citant venu à fa notice, il peut par lettres faire irriter ce dernier Arreft, fi telle tranfaction luy eft de grand intereft, *quia poft reft iudicatam non valet
tr. q. l. elegauter. § fi poft rem. & l. in fumma ff. de coudict. indeb. not. in l. poft rem de tr.*

III.
Propofition
d'erreur,

Propofition d'erreur fe iuge fur les mefmes pieces, fur lefquelles a efté
iugé par la premiere compagnie qui a conclu le premier Arreft, fous le contredict toutesfois & remonftrance de ce, dont procede l'erreur. Et lors qu'il y
a erreur, n'eft la requefte ciuile receuable, comme a efté iugé par Arreft du
troifieme Feurier 1540. Et ne peut aucune partie eftre receuë à propofer erreur contre vn Arreft de Cour fouueraine, apres deux ans paffez, par le texte
exprés de l'Ordonnance de Louys XI. publiee 1479 à prendre du iour de la
prononciation de l'Arreft & fans bailler caution pour double amende au
Roy, & autre pour les dommages & interefts de la partie.

Erreur du
faux.

L'erreur du faux nouuellement defcouuert, ne doit point auoir efté touché en premiere inftance, & fera le faux receuable, s'il eft tel que le faict po-
fe en la loy premiere, §. fi vn nes verf. cæterùm ff. de ventr. infpic. ou en la loy
quæfitum, fi quand. act. de pecul. ann. Ou quand l'Arreft eft rendu fur titres, qui
depuis fe trouuent auoir efté faufement fabriquez: ou tefmoignages depuis
defcouuerts faux, *l. comparationes Cod. de fi ve inftrum.* moyennant qu'auant la
reddition de l'Arreft, contre lequel l'erreur eft propofé, les contracts ou tefmoignages n'ayent efté debatus de faux.

Correction
des qualitez

Quand à la correction des qualitez mal prinfes, comme d'heritier ou tuteur, elle peut facilement eftre obtenuë par requefte, autre que ciuile. Mais
il n'y a moyen quelconque, foit par requefte ciuile, propofition d'erreur, lettres de reftitution, ny autrement, d'obtenir la retraction d'vn Arreft prouifi-
on el, ains faut demeurer à ce qui eft arrefté, puis qu'il eft reparable, *peft co-
gnitum principale negotiam*, auquel il ne fait preiudice, *l. fi iudex unti iri. ff. de his
qui funt fui v l al. Arreft du 15. May, 1544.*

Execution a-
pres la reque
fte ciuile
vaidee.

La requefte ciuile vuidée infirmatiue ou confirmatiue de l'Arreft rendu
fuit l'execution, tant en principal que defpens. Mais faut noter que tous Arrefts, & autres iugemens, doiuent eftre executez dans l'an, à compter du iour
de la prononciation d'iceux. Q_e fi celuy, au proffit duquel ils font rendus
delire les faire mettre à execution apres l'an expiré, le condamné, fon heritier, ou autre qui a telle execution, peut l'empefcher par oppofition ou appellation de l'execution qui apres neantmoins eft conuertie en oppofition)
ores que l'action de chofe iugée dure trente ans, *l. ficut in rem C. à præfcript.
triginta vel quadraginta ainorum.*

Fera donc aduifément celuy, qui aura laiffé expirer l'an de l'execution de
fon Arreft ou Sentence, de prefenter requefte à la Cour, ou au Iuge, duquel
fera emanée la Sentence, expofitiue de la furannation d'icelle: & conclurre a ce que le condamné foit appellé pour la voir declarer executoire,

comme elle estoit auant l'année expirée ce qui aussi doit estre fait en obliga-
gations pures & simples contre les heritiers des obligez:ce qu'ayant obtenu
par autre iugement subsequent, il peut directement proceder par execution,
comme nous dirons cy apres.Sinon qu'il ne fust que cessionnaire, auquel cas
sera requis de faire signifier sa cession au debiteur auant le commandement,
à peine de nullité de l'execution, *Rebuff.tractat. de cessionibus. act. Bart. in l.*
postulante ff. ad Trebell. oportet vt instrumentum cessionis insinuetur debitori, eique
præcipiatur nesi luat cedenti. Arrest de Bourdeaux du 16. Auril, 1518.

EXECVTION D'ARREST, OV SENTENCE.

Par vente des Meubles. §. 88. 89.

L'Arrest, ou Sentence demeureroit illicite & inutile à celuy qui l'a ob- *D'où proce-*
tenu, s'il n'est mis à execution : & parce que nous auons dict au dernier *de l'execu-*
paragraphe de nostre diuision generale , que telle execution procede par *tion.*
vente des meubles ou subhastation des immeubles du condamné , est à remarquer, que l'Arrest qui n'est reuoqué par le moyen de la requeste ciuile ou
proposition d'erreur : ou la Sentence , qui n'est suspenduë par appel , peut
estre mis à execution.*l. 1. & l.si vt proponis. C. de execut. rei iud.l.sin.ff.de re iud.*
l. si cum nulla integ.post. ne quid non fiat. Que s'il y a restitution , ou appel, l'e-
xecution doit surseoir à ce que la decision en soit faicte,*cap. pastoralis § præ-*
terea & fin. extr. de offic. deleg.

La saisie &
vente des
meubles
se fait.

1. Apres commandement faict à la personne , ou domicile du
debiteur, ou condamné.
2. Deliurance des meubles ou denrées saisies dans dix iours,
pendant lesquels y a gardiateur.
3. Par saisie des creances deuës au debiteur, ou condamné,
auec assignation à luy & à son debiteur , pour venir
voir vuider les mains.

NOus auons dit en quelle sorte se font les executions des choses liquides: *Saisie de cho-*
d'autant que quand l'obligation , ou Sentence font mention de chose *ses nõ liqui-*
non liquide,comme vin,grains,huyle,restitutiõ de meubles,relaxation d'im- *des.*
meubles,garantie,cessation de trouble, ou autrement,faut faire liquider leur
estimation, par Sentence du Iuge des lieux , auant que venir à execution,
François I 1539, art.39.lib. 1. ff. de trans. Arrest de Paris du 10. Iuillet.1515.
sinon qu'il y eust papier d'eualuations enregistré au Greffe, tous les iours de
marché,suiuant la mesme Ordonnance és articles 102. 103. & 104. *En saisie de*
La saisie des meubles ne peut valablement estre faicte , sans preallable *meubles,faut*
commandement au debiteur ou condamné à sa personne , ou domicile, à *la significa-*
quelqu'vn de ses domestiques , auquel doit estre donnée copie de l'exploit en *tion.*
presences de deux tesmoins, contenant le temps de deuant, ou apres midy,
& specification des meubles saisis,le nom de celuy qui s'en est rendu gardiateur & depositaire de iustice,auec les promesses d'indemnité & garde de permission du gardiateur,*Loÿs XIII. 1489. art 3 François.1.1539. art.9. Charles*
IX. 1560. art. 93.& 1564. art.2.& 1568 art.3.Henry III.1579. art.173.

I.
Saifies de
fruicts.

Que fi ce font fruicts faifis par execution , faut qu'ils foyent fpecifiez par
l'exploict , de quelle nature ils font,en quelle quantité de femaille , auec les
confins des prez,terres,vignes, & heritages,où ils auront efté faifis,l'establif-
fement de Commiffaire volontairement accepté:& comme copie a efté laif-
fée,tant à l'execution qu'au Commiffaire (qui doit auoir figné l'exploit s'il le
fçait faire) auec obligation d'en rendre compte, le tout à peine de nullité de
la faifie , defpens , dommages , & interefts des parties contre le fergent qui
n'aura fçeu le deu de fa charge,*François.I. 1535.chap.*6.*art.* 1.*& chap.*20.*art.*
8. *& 1539. art.* 22. *Charles VII.1453.art.*1 *& François I. 1535.chap.*16.*art.*17.

II.
Deliurance
des meubles
apres dix
iours.

Ne peut la deliurance des meubles,fruicts ou denrées, pris par execution,
eftre faicte auant dix iours entiers apres la faifie d'iceux :& doit la deliurance,fi e font fruicts,eftre faicte pardeuant le Iuge , en vertu des lettres, duquel aura procedé l'execution , & non ailleurs,fans fa perm iffion,à peine de
nullité de la deliurance.

III.
Saifies des
creances.

Au deffaut des meubles, fruicts,ou denrées, & bien fouuent fans s'addref-
fer fur iceux, le creancier peut en vertu de fon Arreft, Sentence ou obligation faire faifir les creances de fon debiteur , ou condamné entre les mains
de ceux qu'il recognoit luy eftre redeuables, apres qu'ils ont confeffé , ou
font demeurez d'accord d'eftre debiteurs de certaines fommes. Mais apres
les deffences faictes au debiteur de ne fe defaifir de la fomme faifie à peine
de payer deux fois, affignation doit eftre donnée à l'vn & à l'autre par deuant le Iuge en vertu des lettres,duquel a procedé la faifie, pour voir ordonner, que le debiteur du condamné en vuidera fes mains entre celles du faifif-
fant,*l. à D. Pio §. fic quoque de re iudic.*

Execution
fur vn corps
d'habitans.

Quand l'on a à executer vn corps d'habitans , le commandement doit
eftre fait aux Confuls, & à faute de payer,ou impofer fur eux la fomme,dans
tel delay qui leur fera prefix,faire ordonner qu'ils puiffent eftre contraincts
en leurs propres & priuez noms , fauf leurs recours les vns contre les autres
*Notat.in l. fi fe non obtulit.§. actor ff.de re iud.l.*1. §. *quod fi nemo cum glof. in verbo
Proconful. ff. quod cuiufque vniuerf. Arreft de Paris , du* 11. *Decembre* 1525.

Execution d'Arreft , Sentence ou obligation par criées &
fubhaftations d'immeubles.

§. 90.

Effect des
criées, & cô-
tre qui.

L'Effect,force & folemnité des criées , eft fi grande,qu'il n'y a rien de plus
alfeuré , foit contre l'Eglife, les mineurs, ou autres refidents en la Prouince,où elles font faictes,parce que tous ont la bouche clofe par le moyen
du decret,*l. fi ea tempore.C.de remiff. pign. & ibi Fab. l. quæcunque in fin. ff. de
fid. inftrum. & C.de iur, b ft. fifc.l.*10.Voire de telle forte , que les mineurs ne
peuuent eftre reftituez contre telle folemnité, *Bald. in l. fin. C. de in integr.
reft.* finon qu'elles euffent procedé *ex falfa caufa* : & qu'il y euft dol,faux , deception , ou lefion enorme .*l. fi præfes.C. de præd.min. & l.quamuis ff.eod.l.cum
ver.§. fubuenum. ff. de fide commiff. lib. cap. conftitutus. extr. de in integr.reftit.
Faber,§ Semel autem caufa Inftit. quib. ex cauf. maiorem. non licet. Arrefts de
Bourdeaux du m.is d. May.* 1518. *& de Iannier.* 1531.

<table>
<tr><td rowspan="15">Aux fub-
haftations
des im-
meubles
eft requis</td><td>1 Le commandement</td><td>Au mineur, perquifition de meu-
bles.
Reddition de compte fommaire.</td></tr>
<tr><td>2 La faifie de l'immeuble & fignification d'icelle.</td><td></td></tr>
<tr><td>3 L'eftabliffement du Commiffaire.</td><td></td></tr>
<tr><td>4 Affiche de prononceaux.</td><td></td></tr>
<tr><td>5 Criées à quatre diuers Dimanches.</td><td></td></tr>
<tr><td>6 Affiches de placards deuant la porte de l'Eglife.</td><td></td></tr>
<tr><td>7 Criées certifiées.</td><td></td></tr>
<tr><td>8 Oppofition afin de diftraire.</td><td></td></tr>
<tr><td>9 Oppofition afin de conferuer</td><td>Hypotheques.
Suftitution.
Ordre de collation.</td></tr>
<tr><td>10 Iugemens de quatre deffauts.</td><td></td></tr>
<tr><td>11 Placards de quarante & quinze iours.</td><td></td></tr>
<tr><td>12 Charge de l'adiudication par decret.</td><td></td></tr>
<tr><td>13 Dernier encheriffeur adiudicataire.</td><td></td></tr>
<tr><td>14 Frais des criés & efpices.</td><td></td></tr>
<tr><td>15 Droicts Seigneuriaux.</td><td></td></tr>
</table>

Auant que proceder par criez & fubhaftations fur les immeubles des Subbafta-
tions des im-
meubles des
mineurs. mineurs, eft neceffaire faire exacte perquifition de leurs meubles & creáces, & apres le commandement fait au Tuteur de payer, où il declareroit n'auoir meubles ny deniers appartenans à fon pupil, il doit eftre affigné pardeuant le Iuge du lieu, pour rapporter fon compte fommaire, afin de connoiftre par la cloiture d'iceluy de quelle fomme il eft debiteur: & s'il ne doit aucune chofe, ou que la fomme deuë ne foit baftante, lors il eft ordonné qu'il fera procedé par criées fur les immeubles du mineur, les moins dommageables au dire des preud'hommes, *l. magis puto. §. non poßim. ff. de reb. eorum. Arreft de Paris dés 27. Ianuier 1545. & 10. Decembre, au mefme an.*

Toutesfois quand il y a vn Curateur creé pour les criées des heritages d'vne fille mariée, par l'aduis de fes parens & mineur, difcuffion des meubles n'eft pas neceffaire, comme fut iugé par Arreft de Paris du 21. Mars 1501 Peleus. Eftant au furplus chofe tres certaine, que le deffaut de difcuffion en criées des biens du mineur, annulle entierement les criées, Arreft du 27. Iuillet, 1595. *Peleus lib. 3. act. 5.* fuiuant l'opinion de Rebuffe *tract. de lit. oblig. glof. 4. num. 2. & fequent.*

Le mineur toutesfois ne peut faire ceffer le decret de l'heritage de fon Tuteur à luy obligé, ne s'y eftant oppofé, iugé par Arreft de Paris le mardy de la femaine fainôte, 1598. *Vide Cop. lib. 3. in conf. Par. tit. vlt. num. 6. & l. quæcumque æ fid. & iur. hoft. fijc.*

Les deniers delaiffez au mineur par fes pere ou mere, qui ont vendu autres fonds pour s'accommoder ailleurs : ou quoy que foit ont deftiné les deniers receus à l'acquifition d'immeubles pour le mineur, ne peuuent eftre faifis que fous la mefme folemnité des immeubles, & apres entiere difcuffion, *Voy z à ce propos Monfieur le prefident le Maiftre fur le premier art. de l'Ordonnance de Henry. II.* Contre vne communauté, ou plufieurs coobligez, faut que le commandedement foit fait, à tous ores que l'on faififfe la chofe commune, autrement l'execution est reuocable, à la pourſuitte de ceux à qui n'a eſté faiét le commandement, l. 2. ff. de ſeruit. Arreſt de Paris du 10 May 1534.

Ores que meubles n'ayent point de ſuitte, ſi eſt-ce que ſi la ſaiſie eſt faiéte d'vn meuble vendu non payé, & eſtant encor entre les mains du vendeur, il n'en peut eſtre deſſaiſi ſans actuel payement, bien qu'il euſt receu obligation de l'acheptcur, l. procur. §. penult. ff. de tribut Arreſt de Paris au 15. Auril 1579.

^{1.} Commencement des criées.

Eſtant donc conſtant que toutes criées à peine de nullité, doiuent commencer par le commandement fait à perſonne, ou domicile, de payer la ſomme deuë. Bart. in l. cum que. §. ſi tu auero ff. de iureiur. Iaſon.in lib. quod ſi col. 2. ſi cert. pet. Et que ſi le pourſuiuant criées eſt payé de ſa debte, ou ſe deſpart de la pourſuitte d'icelle, le plus diligent des interuenans peut eſtre ſubrogé en ſon lieu. l. cum vnus. ff. de bon. author. iud. poſſid. reſte de voir par quel ordre elles doiuent eſtre pourſuiuies.

^{2.} Saiſie de l'immeuble

Sera neceſſaire qu'apres le commandement, au refus du payement de la ſomme deuë, le ſergean ſe tráſporte ſur la ſituation des immeubles qu'il peut ſaiſir & mettre en criées, & declare l'eſtenduë ou contenuë d'iceux auec leurs confins (ou tenans & aboutiſſans) l. quod ſæpe ff. de contrahend. empt. & ibi. Accurſ. François l. 1539 fors aux ſaiſies de fiefs & ſeigneuries, où il ſuffit de declarer qu'elles ſont ſaiſies auec leur appartenances & dependances.

Et ores que l'on tienne pour maxime generale en France, que ſaiſie ſur ſaiſie n'a point de lieu: ſi eſt ce neantmoins que ſi apres la ſaiſie des immeubles; voire apres le bail iudiciel d'iceux vn tiers ſuruient, qui faſſe ſaiſir, vendre & decreter au ſceu du premier ſaiſiſſant, ſans qu'il s'oppoſe, le decret demeure bon & vallable, & ne peut cette maxime ſaiſie ſur ſaiſie eſtre objectee, qui enim tacet, quando prohibere poterat, pro conſentiente habetur. Vide Dyn. in cap. qui tacet de reg. iur. in 6. & ainſi fut iugé par Arreſt de Paris le 20. Mars 1601. Helens.

Sera neceſſaire que le commandement faiét par le Sergent contienne l'eſlection du domicile faite par le pourſuiuant criées, à peine de nullité d'icelles, comme il fut iugé par Arreſt le 3. Iuillet, 1636 en la grande Châbre, rapporté par Corbin, Plaidoye 63.

^{3.} Affiches de pennonceaux.

En apres, en ſigne de vraye ſaiſie, appoſera le ſergent les pennonceaux ou armes du Roy ou Seigneur, en la Iuſtice duquel le pourſuiuant les criées aux fonds & choſes ſaiſies, portes des maiſons & autres lieux plus remarquables, à peine de nullité, l. vnic. C. vt nem. lic. ſine iud. auth. ſig. reg. imp. ll. 1. & vlt. Can. vt nem. p ina. tind. François 1. 1551. Arreſt de Paris du dernier de Mars, 1557.

^{4.} Eſtabliſſement des Commiſſaires.

Apres eſtablira vn Commiſſaire aſſez proche des heritages ſaiſis, auquel il enioindra de faire ſon deuoir, moyennant ſalaire competant, (ne peut touteſfois eſtablir Commiſſaire le ſujeét aux fonds du ſeigneur haut Iuſticier,) de là ſignifiera au debiteur tant ladiéte ſaiſie qu'eſtabliſſement de Commiſſaire, auec les deffences de ne le troubler au faiét de ſa commiſſion en tel cas requiſes, & lequel Commiſſaire dés lors ne peut eſtre deſchargé, ores que les parties l'euſſent expres conſenty, ſinon du conſentement de tous les oppoſans & interuenans, arg. l. ſi oleum. ff. de dolo. Arreſt de Paris, 1542. Et luy doit eſtre donné coppie, & doit ſigner auec les parties, ou vn Notaire, Henry III. Eſtats de Blois. 1579 art. 174 Arreſt de Paris des 5. Feurier 1576. 22. Feurier 1577 23. Iuillet audit an. 4. Feurier, 1578.

De

De là procedera aux quatre criées, par quatre diuers Dimanches consecutifs au deuant de la porte de l'Eglise, ou Eglises parroissiales, où seront assis les heritages saisis, à l'issuë de la grande Messe, ou au plus prochain marché du lieu. Et seront assignez par tel cry tous ceux qui voudront faire mise pardeuant le Iuge, en vertu des lettres duquel procederont les criées. Et d'autant que la voix du sergent ne peut estre ouye de tous, sera necessaire qu'il affiche placards, contenans à la requeste de qui, pour quelle somme, & à l'encontre de qui procedent les criées, quels sont les fonds saisis, qui y doiuent estre deuëment confinez, auec expresse mention de l'enchere, si aucune en y a, & assignation au lieu, où se parferont les criées, & seront tels placards mis à la porte desdictes Eglises, ou aux carrefours des plus prochains marchez. Et s'il y a deux Eglises esgales en proximité, faut les apposer en celle où le disme des fonds saisis se paye, *Ant bent. qui semel. C. quomodo & quand. Iud. l. quod conclaue ff. de dam. infect. agr. l. æ de sacra ff. de contrab. empt. & vend. François I. 1527. art. 2. & c.* Et si les fonds saisis sont en plusieurs diuerses parroisses, les criées y doiuent estre faictes en chacune d'icelles, à peine de nullité, comme fut iugé par Arrest de Paris du 7. Mars 1602. Peleus liure 5. act. 33. & par autre Arrest du 14. du mesme mois & an, & fut ordonné que toutes criées seroient certifiées par dix notifications, à peine de nullité. *id actio. 41. lib. eod.* Et non ailleurs qu'aux Bailliages & Iurisdictions Royales.

Les criées deuëment faictes, & les placards d'icelles rapportez, suit la certification d'icelles, & ne peuuent estre certifiées par moins de dix Aduocats, & à leur deffauts sont appellez les Procureurs, & au deffaut des Procureurs, Notaires & Practiciens tous d'vn mesme Siege, qui ne peuuent estre en moindre nombre, à peine de nullité, veu que la coustume ne peut estre verifiee à moins de dix personnes, *Fab. in l. vnic. quæ sit long. consuet. nu. 13. François I. 1530. art. 79 Henry II. 1551. art. 5 Henry III. en Septemb. 1581. Arrest de Paris du 5. Mars 1533. & 4. Ianuier 1512.* Et n'est besoin à la certification de la presence des proprietaires, & debiteurs qui ne peuuent l'empescher, mesmes n'en sont receus appellans, ne peut neantmoins se depescher sans qu'ils soient appellez & ouys pour donner moyens de nullité, si bon leur semble, à quoy ils doiuent estre receus, nonobstant la verification, *leg. si deserta & ibi Bart. Bald. & Angel C. si propter public. text. & glos. in l. de vnoquoque. ff. de re iud. l. cùm verò, §. euocari autem à Prætore oportet. ff. de commiss. libert. l. officium ff. de reiuen. Boër. Decis. 277.* Par deux diuers Arrests, rapportez par M. Loüet ch. 27. lettre D. l'vn sans dabte, l'autre du 15. May, 1598. a esté iugé qu'apres dix ans expirez depuis l'adjudication par decret, l'on n'est plus receuable à se porter pour appellant de l'adiudication, & faut se pouruoir auant l'expiration d'iceux.

Les opposans, comme nous auons dit en nostre diuision precedente, sont de trois sortes, dont les premiers & seconds, à fin de distraire & d'annuller, sont principaux, & arrestent le cours des criées. Sera donc necessaire auant tout œuure, de vuider les oppositions à fin de distraire, qui sont lors que l'interuenant est proprietaire & possesseur de partie des fonds saisis par acquest, succession, donnation ou autrement, qui doiuent estre distraicts des criées auant la reception des encheres, & l'adiudication, comme il s'obserue ordinairement par la Sentence qui interuient sur les quatre deffauts, & ne peut tel interuenant estre dessaisi par le Commissaire, ny les fruicts des fonds comptins aux censes qu'il en passe, & si contre les deffenses à luy faictes, il

VI.
Des quatre criées,

VII.
Certificatiō des criées,

VIII.
Opposans à fin de distraire.

les perçoit il n'en peut estre reprins, & ainsi se doit entendre le quatriéme article de l'Ordonnance de l'an 1551. *Arrest de Paris du 23. Nouembre 1551. l. Modestinus. ff. de except. l. Claudius Fœlix. ff. qui pot. in pig. hab. l. vnic. in fin. C. de prohib. sequestr.* doiuent toutesfois tous opposans & interuenans estre ouys auant faire la distraction requise, pour obtenir à la fraude & collusion que pourroit faire le debiteur vendant parties des fonds saisis pendant les criées *Arrest de Paris du 27. Feurier 1552.* Et neantmoins ores qu'vn fonds & heritage soit comprins és criées, si toutesfois le proprietaire n'en est dessaisi par le Commissaire establi en icelles, il n'a que faire de s'opposer à fin de distraire, & si adiudication s'en ensuit, il sera bien fondé à s'en porter pour appellant, parce que la possession, *litis contestationem imitatur*, comme a remarqué Accurce sur la loy, *cùm notissimi, C. de præscript. 30. vel 40. annor.* & pour la verification de la possession a esté iugé par Arrest des grands Iours de Clermont, & depuis par Arrest de Paris rapporté par Peleus liur. 8. act. 68.

VIII.
Opposans à fin d'annuler

X.
Opposans pour conseruer leur hypotheques.

Ceux qui tendent à fin d'annuller deux principales considerations, l'vne concernant la matiere, l'autre la forme. La matiere, quand celuy que l'on pretend debiteur, & contre qui procedent les criées ne doit rien, ou s'il a deu, il a payé & effacé la debte entierement : car en ce cas tout sera declaré nul, & le poursuiuant condamné en tous les despens dommages & interests de l'oposant, & ne peut aucun des interuenans estre subrogé à la poursuite, ores que l'opposant leur fust redeuable, ains se doiuent pouruoir par nouuelle saisie, *Arrest de Paris, cotté par Papon sans datte liure 18. tit. 6.*

En la forme, si contre vn mineur aucune discussion n'a esté faicte de ses meubles, ou contre vn maieur aucun commandement n'a esté fait, ou que les criées n'ont esté faictes auec les solemnitez requises aux iours de Dimanches au deuant de l'Eglise, à l'issuë de la Messe, ou qu'aucunes copies n'ont esté donnees ny affigées, &c. pour les raisons que nous auons cy-deuant touchées aux precedens articles de ce chapitre.

Opposans pour conseruer hypotheque, substitution.

Les opposans à fin de conseruer viennent pour l'vn des trois principales considerations, la premiere, pour la conseruation des hypotheques generales, ou speciales qu'ils ont sur les fonds subhastez, ou pour la maintenuë d'autres fonds à eux vendus ensemble pour droicts tels de seruitudes, redeuances, rentes constituees, ou foncieres, & autres dont les fonds mis en criées sont chargez enuers eux, à fin que les fonds saisis ne soyent estrouttez par adiudication, sinon à la charge desdictes hypotheques, seruitudes, ou redeuances, *si fundum. C. qui pot. in pig. l. pro debito. C. de bon auth. iud. poss.*

La seconde, pour la conseruation du droict de substitution, si les biens subhastez y sont affectez : car ores que la condition ne soit encor aduenuë pour pouuoir estre la substitution ouuerte au proffit de l'interuenant substitué, il peut neantmoins interuenir aux fins que les biens mis en criées en soient adiugez, sinon à la charge de la restitution d'iceux à l'opposant, & aux siens, si la substitution luy est quelque iour ouuerte

Opposans pour collocation.

La troisiesme, pour estre les interuenans colloquez en leur ordre, suiuant la propriété du temps, & priorité de droict, qui leur est acquis par leurs obligations, contracts, cedules, Sentences, Arrest, taxte de despens, ou autre condemnation, en consequence dequoy ils sont interuenus, lequel ordre doit inuiolablement estre iuré par le Iuge, *d. l. pro debito. C. de bon auth. iud. poss.*

Les fins de diſtraction , & d'annuler vuidees par le iugement des quatre defauts, ſans s'arreſter aux oppoſitions, à fin de conſeruer, eſt paſsé outre à la publication des encheres, & l'adiudication remiſe au quatriéme iour , & les encheres cependant publiees iudiciellement en audience , & les nouuelles ſignifiees au dernier encheriſſeur. Le placard d'icelle affigé à la porte de l'auditoire, du lieu où ſe fait la pourſuitte, qui doit contenir les charges & diſtractions, & y doit demeurer pendant les quarante iours, que l'adiudication par decret ſurſoit, & apres eſt affigé vn autre placard de quinze iours, n'eſtāt permis ſans grande peine d'arracher leſdicts placards, par leſquels tous defaillās ſont forclos ſans excuſe, l. ſed & ſi pupillus, §. de quo palam. ff. de inſtit. Ordon. de l'an 1551. art. 6 Arreſt de Paris du 23. Nouemb. 1551 l. ſi quis id quod. ff. de iuriſd. omn. ind. x.
Iug ment
des quatre
defauts
xi.
Placard à
quarante
iours,

Les encheres publiees (qui peuuent eſtre receuës iuſques à la Sentence d'adiudication par decret, non apres) Joiuēt les biens mis en criees eſtre adiugez au dernier encheriſſeur, pour le prix de ſon enchere , & par decret declarer qu'ils luy ſont vendus à la charge des frais des criees , & des droicts Seigneutiaux, comme cens, ſeruis, rachapts, quints, rierequints, &c. auec inionction expreſſe au premier ſergent ſur ce requis, de ſe mettre en la paiſible poſſeſſion d'iceux , à la charge de rapporter le prix de ſon enchere au Greffe, ou entre les mains d'vn Marchand reſſeant & ſoluable, dont ſouuent les parties conuiennent, l. licet. §. res depoſita. ff. de acquir. poſſ. Que ſi les deniers conſignez viennent à ſe perdre, ſoit par cas fortuit, banqueroute, ou autrement, le debiteur , ſur lequel on aura adiugé, demeure ſuffiſamment deſchargé, comme auſſi l'adiudicataire, qui aura deuëment conſigné, & ne peut tomber le peril de la perte que ſur les creanciers, l. obſignationem, C. de ſolut. lib. Lucius ff. de euict. l. ſi Aſia. §. vlt. l. quod Nerua. ff. depoſ. Ch pin. in conſuetud. Pariſ. lib. 3 tit. 4. art. 19. Arreſt du 3. Decembre 1594. & du mois de Iuillet 1598 Peleus liure 2. acte 4. Sauf à diſcuter apres des oppoſitions des debtes, perſonnes, & hypotheques qu'il faudra reſeruer pour la Sentence de diſtribution du prix prouenant de la vente des biens ſubhaſtez. L'adiudicataire apres la Sentence d'adiudication, & eſtrouſſe iudicielle prononcée à ſon proffit, comme plus offrant & dernier encheriſſeur, peut expulſer le Fermier iudiciel des fonds à luy adiugez, en luy rembourſant ſes frais & loyaux couſts, l. emptorem C. de locat. & ainſi fut iugé par Arreſt du 16. Auril 1602. rapporté par Peleus 6. act 9. xii.
Charges de
l'adiudica-
tion.

xiii.
Dernier en-
cheriſſeur
adiudica-
taire,

Mais quant aux frais des criees, à la charge deſquels ſe faict l'eſtrouſſe, ils ſe doiuent regler ſuiuant ce qui eſt obſerué par toutes les Cours de ce Royaume. Depuis les lettres de contraincte, ſaiſie, eſtabliſſement de Commiſſaire, proclamations, affiges, ſignifications, & ſuite des quatre criees, iuſques à la certification d'icelles incluſiuement , ſans que l'on y puiſſe comprendre l'inſtance pourſuiuie, & inſtruicte auec les oppoſans , comme ſont les reſponſes à leurs cauſes d'oppoſition, production, contredits , ſaluations &c. dont les deſpens ne tombent ſur l'adiudicataire , & tels non autrement les doit le ſubrogé au pourſuiuant , Fab. in l. ſi eo tempore. n. 5. C. de remiſſ. pign. l. 1. n. 2. C. de requir. reis, l. cum apud veteres. C. de bon. auth. iud. poſſid. Ordon. 1551. Arreſt de Paris du 7. Aouſt 1304. Si toutesfois les frais neceſſaires pour paruenir à la fin du decret, & ordre de collocation, ſont faits par vn creancier, qui ne vint en ſon ordre, d'autant que tels frais concernent les creanciers, & plus les anciens que les derniers, ils doiuent eſtre par preference rembourcez à celuy qui en a fait l'aduance , comme fut iugé par Arreſt du xiv.
Frais des
criees &
eſpices.

dernier Septembre, 1589. Louët chap. 44. lettre C, car il n'est pas raisonnable qu'a les frais, *vtiliter negotium gerat commodo priorum creditorum* , M. Louët, chap. 65. D.

Droits Seigneuriaux.

Et quant aux droicts Seigneuriaux, ores que le Seigneur direct ne soit interuenu aux criées, l'estrousse neantmoins se fait toushours à la charge des droicts & deuoirs a luy deuz, qui sont ceux seulement pour raison , & à cause de la vente par decret, & non d'autres : car quant aux arrerages de seruis encourus , ou lods qui pourroient estre deuz pour acquisitions faictes auant le decret, ils ne sont deuz, si pour iceux il n'interuient , que s'il a pour raison de ce formé interuention , il est pour iceux colloqué en son ordre , *Ordnn. susd. 1551. art. 12. & Arrest susd.*

Fruicts des choses saisies & subhastées.

Quand aux fruicts perceus par le Commissaire, pendant la poursuitte des criées, ils ne sont à l'adjudicataire, qui n'a rien aux biens estroussez, que du iour qu'il a consigné ses deniers au Greffe. §. *venditæ. instit. de rerum diuisione*, ains demeurent au proprietaire, qui demeure toushours maistre , & Seigneur des fonds vendus, iusques à l'adjudication par decret, *l. Valerius patronus. §. plane ff. de. iur. fisc.* Vray est, que si le prix des heritages vendus n'estoit bastāt pour le payement des sommes deuës , ce qui se trouuera entre les mains du Commissaire, doit estre adjugé , & distribué aux creanciers selon leur ordre, comme est porté par la mesme Loy. Toutesfois si depuis la mise du dernier encherisseur , il y a remise de l'estrousse, pendant laquelle les fruicts des choses subhastées soient leuez par le Commissaire, cela ne faict pas qu'il se puisse departir de son enchere, mais les fruicts pendants par racine lors d'icelle, luy appartiennent, en sorte qu'il peut agir contre ceux qui les ont leuez pour le recouurement d'iceux , Arrest de Decembre 1620. Peleus liu. 5. act. 16.

Est à noter que le mineur de vingt-cinq ans, marié, & Marchand, ayant faict enchere sur des fonds mis en criées, ne peut estre releué de son enchere, sous pretexte de sa minorité, & de faut d'assistance de curateur, & ainsi iugé par Arrest de Paris , du 21. Feurier 1604. rapporté par Peleus liur. 4. act. 15.

Ores que le decret fut declaré nul , ou que contre iceluy debiteur fust restitué, le possesseur toutesfois par adiudication n'est iamais tenu à la restitution des fruicts , moins peut-il perdre les reparations par luy faictes de bonne foy, *cum Prætore auth. re possideat, l. iusté, ff. ae acquir. poss. Arrest de Paris du 13. Septembre 1543.*

Le doute a esté , si le creancier adjudicataire des biens mis en criées, fournissant au receueur des consignations dans dix iours des quittances des interuenans, à la concurrence du prix de l'adjudication, il sera tenu luy payer le droict de consignation , *hoc distinguendum.* Si le creancier adjudicataire est tellement principal creancier, que presque tout le prix luy soit deu, il ne doit aucun droict, consignant sa Sentence au lieu du prix. Iugé par Arrest du Parlement, seant à Tours: mais si tel creancier n'a que la moindre partie, nonobstant qu'il rapporte les quittances des autres interuenās, il doit le droict de consignation, *Arrest du dernier Feurier 1602. Peleus lib. 5. act. 29.*

Est remarquable, que si le debiteur, contre qui les criées procedent , a delaissé des enfans pendant le cours d'icelles , ils peuuent requerir prouision d'alimens, pour lesquels ils sont preferables à tous les creanciers interuenans , & ainsi fut iugé par Arrest du 14. Aoust, 1599. & depuis par autre, de l'an 1604 M. Louët ch. 17. de son recueil de la lettre A, le mesme au 29. chap.

de la lettre C. rapporte vn Arreſt du 8. Feurier 1596. par léquel les Apothicaires & Chirurgiens ſont preferez à tous autres creanciers, meſmes à la veſ-
ue pour ſes conuentions matrimoniales.

Reſte à l'equitable diſcretion, & religieuſe integrité des Iuges, par leur
Sentence de deſtribution du prix prouenant de la vente des biens ſubhaſtez,
de colloquer les plus fauorables creanciers ſelon leurs droicts, comme les
frais funeraires, ſalaires des Medecins, Chirurgiens, & Apothicaires, ceux
qui ont hypotheque ſpeciale auant ceux qui ne l'ont que generale, les ante-
rieurs en datte aux poſterieurs, fors aux reſeruez par les loix.

Vous auez (debonnaires Lecteurs) pluſieurs belles queſtions ſur cette matiere, recueillies par feu Monſieur le Preſident le maiſtre, en ſon traicté des
criées, où ie renuoye voſtre diligence pour obuier à prolixité, apres auoir
ſupplée d'auoir ces inſipides fruicts de mes veilles de l'hyuer dernier, pour
agreables, non que ie pretende m'en attribuer aucune gloire, ne que i'eſti-
me qu'il y aye rien du mien que la ſeule contexture (à fin de faire ceſſer les
abbois des Zoiles) pour à la quelle paruenir, ie me ſuis aydé des eſcrits de
Maſuer, Imbert, Alciat, Papon, Guy Pape, Damhoudere, Chaſſanée, Boyer,
& pluſieurs autres bons Autheurs. Mais i'ay penſé faire choſe agreable à
ceux qui ne ſont encores promeuz à la cognoiſſance de la practique, de leur
tracer cette methode, tirée (non ſans peine) des labeurs de ces grands perſonnages, & voſtre prudence ſçait aſſez, que ceux qui compoſent les bou-
quets ne ſont pas les fleurs qu'ils adjancent. Si ce commencement vous
agrée, vous verrez la ſuitte promiſe, auec l'aide du Tout-puiſſant, auquel
ie rends graces tres-humbles de la benediction qu'il luy a pleu donner à
mon project.

Concluſion.

P 3

FORME PARFAICTE DES CRIEES,
ET SVBHASTATIONS.

SCACHENT tous ceux qui ces presentes verront, que l'an 1616 & le 15. iour du mois de Ianuier, apres midy. Ie Estienne Garin, Sergent Royal au Bailliage de Beaujollois, demeurant à Ville-franche, fousigné, exploictant par tout le Royaume de France, rapporte que ledit iour, par vertu & authorité des Lettres executoriales de Sentence obtenuë par Dame Ieanne Mondard, vefue de feu Noble Iean d'Aigueboune, de Monfieur le Lieutenant General, Ciuil & Criminel audit Bailliage, à l'encontre de Maiftre François Aiguetan, Notaire Royal dudit Ville franche, refilant à Pomiers, lefdicte, lettres en dabte du 20. Decembre dernier, 1615. fignees, & émolumentées, Cufin Greffier, à ce mien exploit, & procez verbal de faifie attachees, & à la Requefte de ladict Dame impetrante d'icelles, ie me fuis expres tranfporté à cheual dudit Ville franche, où ie fais mon actuelle refidence, en la Parroiffe de Pomiers, diftant d'vne lieuë Françoife & au domicile dudit M. Aiguetan, auquel apres auoir declaré, parlant à fa perfonne, trouué en fon domicile, que ladite Dame Mondard impetrante, a efleu & eflit fon domicile en la maifon & perfonne de M. Anthoine Blondel, Notaire Royal, & Procureur au Bailliage de Beaujolois, fon Procureur, où elle veut tout exploicts de Iuftice, & affignations eftre bonnes & vallables. I'ay fait commandement de par le Roy noftre Sire, & Monfieur le Baillif de Beaujolois, audict M. Aiguetan, de faire payement & folution à ladicte Dame Mondard, de la fomme de fix mil quatre cents liures, en quoy il luy eft tenu pour les caufes contenuës audit executoire de Sentence, fans preiudice des proffits de ladite fomme à elle adjugee, iufques à l'actuel payement, ainfi que le tout eft porté par lefdictes lettres & Sentence, ou bien me fournir meubles pour le payement de ladicte fomme, à fin d'eftre mis en vente, & reelle deliurance au marché du Roy, & des deniers qui en prouiendront, eftre acquittée ladicte fomme, ou partie d'icelle. Lequel M. Aiguetan m'a faict refponce, qu'il ne defnie d'eftre debiteur de ladicte fomme : Mais qu'il n'a deniers pour le prefent pour le payement d'icelle, & que fes meubles ne font de valeur de trois cens liures au plus, laquelle refponce i'ay prins pour refus, & luy ay declaré, que par faute dudit payement, ie prenois, faififfois, & mettois, comme de faict i'ay prins, faifi, & mis fous la main du Roy noftre Sire, & de Iuftice, contre ledit Aiguetan, tous les biens immeubles qu'il a, tient & poffede en ladicte parroiffe de Pomiers.

Et premierement la maifon d'habitation dudict Aiguetan, fize en ladicte parroiffe de Pomiers, confiftant en fix chambres, grenier, cellier, caue, tenallier, preffoir, quatre cuues à vin, vulgairement appellées tines, vne haute tour ronde, cour, iardin, & aifances, auec vne vigne y adjoignant, contenant l'œuure de trente hommes (ou enuiron) enfemble vn colombier, au milieu

de ladite cour, ioignant le chemin tendant de Ville franche aux maisons de
maiſtre François Mabiez, Eſleu pour le Roy en l'Eſlection de Beaujalois de
matin, les vignes de Damoiſelle Claudine Gaſpard de midy, ou vent, les
terres de maiſtre Benoiſt Dephelins, Procureur au Bailliage de Beaujolois
de ſoir, & le pré & terre de Damoiſelle Anne le Brun, femme de noble Iean
Troilleur Changueur pour le Roy à Lyon, de bize. Item vn pré, ſiz au deuant
de ladite maiſon, contenant la fauchée de ſix hommes, ou enuiron, ou
la place de dix charrées de foin, ioignant le pré de M. Claude Comiers,
l'vn des Eſleus audit pays de Beaujolois, de matin. Autre pré de maiſtre Iean
Noyer le ieune, Procureur, & Notaire Royal audit Bailliage, de vent, la
terre d'honneſte Iean Croppet, Marchand Apoticaire de Villefranche, de
ſoir, & le pré du Sieur Louys Ducrozet, de bize. Item vne terre, contenant
la ſemence de trente biches, meſure dudit Villefranche, ſize au meſme
lieu, joignant le chemin tendant de Pomiers à Leymans de matin, la terre de M. Anthoine de la Font Aduocat en Parlement, & au Bailliage de
Beaujolois, de vent, & terre de M. Eſtienne Comiers, Notaire Royal audit Bailliage, de ſoir, & la terre de M. Matthieu Feire, Bourgeois de Ville-
franche, Greffier du Grenier à Sel dudit lieu, de ſoir. Item vn bois contenant la place de 20. mayes de bois, &c. Sauf deſdicts fonds & heritages
leurs autres plus vrays & meilleurs, ou plus legitimes confins, pour icelles
maiſons, colombier, granges, eſtables, moulins, priſe d'eau, prez, terres,
bois de taille, & haute futſte, vignes, garennes, perriere, & autres heritages,
appartenants audit M. Aiguetan, ſiz audit Pomiers, eſtre mis en vente, &
criée publique, par forme de criees, ſubhaſtations, & inquants par quatre
diuers iours de Dimanche conſecutifs, à l'iſſuë de la Meſſe paroiſſiale dudit
Pomiers, ſuiuant les Ordonnances publiées ſur le faict des criees, & ſubhaſtations & que la premiere deſdites ventes ſera faicte par moy, ou autre
Sergent, qui a ce vacquera, procedant auſdictes criees, le Dimanche dernier iour, du preſent mois, la ſeconde, le Dimanche ſeptiéme du prochain
mois de Fevrier, la troiſiéme & derniere, les Dimanches ſuiuants & conſecutifs. Le tout année preſente, mil ſix cens ſeize, au deuant l'Egliſe dudit
Pomiers, & au grand portail d'icelle, où ſeront receus tous metteurs, &
encheriſſeurs, qui ſe preſenteront. Declarant en outre audit Aiguetan, que ie-
ſtablirois, comme à l'inſtant i'ay eſtably Commiſſaire, au regime & gouuernement deſdicts heritages cy-deſſus confinez, fruicts & reuenus en depen-
dants de la perſonne de M. Claude Reſſors, Notaire Royal dudit Villefranche, à la charge d'en rendre bon compte, & preſter le reliqua au proffit
de celuy, ou ceux qu'il appartiendra, faiſant inhibitions & deffences, tant
audit Aiguetan, qu'à tous autres, tant en general qu'en particulier, de ne
troubler, moleſter, ou empeſcher ledit Commiſſaire, au regime & gouuernement diſdicts fonds & fruicts, ſous les plus grandes peines qu'ils pourroient encourir enuers le Roy, & Iuſtice, faiſans le contraire, & à fin que
ledit Aiguetan ne pretende cauſe d'ignorance dudit fait i'ay en ſa preſence
publiquement mis & affigé à la grande porte, & principale entrée de ſa-
dite maiſon, où il fait ſon actuelle reſidence, vn Eſcuſſon à trois fleurs de
lys aux Armoiries du Roy noſtre Sire, & ay fait le meſme aux portes des
Damaynes dependans de ladicte maiſon, m'eſtant à ceſt effect expres tranſporté ſur la ſituation d'iceux, & au pied, & au deſſous deſdits Eſcuſſons

I'ay en chacun defdicts lieux laiffé vn placard affigé, par moy eferit , & figné
contenant le commandement, faifie, & eflection de domicile, eftabliffement
de Commiffaire , & tout ce que deffus accouftumée en mefme fait : Et apres
me fuis particulierement tranfporté fur les autres fonds, & heritages fus fpecifiez, & confinez, en chacun defquels en figne de vraye faifie, i'ay planté , &
affigé vn penonceau, & brandon de paille, au lieu des Armoiries du Roy, &
ay fait à fçauoir, criant à haute voix, de par le Roy, que i'auois prins & faifi lefdictes maifons & heritages fus fpecifiés & confinés , & iceux mis en
vente, & criées publiques, par criées & fubhaftations , à la requefte de ladite
Dame Mondard , pour ladite fomme de fix mille quatre cens liures , fans
prejudice des proffits, iufques à l'actuel payement , & ay donné copie de ladite Sentence executoire d'icelle, enfemble de ce mien procés verbal de faifie, & du contenu cy deffus, audict M. Aiguetan, le tout aux defpens de ladite
Dame Mondard , és prefences de M. Louys Batailly , & Gabriel Lambert,
Clercs dudit Ville franche , tefmoins, par moy menez exprés, qui ont figné
auec ledit Aiguetan, en mon exploict original, ainfi figné Aiguetan, Batailly,
Lambert, Garin Sergent Royal.

Et les mefmes iours, mois, & an que deffus, Ie Sergent Royal fufdict, &
foubfigné , ay fait fçauoir ledit eftabliffement de Commiffaire audit Mr
Reffort, Notaire Royal, demeurant audit Ville-franche, parlant à fa perfonne, trouué audit lieu, laquelle charge & commiffion il a accepté, & promis en faire fon deuoir, moyennat falaire côpetant, à la charge de rendre bon
compte, & prefter le reliqua au profit de qui il appartiendra, & fera ordonné
par Iuftice. Et à fin qu'il puiffe plus feurement, & commodement vacquer au
faict de ladite charge & commiffion , ie luy ay baillé copie de ce mon procés
verbal, contenant ladicte cômiffiô, par moy figné aux defpés de ladicte Dame
Mondard, impetrâte, en prefence defdicts Maiftres Louys Batailly, & Gabriel
Lambert Clercs, qui ont figné auec ledict M. Reffort en mon exploict original.

Aduenu lequel iour de Dimanche dernier dudit mois de Ianuier , mil fix
cens feize, Ie Eftienne Garin, Sergent Royal fufdict, & foubfigne, fuiuant
l'affignation par moy donnée audit M. Aiguetan par vertu defdictes lettres,
& à la requefte de ladicte Dame Mondard ie me fuis ledit iour tranfporté à
cheual, de la ville de Ville franche , en ladicte paroiffe de Pomiers, diftante
d'vne lieuë Françoife, où eftant, & au deuant de la principale porte de l'Eglife paroiffiale dudit lieu, le peuple fortant d'ouïr le diuin feruice qui y a efté
celebré par Meffire Benoift Bottu , Curé dudict lieu, auquel eftant , à
haute voix, & cri public en general, i'ay de par le Roy , mis & expofé en
vente les maifons, prez, terres, vignes, moulins, colombier, bois de taille & de
haute fufte , & autres heritages cy deffus fpecifiez , & confinez par mon
procés verbal de faifie, & les confins & eftenduë defquels i'ay leu diftincte-
ment à haute, & intelligible voix, les mettant en criées , & fubhaftations,
pour eftre vendus, & deliurez au plus offrant & dernier encheriffeur , à la
charge des droicts, & deuoirs Seigneuriaux, frais & mifes defdites crées, à
la requefte de ladite Dame Ieanne Mondard , par faute de payement de la
fomme de fix mil quatre cens liures contre ledict Aiguetan debiteur de
ladicte fomme partant, que s'il y a perfonne qui vouluft mettre prix ou enchere fur lefdicts heritages cy-deuant fpecifiez & confinez, ou qui y pretendent droict , ou defirent former oppofition , foit à fin de diftraction

collocq

collation, ou hypotheque,qu'il comparoiſſe pardeuant moy , & que le plus
offrant & dernier encheriſſeur ſera par moy accepté , & retenu pour achepteur , & metteur, & les oppoſans receus en leurs oppoſitions : & apres pluſieurs diuerſes & reiterées proclamations par moy faiƈtes , & que perſonne
ne s'eſt preſenté qui aye fait aucune miſe ny enchere , ny formé oppoſition,
i'ay aſſigné tous metteurs , encheriſſeurs oppoſans , tant en general qu'en
particulier:notamment ledit Aiguetan à Dimanche prochain venant,ſeptié-
me iour dudit mois de Feurier prochain,pour voir proceder par moy,au meſme lieu,& deuant de ladiƈte Egliſe,yſſuë de la Meſſe , à la ſeconde vente,
criée , ſubhaſtation & incant,pour y faire miſes,ou former oppoſition, ſi bon
leur ſemble , ſur leſdits heritages , cy-deuant confinez , & ſur le champ i'ay
mis & affigé vn placard eſcrit & ſigné par moy, à la grande porte de ladiƈte
Egliſe,lieu accouſtumé à poſer tels affiges , contenant ce que deſſus à la requeſte de qui,contre qui, & pour quelle ſomme, à la requeſte de ladiƈte Dame Mondard, contre ledit maiſtre Aiguetan , enſemble pour venir par les
parties intereſſées, enſeigner, & experir de leurs droiƈts , & intereſts auſdits
heritages ſus confinez , ſoit afin de diſtraƈtion,collocation,ou hypotheque,
comme il eſt contenu par le placard cy-apres inſeré : le tout és preſences de
maiſtre Eſtienne Boyron, & Fleury Marra,clercs de Ville-franche témoings,
qui ont ſigné en mon exploit original , ainſi ſigné , Boyron , Matra, Gatin
Sergent Royal.

Et à l'inſtant ie Sergent Royal ſuſdit, & ſouſſigné,me ſuis tranſporté à la
perſonne dudit Aiguetan , trouué en ſon domicile,auquel parlant,i'ay ſigni-
fié ce qui a eſté par moy ce iourd'huy exploité audit lieu de Pomiers , enſemble l'aſſignation par moy à luy donnee à faire par moy la ſeconde criée,
ſubhaſtation & incant deſdits fonds & heritages, cy deuant confinez,le Dimanche prochain, ſeptieſme iour du prochain mois & an, audit lieu de Pomiers,au deuẫt de la porte de ladite Egliſe,& qu'il s'y trouue,ſi bon luy ſemble,& luy ay donné copie de tout ce que deſſus,en preſence, deſdits maiſtres
Boyron & Marra, qui ont ſigné mon exploit original , & n'a voulu ledit
Aiguetan ſigner,de ce faire deuëment ſommé.

S'ENSVIT LA TENEVR DV PLACARD.

DE PAR LE ROY.

L'On fait à ſçauoir,qu'à la Requeſte de Dame Ieanne Mondard, vefue de
feu Sieur Aiguebonne habitant à Ville-franche, qui a eſleu ſon domicile en la maiſon & perſonne de maiſtre Anthoine Blondel , Procureur &
Notaire Royal au Bailliage de Beauiolois, demeurant à Ville-franche , &
pour auoir pour elle payement de maiſtre François Aiguetan, de la ſomme
de ſix mil quatre cents liures , par vertu & authorité des lettres executoires
de Sentence par elles obtenuë de Monſieur le Baillif de Beauiolois , en datte
du vingtieſme Decembre dernier . ſignées & emolumentées Cuſin,Commis
du Greffier,l'on procede par vente,criées,ſubhaſtation & incant contre ledit
Aiguetan,par faute de payement de ladiƈte ſomme ſur les biens,fonds & heritages,cy-apres declarez & confinez.

Q

Premierent fur les maifons hautes, moyennes & baffes, cour, iardin, preffoir, aifance, vigne, le tout ioignant enfemble, fiz en la patroiffe de Pomiers
contenant, &c.

Icy doiuent eftre fpecifiez & confinez tous les heritages, tout ainfi qu'ils feront contenus dans le procez verbal de la faifie, & à la fin fera mis.

Saufs defdits fonds & heritages, leurs plus vrais & legitimes confins : au
regime & gouuernement defquels fonds & fruicts d'iceux : I'ay eftably
Commiffaire la perfonne de Maiftre Claude Reffort, Notaire Royal de
Ville-franche : Partant s'il y a perfonne qui vueille faire mife & enchere, ou
former oppofition fur lefdicts fonds & heritages, qu'il compare par deuant
moy, & ie le receuray en fa mife, ou oppofition, foit afin de diftraire, conferuer hypotheques, ou collation : Ou bien pardeuant Monfieur le Bailly de Beauiolois, ou Monfieur fon Lieutenant, par deuant lequel leurs
mifes, encheres & oppofition feront receuës : Et ay affigé femblable placard à la porte de l'auditoire Royal du Bailliage de Beauiolois. Et c'eft
pour la premiere vente, fubhaftation, & incant, faict ce Dimanche quator-
ziefme iour du mois de Ianuier, l'an mil fix cens feize, figné Garin Sergent
Royal.

§ Soyez aduertis (debonnaires Lecteurs) que les deux criees fuiuantes
doiuent eftre faictes les deux Dimanches d'apres immediatement confecu-
tifs, autrement ce feroit vne nullité remarquable contre la teneur de l'ordonnance : le contenu defquelles doit eftre entierement conforme à la premiere, qui fait que i'obmets de les tracer icy, pour obuier à vne ennuyeu-
fe repetition des mefmes paroles, feulement adioufteray-ie la quatriefme,
parce qu'elle contient affignation fpeciale & particuliere plus que les autres, pour voir proceder à la certification des criées, en voicy la teneur.

Finalement continuant par moy Sergeant fufdict & fouffigné lefdictes
criees & fubaftations, eft aduenu que ledit iour de Dimanche vingt & vniéme
defdits mois & an, ie me fuis exprés tranfporté à cheual dudict Ville-franche, où ie fais ma refidence audict Pomiers diftant comme deffus, & au
deuant de la principale porte de ladicte Eglife, le peuple fortant d'ouyt le
diuin feruice qui a efte celebré par Meffire Thomas Verfad Vicaire dudict
lieu, où eftant à haute & intelligible voix & cri public : I'ay faict à fçauoir,
que ie mettois en vente, criees, fubhaftations & incant, pour la quatriefme
& derniere criee, vente & fubhaftation, lefdictes maifons, iardin, vignes,
prez, terres bois, garennes, moulins, & autres heritages fus confinez, des confins defquels i'ay faict lecture : & ce par faute de payement de ladicte fomme
de fix mil quatre cens liures à la Requefte de ladicte Dame Ieanne Mondard
contre ledit maiftre François Aiguetan, partant que s'il y auoit perfonne
qui vouluft mettre prix & enchere fur lefdits fonds, ou former oppofition
pour raifon d'iceux, foit afin de collocatió, diftraction, ou hypotheque, qu'il
comparuft par deuant moy, & que le plus offrant feroit par moy receu pour
dernier encherifleur, & achepteur, & les oppofans receus en leurs op-
pofitions. Et apres plufieurs reiterées proclamations par moy faictes, ne s'e-
ftant prefente perfonne qui aye voulu faire mife & enchere, ny former oppofition, i'ay affigné tous metteurs & oppofans tant en general qu'en particulier, & fpecialement ledit Aiguetan pardeuant Monfieur le Bailly de

Beaujolois ou Monsieur son Lieutenant General, Ciuil & Criminel, aux fins
de faire mises & enchetes, ou former leurs oppositions, si bon leur semble,
& experir de leurs droicts, pour estre les choses saisies, vendües & estrouil'es,
au plus offrant & dernier encherisseur à la charge des droicts & deuoirs
Seigneuriaux, frais & mises desdites criées, le tout suiuant les Edicts &
Ordonnances Royaux, & auttrement, comme, il appartiendra par raison : &
sur le champ j'ay affigé à la porte de ladicte Église vn autre placard contenant la procedure desdites ventes, criées & subhastations desdicts fonds &
heritages sus declarez & confinez, & tous ce qui a esté par moy exploité
auec l'ellection de domicile, ensemble ay tant en general que particulier
assigné tous pretendans droicts & interests esdicts biens, saisis, à demain
Lundy vingt deuxiéme iour du present mois, an que dessus, & specialement
ledit Aiguetan, pour voir proceder à la certification desdictes, le tout
aux despens de ladicte Dame Mondard, és presences de maistre Pierre Labbert, & Iean Cartin clercs dudit Ville franche menez exprés, qui ont
signé en mon exploit original, ainsi signé Labbert, Cartin, Garin, Sergent
Royal.

E le mesme iour, mois & an que dessus : Ie Sergent Royal susdit &
soussigé, ay signifié tout ce que dessus audit maistre Aiguetan, parlant à sa personne, trouué à Ville franche, & l'ay en particulier assigné à
demain Lundy, vingt-deuxiesme du present mois, & an, en l'auditoire
Royal de Beauiolois, heure d'Audiance, pour voir proceder à la certification
desdites criées pardeuant Monsieur le Lieutenant General, Ciuil & Criminel au present Bailliage, & afin qu'il n'en pretende cause d'ignorance, ie luy ay laissé copie du tout, deuëment collationné à mes exploits
originaux, és presences desdicts maistres, Labbert, & Cartin qui ont signé,
comme dessus.

Les criées expediées en ceste forme, sont par le Procureur de la poursuiuant criées esté presentées à dix Aduocats ou Procureurs du Siége, pour
les voir & certifier au bas d'icelles si elles ont bien procedé, ce qui se faict en
ceste sorte.

Nous Aduocats, & Procureurs, Postulans au Bailliage de Beauiolois
soussignez, certifions à qu'il appartiendra, que nous auons veu & leu, les
presentes criées, & qu'elles ont bien & deuëment procedé selon les vz, styl
& coustume du present Bailliage, Arrests de la Cour, & Ordonnance de nos
Roys, en tesmoignage dequoy nous auons signé la presente certification le
vingt deuxiéme Feurier, mil six cents seize, Godard, Rolin, Bellet de
la Praye, de la Font, Chassins, Goyet, Dumas Boyron, Dephelines, Salus.

Apres la certification faicte au bas des criees, elles sont leuës iudiciclle-
ment, & au rapport des Aduocats & Procureurs, qui les ont certifiées, acte
est octroyé de la lecture & certification d'icelles, & est ordonné par le Iuge,
que tous les pretendans interest, seront appellez par quatre Dimanches
consecutifs, pour venir experir de leurs droicts, & c'est ce qu'en ce Bailliage
on appelle les quatre deffauts qui ne sont toutesfois necessaires, veu que
le mesme a esté faict par les quatre ventes ou criées à la forme que dessus, &
de faict aux criées & subhastations faictes à la Cour on n'vse de telle lon-
gueur & solemnité qui est proprement *actum agere* : mais seulement

eu octroyé congé d'adiuger, neantmoins nous obseruons en ce Bailliage, & autres Sieges de ce gouuernement, les quatre deffauts qui se font par quatre diuerses quinzeines, a fin qu'ils soient sauuez, comme il faut; pour obuier a prolixité, & aux ennuyeuses repetitions, ie ne mettray icy que le formulaire de la premiere Commission, & de l'exploit sur icelle, auant la Sentence qui est obtenuë sur iceux.

George de Villeneufue, Cheualier de l'ordre du Roy, Capitaine de cinquante hommes d'armes de ses Ordonnances, Baron de Ioux, Baillif de Beauiolois. Au premier huissier ou Sergent Royal sur ce requis, salut. De la partie de Dame Ieanne Mondard, vefue de feu Sieur d'Aiguebonne, Nous a esté exposé, que pour auoir par elle payement de maistre François Aiguetan, de la somme de six mille quatre cents liures, à elle deuë par ledit Aiguetan, elle auroit en vertu de nos lettres executoires de Sentence, fait faire commandement de par le Roy audit Aiguetan de luy payer ladite somme, & au refus de payement, le Sergent executeur auroit pris, saisi & mis en criées & subhastations tous les biens, fonds & heritages appartenans audit Aiguetan, siz en la Paroisse de Pomiers, cy apres declarez, & confinez, à sçauoir, Premierement, &c.

Icy faut specifier tous les fonds auec leurs confins, comme au procès verbal de saisie

Lesquelles criées paracheuées, par ledit Sergent, par les quatre ventes accoustumées ; il auroit assigné tous pretendans droicts ès biens mis en criées, aux fins de les voir certifier, lesquelles au rapport des Aduocats, & Procureurs de ce Siege en nombre competant, auroient esté certifiées auoir bien & deuëment procedé selon les Edicts & Ordonnances Royaux, vz, sty, coustumes, & practique de ce Bailliage. Surquoy nous aurions ordonné, que tous creanciers, & pretendans droicts ès biens saisis & mis en criées, seroyent assignez à la maniere accoustumee : Parquoy nous vous mandons, & commandons, en commettant par ces presentes, que à iour de Dimanche, à l'yssuë de la Messe Paroissiale dudit Pomiers, vous adiourniez en general à haute voix & cri public, tous & chacuns les creanciers & pretendans droicts & interests ès biens mis en criées, & en particulier ledit Aiguetan, à estre & comparoir a Ville-franche, par deuant nous ou nostre Lieutenant à iour certain & competant deuëment certifié, heure de Cour, aux fins, sçauoir lesdits creanciers, & pretendans droicts & interests esdits biens, pour venir experir de leurs droicts & actions, & ledit Aiguetan pour donner moyens de nullité contre lesdictes criées, si bon luy en semble, & si nullitez y a, & c'est pour le premier Edit. Donné à Ville-franche le sixiéme iour de Mars, mil six cents seize, signé & emolumenté, CVSIN.

L'an mil six cents seize, le Dimanche treziesme iour de Mars, auant midy, ie Pierre Theuenon, Sergent Royal, priseur & vendeur pour le Roy au Bailliage de Beauiolois sousigné, certifie & rapporte, que ce iourd'huy Dimanche sixieme iour de Mars mil si cens seize, ie me suis transporté du lieu de Ville-franche, où ie faicts ma residence, en la Paroisse de Pomiers, distant d'vne lieuë Françoise & ce à cheual, & estant au deuant de l'Eglise dudit lieu, à l'yssuë de la grand Messe Parroissiale, qui a esté celebrée par messire Benoist Bottu Bachelier en Decret, Vicaire & Societaire de Ville-franche, Curé dudit Pomiers, i'ay en presence du peuple sortant d'ouyr

le diuin seruice à haute voix & cry public, adiourné en general tous les op-
posants, interuenants & pretendants droicts, sur les biens, fonds & heritages
siz en ladite parroisse, appartenans à maistre François Aiguetan, mis en
criées & subhastations, à la requeste de Dame Ieanne Mondard, & en parti-
culir, ledit Aiguetan, parlant à sa personne, treuué au deuant ladite Eglise,
à comparoir à demain Lundy septiéme iour desdits mois, & an, à Ville-franche en l'auditoire Royal du Bailliage de Beauiolois, heure de huict heures
pendant la tenuë de l'audiance, aux fins, sçauoir ledit Aiguetan, de donner
moyens de nullité, si aucuns il a contre lesdites criées, & lesdits opposans, interuenans, & pretendants Droicts, aux fins d'expirer de leurs droicts, si aucuns ils pretendent sur lesdits biens, soit afin de distraction, conseruation,
ou hypotheque, & à ces fis ils ayent à fournir de leurs causes d'interuention, ou opposition, & entierement satisfaire aux fins & actes cy-dessus contenus en ladicte Commission auec inthimation. Faict les an, iour, & lieu que
dessus, auant miuy en presence de maistre François Demonchanin, commis
au Greffe de Ville franche, & maistre Anthoine l'Abbé dudit Ville franche,
tesmoins qui ont signé en mon exploit original, & n'a voulu signer ledit
Aiguetan, auquel neantmoins i'ay donné copie, tant de ladite Commission
que au present mon exploit.

<hr>

EXTRAIT DES ACTES ET REGISTRES DV

Bailliage de Beauiolois.

PAr deuant nous Claude Cherreton, Seigneur de la Torriere & Regnié,
Conseiller du Roy, Lieutenant general, Ciuil & Criminel, au pays &
Bailliage de Beauiolois, pour le Roy nostre Sire, & Madamoiselle Duchesse
de Montpentier Dame & Baronne dudit pays, s'est presenté maistre Benoist
Daphelines, Procureur de Dame Ieanne Mondard, vefue de feu Sieur d'Aiguebonne, pour laquelle il nous a remonstré, que pour auoir pour elle payement de la somme de six mil quatre cents liures, à elle deuë par maistre Frã-
çois Aiguetan, en laquelle il auroit esté condamné par nostre Sentence, depuis confirmée Par Arrest de la Cour, elle auroit en vertu de ce, faict faire
commandement audit Aiguetan, parlant à sa personne, de luy payer ladite
somme, & à refus, le Sergent executeur auroit prins, saisi & mis sous la
main du Roy & de Iustice par criées & subhastations tous les biens, fonds,
& heritages audit Aiguetan appartenans, siz en la Parroisse de Pomiers, cy
apres declarez & confinez : Premierement la maison & principal mauoir
dudit Aiguetan, consistant, &c. Icy doiuent tous les fonds & heritages,
estre confinez & specifiez, ainsi qu'ils sont en la Commission, & au procés
verbal de saisie, icy obmis, pour obuier a repetition. Sauf leurs autres plus
vrais confins : pour iceux biens estre vendus, criez, subhastez, & les deniers
en prouenants conuertis au payement de ladicte somme de six mil quatre
cents liures, au rigime desquels auroit esté estably Commissaire, & ce fait
auroit par ledit Sergent esté procedé aux quatre criées ou ventes, par quatre
diuers iours de Dimanche, auec l'affige des penonceaux, & escussons Royaux
affigez es placards, significations de l'election de domicile, & autres solemnitez, en tel cas requises, & accoustumées, ainsi qu'il nous est apparu

par lesdites criées, lesquelles nous ayans esté rapportées en Audiance, aurios
au rapport des Aduocats & Procureurs de ce Siege en nombre competant,
certifié icelles auoir bien esté faictes , & procedé suiuant les Edicts & Ordonnances Royaux, vz styl & coustume de ce Bailliage. & que lettres necessaires estoient octroyées à ladite Dame Mondard, à sa requisition, pour faire
appeller par quatre diuers mandemens & iours de D'manche, de quinzeine,
en quinzeine, tous les pretendants interests ausdits biens soubhaitez en general , & en particulier ledit Aiguetan, aux fins, & maniere accoustumée. En
consequence dequoy a dit ledit Dephelines que par vertu & authorité de
nos lettres pour le premier Edict ladicte Dame par maistre Pierre Theuenon, Sergent Royal de ce Bailliage Dimanche dernier, qui fut le iour d'hier
sixiéme Mars , au deuant l'Eglise & à l'issuë de la Messe Parroissiale de Pomiers à haute voix & cri public, en general auroit fait adiourner tous creanciers & pretendans droicts & interests esdicts biens sus declarez, & en particulier ledit Aiguetan, parlant à sa personne. trouué au dauant ladicte Eglise. à comparoir par deuant nous à ce iour d'huy lieu & heure, aux fins. sçauoir
lesdits creanciers & pretendants interests de venir experir de leurs droicts
& actions , & ledit Aiguetan pour bailler causes & moyens de nullité contre lesdites criées si aucunes y a, ainsi qu'il nous a faict apparoir par lesdites
lettres, & exploict dudit Theuonon, au bas d'icelles de luy signé : contre lesquels adiournez tant en general qu'en particulier ledit Dephelines plaide &
requiert deffaut pur & simple pour le premier Edict, auec le proffit tel que
de raison. Surquoy apres qu'aucuns desdits adiournez en general , & particulier, ne se sont presentez , ny Procureur pour eux deuëment attendus & au-
diencez à la maniere accoustumée, Dit a esté par nous, Lieutenant general
susdit , que deffaut pur & simple pour le premier Edict est ordonné & octroyé adit Dephelines pour ladite Dame Mondard , à l'encontre desdits adiournez non comparâs, sauf la huictaine, laquelle passée, ils seront readiour-
nez pour le deuxiéme, fait en iugement à Ville-franche le septiéme iour de
Mars mil six cens seize , signé Cvsin , commis du Greffier.

Icy, debonnaires Lecteurs, excusez, moy , si pour la briefueté, ie ne tire les
autres trois Commissions & Registres de deffauts, parce qu'ils doiuent estre
semblables en tout à la Commission & Registre sus escrit. fors que les fonds
& heritages subhastez n'y doiuent estre compris ny confinez , & suffit qu'ils
les soient en la Commission & Registre du premier Edict.

SENTENCE DE QVATRE DEFAVTS.

EXTRAICT DES ACTES ET REGISTRES DV
Bailliage de Beauiolois.

ENtre Dame Ieanne Mondard , poursuiuant criées & subhastations, de-
manderesse en interposition du decret iudiciel , & en iudication du
proffit de deffauts d'vne part , & maistre François Aiguetan adiourné en particulier, & tous les pretendants droicts & interests és biens mis en criées adiournez en general, à haute voix & cry public deffaillans, d'autre. Veu le procés verbal & exploits desdits criées, &c.

Il est dit , par nous Claude Chareton Sieur de la Terriere, Rignie, Con-

feiller du Roy, & fon Lieutenant general, Ciuil & Criminel, au pays & Bailliage de Beauiollois, que lefdits-deffauts ont efté bien & deuëment obtenus
par ladicte demanderefse, contre ledit Aiguetan en particulier, & contre lefdits pretendans droicts & intereſt, defaillans par faute de fe prefenter : au
moyen, & pour le proffit defquels, auons iceux defaillans décheus & deboutez de toutes exceptions & deffences, & de tout ce qu'ils euffent peu dire &
alleguer auant l'obtention d'iceux, pour empefcher le cours defdictes criées,
foit afin de nullité, diſtraction, que charges foncieres & reelles, & ordonné
que lefdictes criées feront pourfuiuies & paracheuées, à la charge des droits
& deuoirs Seigneuriaux, qui fe trouueront deuz aux Seigneurs directs, dont
lefdits biens mis en criées fe trouueront mouuans, auffi à la charge des frais
& mifes defdites criées, & à ces fins que par placard contenant declaration
defdits biens, mis en criées par confins tenants & aboutiffans, & de l'enchere
fi aucune y eſt, feroit appofé tant au deuant de la grande porte de l'Eglife Paroiffiale de Pomiers, qu'à la porte de l'auditoire Royal de ce Bailliage, pour
y demeurer par l'efpace de quarante iours, le tout fuiuant l'ordonnance, pendant lefquels feront receuës toutes encheres au Greffe, & iceux efcheus & expirez, que lefdits placards feront rapportez, & la derniere enchere leuë &
publiée iudiciellement les plaids tenans : & en apres autres placards, comme
deffus, feront appofez és lieux fufdits en tels cas accouſtumez, pour y demeurer par l'efpace de quinze iours, pendant lefquels feront auffi receues toutes
encheres au Greffe, pour ce fait & rapporté, eſtre procedé à l'interpofition du
decret iudiciel, vente & deliurance defdits biens mis en crices iudiciellement
au proffit du plus offrant & dernier encherifieur, ou de fon amy efleu ou à eflire, ainfi qu'il appartiendra par raifon, fauf à fe pouruoir aux interuenans,
afin de collocation, par la Sentence de diſtribution ou prix qui prouiendra
de la vente defdicts biens felon l'ordre de leur priorité ou peſteriorité à la
forme de droict, à quoy fouffrir Condamnons ledit Aiguetan & defaillans,
les defpens defdicts deffauts referuez en deffinitiue, Charreton, Bellet, Retis.

Prononcé ladite Sentence audit maiſtre Benoiſt Dephelines, Procureur de
ladite Dame Ieanne Mondard, comparant auec luy, qui a accepté à Ville-
franche en iugement, le Lundy vnziefme Auril mil fix cens & feize. Signé
CVSIN Commis.

PLACARD DE QVARANTE IOVRS.

DE PAR LE ROY.

L'On a fait à fçauoir à tous qu'il appartiendra, que pour auoir par Dame
Ieanne Mondard, vefue de feu fieur d'Aiguebonne, payement de la fomme
de fix mille quatre cens liures, de maiſtre François Aiguetan Notaire Royal
refident à Pomiers, à quoy il auroit efté condamné par fentence de Monfieur
le Bailly de Beaujolis confirmée par Arreſt, & en vertu des lettres executoi-
rés fur ce obtenues, faict faire commandement audict Aiguetan, de payer ladicte fomme, à refus eſtre mis en crices & fubhaſtations les biens immeubles
& heritages dudict Aiguetan fiz en ladite parroiffe de Pomiers, cy aprez declarez, Premierement, &c.

Icy doiuent derechef estre confinez, & specifiez les heritages.

Saufs leurs autres plus vrais confins, pour iceux biens estre vendus & deliurez au plus offrant & dernier encheriffeur, & les deniers en prouenans conuertis au payement de ladite somme de six mil quatre cens liures, par criées & subhaftations, & tant estre procedé, que sentence & iugement des quatre deffauts d'icelles criées s'en seroit ensuiuy, & entr'autres, ordonné que placard & affiges feroient appofez aux lieux requis, pour y demeurer le temps ordonné. Partant s'il y a personne qui vueille surencherir la somme de cinq mil liures offerte donner desdits biens par maistre Claude Dumas, pour luy, son amy ellen, ou à eflire, qu'il aye à se presenter au Greffe de ce Bailliage, par deuant le Greffier, ou son principal commis, où illec feront par eux receuës toutes mises & encheres, pendant & durant le temps & terme de quarante iours, que le present placard demeurera affigé & apposé, tant à la porte de l'auditoire Royal de ce Bailliage, qu'à la porte de l'Eglise parroiffiale de Pomiers pour ledit têps passé & expiré, ledit placard rapporté auec la derniere mise audiancée en iugement, estre autre placard apposé esdicts lieux, & ce fait estre procedé & ordonné comme de raison.

Donné à Ville franche, le Lundy 18. iour d'Auril 1616. CVSIN, Commis du Greffier.

Mis & affigé le present placard à la grande porte de l'auditoire Royal du Bailliage de Beaujolois, par moy Sergent Royal souffigné pour y demeurer par l'efpace de quarante iours, pendant lequel temps toutes mises & encheres feront receuës par le Greffier dudit Bailliage, fes Clers ou Commis, faict ce 24 iour d'Auril 1616. en presence des tefmoings nommez en mon exploict original.   THEVENON.

Depuis i'ay mis & apposé copie du present placard, deuëment collationné, à la grand' porte de l'Eglise Parroiffiale de Pomiers, pour là demeurer le temps & efpace de quarante iours entiers: pendant ledit temps, toutes mises & encheres feront receuës par le Greffier du Bailliage, fes Clercs ou Commis. Faict par moy Pierre Theuenon Sergeant Royal souffigné, les an, iour, & en presence des mesmes tefmoings nommez en mondit exploit original qui y ont figné,   THEVENON.

RAPPORT DV PLACARD DE QVARANTE IOVRS.

Extraict des actes & Regiftres du Bailliage de Beauiolois.

PAr deuant nous Claude Chareton, &c. S'eft prefenté maiftre Benoift Dephelines, Procureur de Dame Ieanne Mondard, vefue de feu fieur d'Aiguebonne, pour laquelle il nous a dit & remonftré, que pour auoir pour elle folution & payement de la somme de six mil quatre cens liures de Maiftre François Aiguetan, enquoy il a efté condamné enuers elle par Sentence de nous confirmée par Arreft, & en vertu des lettres executoires fur le tout obtenuës, elle auoit fait faire commandement audit Aiguetan de luy payer ladicte somme, & à refus faict mettre en criées & subhaftations les biens, fonds & heritages dudit Aiguetan, fiz en la parroiffe de Pomiers, cy apres fpecifiez & declarez. Premierement, &c.

Saufs leurs autres plus vrays , & legitimes confins , pour iceux fonds & heritages, estre vendus & deliurez au plus offrant & dernier encherisseur, & les deniers en prouenans , couuertis au payement de ladicte somme de six mil quatre cens liures par criées & subhastaotins, & tant a esté procédé, que sentence des quatre deffauts s'en seroit ensuiuie, par laquelle entre autres choses aurions dit desdits deffauts auoit bien esté obtenus , & desbouté tous pretendás interests en general & particulier, de toutes defenses, & exceptiós, & que Placards & affiges de quarante iours, & apres de quinze iours , seroient apposez és lieux à ce necessaires. Suiuant & en consequence dequoy ladicte Dame Mondard auroit par maistre Pierre Theuenon Sergent Royal de ce Bailliage , fait mettre & affiger à la porte de l'auditoire Royal de ce dit Bailliage, le Placard de quarante iours, contenant ce que dessus : & que s'il y a personne qui voulust faire mise & enchere sur lesdicts biens & surencherir la somme de cinq mil liures , offerte par M. Claude Dumas desdits biens , qu'ils ayent à eux presenter au Greffe de ce Bailliage , par deuant le Greffier dudit lieu, ou son Commis, qui receura toutes mises & encheres, pendant & durant le terme de quarante iours , que ledit Placard demeureroit affigé, & encores auroit ladicte poursuiuant criées fait affiger le mesme Placard de quarante iours en la forme que dessus est dit , par le mesme Theuenon, à la porte de l'Eglise l'arroissiale de Pomiers , ainsi qu'il appert, tant par ledit placard du dixhuictiesme iour d'Auril dernier année presente, signé Cusin Commis de nostre Greffier, que par les exploits d'affiges d'iceluy, tant à la porte dudit auditoire Royal, que à la porte de ladicte Eglise de Pomiers, signez Theuenon dont il a faict lecture du vingt quatriesme Autil dernier, dont de tout auroit esté donné copie audit Aiguetan, à fin qu'il n'en pretende cause d'ignorance , & lequel placard auroit demeuré par l'espace desdits quarante iours ausdictes portes. Partant ledit Dephelines le rapporte, requerant acte dudit rapport, & la derniere mise estre audiencée. Surquoy apres qu'il nous est apparu, lesdits quarante iours estre expirez, & apres que ladicte mise de cinq mil liures, offerte desdits biés & heritages, mis en criées, a esté publiée & audiencée par Claude Delorme Sergent , qui en cette Audiance a gardé le guichet, & qu'il ne s'est presenté personne pour surencherir icelle, Nous Lieutenant General susdit , auons octroyé acte du rapport dudit Placard pour seruit & valoir comme de raison , & que l'autre Placard de quinzaine sera apposé suiuant nostre Iugement. Fait en Audience à Villefranche le Lundy sixiéme Iuin mil six cens seize , C v s i n Commis.

PLACARD DE QVINZE IOVRS.

DE PAR LE ROY.

L'On fait à sçauoir , que pour auoir par Dame Ieanne Mondard payement de la somme de six mil quatre cens liures à elle deuë par maistre François Aiguetan, Notaire Royal de Pomiers, elle auroit fait mettre en criées & subhastations, tous & vn chacun les biens immeubles didit Aiguetan, siz en la Paroisse de Pomiers amplement declarez par le procés verbal desdictes criées, & par le Placard de quarante iours, apposé tant à la por-

té de l'auditoire Royal, du prefent Bailliage, qu'à la porte de l'Eglife Parroif-
fialle de Pomiers, que fur lefdits biens a efté fait mife de la fomme de cinq
mille liures. Partant s'il y a perfonne qui vueille fur-encherir ladicte fomme,
& faire autre mife fur lefdits biens, qu'il aye à fe prefenter pardeuant le
Greffier dudit Baillliage, ou fon Commis au Greffe, qui receura toutes mifes
& encheres pendant quinze iours, que le prefent Placard demeureta affigé
ef dites portes de l'auditoire & de ladicte Eglife, pour ce fait eftre le prefent
Placard rapporté, & ledit temps expiré eftre procedé à l'adiudication par
droict comme de raifon, auec inthimation, donné à Ville franche, le dixiéme
Iuin mil fix cens feize, C v s i n Commis.

     Les deux exploits des affiges dudit Placard doiuent eftre femblables à
ceux du Placard de quarante iours, *mutatis mutandis.*

RAPPORT DV PLACARD DE QVINZE IOVRS.

EXTRAICT DES ACTES ET REGISTRES DV Baillliage de Beauiolois.

S'Eft prefenté M. Benoift Depehelines, Procureur de Dame Ieanne Mondard, pour laquelle il nous a remonftré, que aux criées & fubhaftations
pourfuies à fa requefte, à l'encontre, & fur les biens de M. François Aiguetan, par faute de payement de la fomme de fix mil quatre cens liures, fuiuant
noftre Sentence, ladite Mondard auroit par Theuenon Sergent Royal, fait
affiger le placard de quinze iours à la porte de ce Baillliage, & celle de l'E-
glife Paroiffiale de Pomiers, lefquels quinze iours font efcheus & expirez,
comme appert par ledit Placard du huictiéme Iuin dernier, figné C v s i n
Commis, & par les exploits dudit Theuenon du quatorziéme du mefme
mois de luy fignez, lequel Placard ledit Depehelines rapporte, & de ce a requis acte, & la derniere mife eftre audiancée, & ce faifant, qu'il nous plaife
proceder à l'interpofition du Decret iudiciel, vête & deliurance defdits biens
foubhaftez, au profit du dernier metteur. Surquoy apres que la mife de cinq
mil liures offerte defdits biens, a efté audiancée, & qu'il ne s'eft prefenté metteurs pour icelle fur-encherir: Dit a efté par nous Claude Charreton, & ce que
acte eft octroyé audit Depehelines du rapport dudit Placard, & publicatió de
ladite derniere mife, pour feruir comme de raifon, & qu'il fera procedé par
nous à l'adiudication & interpofition du decret iudiciel, vente & deliurance
defdits biens mis en criées: & a permis à ladite pourfuiuante criées, de faire
proclamer & annoncer au Profne de l'Eglife de Pomiers la vente defdits
biens, ou à l'yffuë de la Meffe Paroiffiale dudit lieu & ailleurs où bon luy
femblera, fait iudiciellement le quatriéme Iuillet, mil fix cens feize C v s i n.

     Apres le rapport du Placard de quinzaine, les criées font audiancées, &
criées iudiciellement par le Sergent qui eft en garde au guichet, qui plus y
met, & apres trois, quatre & quelquesfois fix remifes diuerfes audiancées,
finalement eft procedé à l'iffrouë comme s'enfuit.

     Subhaftations de Dame Ieanne Mondard, Depehelines contre M. François
Aiguetan. Placard à proceder à la deliurance.

     Qui veut augmenter la mife de cinq mil liures fur les biens de M. François Aiguetan siz en la Parroisse de Pomiers.

M. Iean Boyron a offert desdits biens cinq mil cinq cents liures pour luy, son amy, esleu ou à eslire.

M. Claude salus sept mil liures.

M. Iean Noyel le icune six mil liures.

M. Charles Chetuer, sept mil cinq cents liures.

M. Claude Damas huict mil liures, à la charge qu'il luy soit presentement deliuté.

M. Anthoine Cheualier huict mil quatre cents liures.

M. Anthoine Blondel Procureur du sieur Phillippes Turtin Bourgeois de Ville franche a offert pour ledit sieur desdits biens neuf mil liures.

Le dit Dumas neuf mil sept cents liures.

M. Claude Gautier neuf mil sept cents liures.

M. Guillaume Muget neuf mil huict cents liures.

Sieut Iean Bergier auec maistre Humbert Giles son Procuteur dix mil liures, ledit Blondel pour ledit sieur Turtin dix mil deux cents liures, ledit Dumas dix mil quatre cents liures, ledit Giles pour ledit Bergier dix mil cinq cents liures.

Et apres que personne ne s'est presenté qui aye voulu augmenter ladicte somme offerte par ledit Bergier, Nous Lieutenant General susdit auons interposé & interposons nostre authorité & decret iudiciel ausdictes criées, comme bien & deuëment faictes, toutes solemnitez en tel cas requises gardées & obseruées, & adiugé, comme nous adiugeons par vente & deliurance iudicielle audit Iean Bergier dernier metteur, pour luy, son amy, esleu ou à eslire, les biens fonds, & heritages declarez par le procez verbal desdictes criées, qui furent dudit Aiguetan, siz en la Parroisse de Pomiers, pour ladicte somme de dix mil cinq cents liures, auec leurs proprietez, appartenances, & depences quelconques, à la charge des droicts & deuoirs Seigneuriaux deuz aux Seigneurs directs, dont lesdits biens se trouueront mouuants & des frais & mises desdictes criées, les droicts de cultiuateurs sauuez, si aucuns y a, & aussi à la charge de rapporter & remettre entre les mains du receueur des consignations dans dix iours par ledit Bergier, ladite somme de dix mil cinq cents liures, & moyennant ce, Nous auons mis & mettons ledit Bergier, son amy esleu où à eslire, en la possession, saisine & iouyssance desdits biens subhastez: & en leurs fonds, fruicts, droicts, entrées, issuës, proprietez, appartenances & dependances quelconques. Faisans inhibitions & deffences de par le Roy, & nous, audit Aiguetan, au Commissaire estably au regime desdits biens, & à tous autres qu'il appartiendra, de ne troubler, molester, ny empescher ledit Bergier, les siens, ou autres ayans de luy droit, en la peine possession & iouyssance desdits biens, sur vendus & adiugez, sur les plus grandes peines qu'ils pourroient encourir enuers Iustice, faisant le côtraire, à ce souffrir condamnons lesdictes parties, la taxe des despens, frais & mises, sus adiugez, reseruez. Fait, & dit & prononcé iudiciellement le 16. Septembre, 1616.

Cvsin Commis.

Fin du premier Liure.

R 2